कहानी के साथ-साथ

कहानी के साथ-साथ

विश्वनाथ त्रिपाठी

वाणी प्रकाशन

वाणी प्रकाशन

4695, 21-ए, दरियागंज, नयी दिल्ली 110 002

शाखा

अशोक राजपथ, पटना 800 004

फ़ोन : +91 11 23273167 फ़ैक्स : +91 11 23275710

www.vaniprakashan.in
vaniprakashan@gmail.com
editorial@vaniprakashan.in
sales@vaniprakashan.in

KAHANI KE SATH-SATH
by Vishwanath Tripathi

ISBN : 978-93-5229-356-8
Criticism

प्रथम संस्करण

मूल्य : ₹ 395

यश प्रिंटोग्राफिक्स, नोएडा-201 301 (उ.प्र.) में मुद्रित

वाणी प्रकाशन का लोगो मक़बूल फ़िदा हुसेन की कूची से

अरुण प्रकाश को

अनुक्रम

प्राक्कथन

एकाध को छोड़कर ये लेख मित्रवर डॉ. कमला प्रसाद के कहने पर 'प्रगतिशील वसुधा' के लिए लिखे गये थे। प्रकाशित भी वहीं हुए। 'टेलीविज़न' 'पहल' में छपा। भूमिका बाद में किताब छपने के पहले लिखी गयी है। भूमिका में बहुत-कुछ लिखने से रह गया है। लेखों को संकलित करने में और प्रकाशन के लिए कॉपी तैयार करने में डॉ. वेद प्रकाश और जीतू ने बड़ी सहायता की। वाणी प्रकाशन के स्वामी अरुण माहेश्वरी ने इसे प्रकाशित करने में जो उत्साह दिखाया उसके लिए मेरे हृदय में बहुत आदर है।

29 जुलाई, 2015 **विश्वनाथ त्रिपाठी**

भूमिका

पिछली शताब्दी के अन्तिम दशक में सोवियत संघ का विघटन हुआ। हमारे देश में उदारवादी उपनिवेशवादी आर्थिक नीति का आरम्भ हुआ। उत्तर-आधुनिकतावाद का प्रचार-प्रसार हुआ। भूमंडलीकरण का दौर शुरू हुआ। नेहरू-युग में भारत-चीन, मिस्र, इंडोनेशिया, यूगोस्लाविया ने पंचशील का प्रस्ताव घोषित किया। जिसमें किसी देश द्वारा अन्य देश की सीमा के अतिक्रमण का विरोध था। साम्राज्यवादी भूमंडलीकरण 'दुनिया के मज़दूरो एक हो' का जवाब है। उत्तर-आधुनिकतावाद में हाशिए पर पड़े हुए लोगों की चिन्ता है। अस्मिताओं की चिन्ता है। किन्तु इन अस्मिताओं या हाशिए पर पड़े हुए लोगों द्वारा एक साथ मिल कर शोषण मुक्त होने का कोई विचार या प्रस्ताव नहीं है। केवल पृथक्कीकरण के लिए संघर्ष या किसी स्वप्न के लिए संघर्ष करने का कोई प्रस्ताव नहीं है।

और भौतिक विज्ञान की बढ़ती हुई जानकारी का पूरा उपयोग साम्राज्यवादी शक्तियों ने किया है। राष्ट्रीय सरकारों को अशक्त करके, उन्हें बदलकर सैनिक शक्ति के द्वारा उनके प्राकृतिक संसाधनों को लूटने की मुहिम जारी है। उनके पास अकल्पनीय भौतिक शक्ति है। अभूतपूर्व संचार-साधन शक्ति है। ज्ञान और अमानवीय ध्वंस सहयोगी हो गये हैं। इस प्रक्रिया में वर्तमान ही नहीं अतीत को भी लूटा जा रहा है। अब लगता है और माना भी जाने लगा है कि ध्वंस का सर्वनाशी प्रहार पर्यावरण, पृथ्वी और पृथ्वीवासियों के स्वास्थ्य पर है।

इस सबका प्रतिरोध भी है। क्रान्तियाँ असफल नहीं होतीं क्योंकि क्रान्तियाँ और रचनाएँ निस्सन्तान नहीं होतीं। फ्रांसीसी क्रान्ति, औद्योगिक क्रान्ति, अक्टूबर क्रान्ति, चीनी और वियतनामी क्रान्ति क्या असफल सिद्ध हुई हैं। इतिहास को उन्होंने प्रभावित नहीं किया है? क्या क्रान्तियों को रूप-परिवर्तन करने, देश-काल के अनुसार अपनी आक्रामक नीति और विचार बदलने की छूट नहीं होती? चीन ने माओ त्से तुंग के बाद साम्राज्यवाद द्वारा नियंत्रित पूँजीवादी उत्पादन पद्धति का उपयोग किया। क्यूबा, वेनेजुअला और अन्य लैटिन अमरीकी देशों ने समाजवादी सत्ता की कार्यनीति और

सत्ता आने पर प्रजातान्त्रिक रास्ता अपनाया।

प्रचार-प्रसार की सारी रोकथाम के बावजूद चाम्स्की की पुस्तक 'हेजेमनी' ने यूगो शावेज को पूँजीवादी विकल्प को समझने और उससे लड़ने की प्रेरणा दी।

सोवियत यूनियन के विघटन ने वामपन्थी आन्दोलन को कमज़ोर किया लेकिन सर्वसत्तात्मक राज्य की आन्तरिक कमज़ोरियों को प्रकट किया। समाजवादी सत्ता में विरोध-पक्ष का निष्कासन खुद समाजवादी सत्ता की कमजोरी है। उसके साथ पूँजीवाद का अन्धविरोध करने की खामियों को उजागर किया। और यह कि आत्मालोचना सचमुच पार्टी का (किसी भी पार्टी का) सबसे बड़ा हथियार होता है।

भारत में इस सबका भरपूर प्रभाव पड़ा। लेकिन यह याद रखना ज़रूरी है कि दशकों के जनतान्त्रिक अनुभवों ने भारत में जनतान्त्रिक संस्थाओं की जड़ें मज़बूत कर दी हैं। यहाँ तक कि इमरजेंसी घोषित करने वाली प्रधानमन्त्री ने ही दो साल से कम समय में ही चुनाव कराये और हार गयीं। नयी आर्थिक नीति ने, जिसे आर्थिक सुधार कहा जाता है, बहुराष्ट्रीय कम्पनियों को निरंकुश बनाने का प्रयास किया। मज़दूर संगठनों को कमज़ोर किया, किसानों को बदहाल किया। बेरोज़गारी और महँगाई बढ़ाई। सबसे बड़ा प्रभाव शिक्षा नीति पर पड़ा। शिक्षा प्रणाली में बाज़ार की गहरी पैठ हुई। राजनीति में अभूतपूर्व भ्रष्टाचार बड़े पैमाने पर स्कैम। और यह कि भारतीय जनता पार्टी और तथाकथित समाजवादी कांग्रेस अपनी आर्थिक नीतियों के कारण एक-दूसरे के निकट आये। जनतान्त्रिक प्रणाली से विकल्प का रास्ता और मुश्किल होने से अतिवामपन्थी हिंसक आन्दोलन तेज़ हुआ। उसका दमन भी तेज़ हुआ। इराक़, ईरान की घटनाओं से मुस्लिम-जगत में साम्राज्यवाद विरोध उग्र हुआ। भारत में साम्प्रदायिक तनाव बढ़ा। नयी आर्थिक नीति घोषित करने के साथ ही साथ 1992 में बाबरी मस्जिद का ध्वंस हुआ।

साहित्य पर इस सबका प्रभाव पड़ा। साहित्य का स्वभाव प्रधानतः प्रतिरोधी होता है। लेकिन हम जिसका विरोध करते हैं उसका भी असर हम पर पड़ता है। कभी प्रकट और अक्सर अनजाने। साहित्यकार, कथाकार (हिन्दी के) प्रायः निम्नमध्यवर्गीय या मध्यवर्गीय होते हैं। उन्हें जीविका और इतर सुविधाओं के लिए क़दम-क़दम पर समझौते करने पड़ते हैं। ये समझौते हममें अपराध बोध पैदा करते हैं और चुपचाप हमारे भाव बोध को भी समझौता परस्त बनाते हैं। साहित्यकार की बहुत बड़ी कमजोरी यश-लाभ है। यश-लाभ का प्रतिमान अंग्रेज़ी साहित्य है। वहाँ के साहित्यकारों की किताबों की रूप सज्जा, उनकी बिक्री, उनकी रॉयल्टी, अंग्रेज़ी अख़बारों में उनकी चर्चा, बुकर, पुलित्जर, नोबेल प्राइज़। हममें से अनेक अधिकांश वैसे यश-लाभ का सपना पाले रहते हैं। और समझते हैं कि उनकी नकल करने पर हमारा साहित्य भी वैसा ही यशस्वी हो जायेगा। हम देशी साहित्यकार अन्तरराष्ट्रीय यश-लाभ के स्वप्न देखते हुए विदेशी साहित्य की वस्तु कम, उनका शिल्प ज़्यादा

अपना लेते हैं। भूमंडलीकरण का हिन्दी साहित्य पर यह प्रभाव देखा जा सकता है।

लेकिन भूमंडलीकरण का एक शुक्ल पक्ष है। लैटिन अमेरिकी, अफ्रीकी और अंशतः फिलिस्तीनी साहित्य से हमारा परिचय। लैटिन अमेरिकी उपन्यासकार मारखेज़ के और चिनुआ अचेबे आदि उपन्यासकारों की लोकप्रियता और उनके सम्मान में समूची तीसरी दुनिया के और उसमें अग्रगण्य भारत के कथाकारों ने अपना निहित सम्मान देखा। सम्मान से ज़्यादा जातीयता और देसीपना के प्रति आत्मविश्वास और यह कि न इतिहास की मौत हुई है न कथा-साहित्य की और न संस्कृति की और न मनुष्य की।

उत्तर-आधुनिकता का अगला चरण इतिहास की वांछित दिशा में पड़ सकता है।

सामाजिक, ऐतिहासिक, आर्थिक स्थितियों का रचना पर प्रभाव पड़ता है। वे परिवर्तित सम्बन्धों की अभिव्यक्ति करती हैं। संकट की प्रतिक्रिया संकट को सिर्फ़ व्यक्त करने में नहीं होती। जिस पर संकट पड़ रहा है जो नष्ट हो रहा है उसका महत्त्व उसको बचाने की चिन्ता, पंचमहाभूत, सद्भाव मानवीय मूल्य, पारिवारिक रिश्ते, इन सबका महत्त्वांकन प्रतिरोधी साहित्य में व्यक्त हुआ है। सूखती हुई संवेदना की विभीषिका और दूसरी तरफ़ पिता-माता, वृद्धों पर लिखी हुई कहानियाँ—मानवीय सम्बन्धों को बरकरार अपितु तीव्रतर करती हैं। ज्ञानरंजन और आनन्द हर्षुल की पिता पर लिखी हुई कहानियाँ, देवेन्द्र सिंह की इच्छा मृत्यु कहानियों में जर्जर वृद्धों की करुण स्थिति—संवेदना को बचाये रखने का रचनात्मक प्रयास है। समाजशास्त्री जिन भावात्मक आवश्यकताओं को रेखांकित करते हैं, साहित्य उनको अपने में लपेटकर उनका सौन्दर्यबोधात्मक आस्वाद अनुभूत कराता है। वह केवल सामाजिक सम्बन्धों का इतिहास या विवरण नहीं है। यहाँ यह स्मरण करना प्रासंगिक लगता है कि कई बार बहुत परिश्रम करके, खोजबीन करके, नये विषयों पर रचना के नाम पर प्रस्तुत किये गये विवरण शोध सामग्री भर समाजशास्त्रीय दस्तावेज़ होते हैं। साहित्य नहीं। हमारे समय में ऐसे आलेखों की बहुत बड़ी संख्या सामने है। उनका दस्तावेज़ी सूचनात्मक महत्त्व है। रचनात्मक नहीं। रचना का अनिवार्य लक्षण है आस्वाद में पर्यवसित होना, रचना आस्वाद्य एवं संवेद्य होती है। केवल सूचित या बोध्य नहीं। वह जातीय भाव बोध की संचित राशि को समृद्धतर करती है।

यह मात्र संयोग नहीं कि दलित चेतना या नारी चेतना, प्रगतिशील, जनवादी कहानियाँ प्रायः लम्बी नहीं लिखी गयी हैं। हमारे समय में विचारधारा निरपेक्षता या विचारधारा से परहेज़ फ़ैशन बन गया है। सम्भवतः कहानियों की लम्बाई और विचारधारा निरपेक्षता में कुछ सम्बन्ध है। लम्बाई अस्पष्टता, उलझाव, रास्ता न बना पाने के कारण है। यह रास्ता न बना पाना रचनात्मक ईमानदारी के कारण भी सम्भव है। जैसे मुक्तिबोध में। उत्तर-आधुनिकता का प्रभाव शिल्प पर भी पड़ा है। लम्बी कहानियाँ पहले भी लिखी गयी हैं। अनेक उत्कृष्ट लम्बी कहानियाँ—मित्रो

मरजानी, तीसरी कसम, परिन्दे, सात आसमान का पूर्वार्द्ध, जलप्रान्तर आदि। इनमें पात्रों की अस्मिता है, उनका व्यक्तित्व है किन्तु ये अस्मितावादी और उत्तर-आधुनिक कहानियाँ नहीं। ये रूढ़ि से विद्रोह करती हैं किन्तु मूल्यहीन कहानियाँ नहीं। ये नैतिकता समन्वित सौन्दर्यबोधात्मक आस्वाद्य हैं। अपूर्व निर्धारण या अनिश्चय इनकी रचनात्मक प्रक्रिया में सहजता बनती है। सहजता रूप में बने बनाये ढर्रे की जकड़न से मुक्ति का अहसास पैदा करती है। ये मूल्य, नैतिकता और अन्ततः आस्वाद की तलाश करती हैं। मित्रो मरजानी दाम्पत्य की, परिन्दे गन्तव्य की, तीसरी कसम जीवन भर के लिए प्रेम की, सारा आकाश भी नारी मुक्ति की। अनिश्चय यानी रूढ़ि मुक्ति इनकी रचना प्रक्रिया में है। गति की तार्किकता और चौंकाने वाली घटनात्मकता की ग़ैर मौजूदगी में है। हमारे समय की अधिकांश लम्बी कहानियाँ चौंकाने वाली जोड़ों की उठा-पटक से सज्जित होती हैं। उनमें मूल्य, गन्तव्य की तलाश होने का सवाल ही नहीं। उत्तर-आधुनिकता में उसका अवकाश नहीं। अस्मिताएँ हैं, विखंडन है, कथाक्रम के मोड़ हैं। कहीं पहुँचने की गन्तव्य की तलाश नहीं। कहीं पहुँचना नहीं—कथा दीर्घता का यह कारण ज्ञात होता है। अस्मिताओं का समन्वय नहीं। दलित-चेतना, नारी चेतना, प्रगतिशील जनवादी कहानियों में गन्तव्य निश्चित होता है। उनकी असफल कहानियों का कारण गन्तव्य पाने की आतुरता है और उपर्युक्त लम्बी कहानियों में गन्तव्य है ही नहीं। ख़ुद अनिश्चय भी अनिश्चित है। उदय प्रकाश की कहानियों में कम से कम और अन्त में प्रार्थना में वाकणकर की वैयक्तिक ईमानदारी डाक्टर के रूप में कर्तव्यनिष्ठा का सर्वस्व होमी आग्रह—कथा को मूल्य, आस्वाद और गन्तव्य प्रदान करता है। इसी तरह टावर ऑफ़ सायलेंस में अग्नि को बचाये रखने का सत्याग्रह। मेरे विचार से अगर इन कहानियों में घटनाओं की इतनी सघनता न हो तो जानकारियों का इतना गाँजना न होता तो ये पहले की लम्बी कहानियों की पंक्ति में होतीं। उनसे भिन्न और नयी तो ये हैं ही।

मुझे शेखर जोशी की कहानियों के बारे में अमरकान्त का कहना याद आता है कि शेखर जोशी घटना विहीन कहानियों के रचनाकार हैं। घटना विहीनता का मतलब अप्रत्याशित झटके देने वाली कथा पोरों, (गांठों) से कथा की मुक्ति। अप्रत्याशित आस्वाद्य, अप्रत्याशित कथा मोड़ों से अलग होता है। दाज्यू या हलवाहा में अप्रत्याशित कथानक के अन्तरंग में रचा बसा है। वह कहानी की स्थितियों पर आरोपित नहीं। लड़का होटल में काम करता है। वह अन्यों को शाब कहता है। वह दाज्यू को अन्य बना देता है। शाब कहकर। झटका दाज्यू अन्य बनने में है। कथा के विकास का आधार दाज्यू का अन्यवत् व्यवहार है।

हमारे समय में नवउपनिवेशवाद और साम्राज्यवादी अपसंस्कृति का विरोध हमारे साहित्य की प्रधान प्रवृत्ति है। यह विरोध मुखर, प्रकट, प्रच्छन्न, व्यंजित रूपों में होता है। हमारी संस्कृति में साम्राज्यवादियों का दखल बाज़ार के जरिये है। वर्ग

भेद पर प्रचारित-प्रसारित है। आवश्यकता से कहीं अधिक आय वाले लोग इस अपसंस्कृति को अलंकरण के रूप में धारण करते हैं। वे पर्यावरण, रुचि, खानपान, भाषा, पहनावा, अतीत, वर्तमान, भविष्य सब को अपनी अनुकूलता में बदलने का प्रयास करते हैं। उपनिवेशवादी भूमंडलीकरण है, वे खुद भूमंडलीकृत नहीं हैं। वे जिस अनुशासन को हम पर लादते हैं उसका पालन वे खुद नहीं करते। इसलिए यह हमें उनका गुलाम बनाता है।

नव उपनिवेशवादी अपसंस्कृति का विरोध करने वाली समकालीन कहानी स्थानीयता पर बल देती है। वह ग्लोबल की कसौटी लोकल को बनाती है। भूमंडलीकरण वैश्विक सिद्धान्तों का परिणाम स्थानीय स्थितियों पर पड़ने वाले प्रभाव में देखती है। रणेन्द्र की रचनाएँ ग्लोबल देवता—ही इसके उदाहरण हैं। इस बीच सुदूर आदिवासी, गिरिजनों, पूर्वोत्तर के जीवन पर आधारित रचनाएँ आ रही हैं। यह साहित्य का केवल भौगोलिक विस्तार नहीं। यह क्षेत्रीयताओं का विस्तार है। स्थानीयताओं का विस्तार है। और अन्ततः कहानी की वस्तु का विस्तार है। लम्बी कहानियों में विदेशी घटनाओं, जानकारियों की भरमार के प्रभाव की बात अलग किन्तु वे प्रायः स्थानीयता के द्वन्द्व में आकर स्थानीयता की समस्याओं और संकट को उजागर करती हैं।

विरोध नैतिक हो सकता है लेकिन विरोध को रचना में जैसा कि पहले कहा गया है आस्वाद्य होना पड़ता है। पाठकीय रुचि में अन्तरित होना पड़ता है। मनुष्य चमत्कृत भी होता है। चमत्कार का स्वागत करता है किन्तु पाठक रचना से चमत्कृत नहीं भावित होने की आशा करता है। मनुष्यता का स्वभाव है कि अगर उसे पता चल गया कि आप उसे प्रभावित करना चाहते हैं तो वह प्रभावित नहीं होगा। विद्वत्ता, रेटरिक, अनावश्यक स्फीति पाठक को चमत्कृत प्रभावित करते हैं, भावित नहीं करते। पाठक आस्वाद्य तक सहज पहुँचता है। अपने और पाठ्य का तादात्म्य करके। इसके लिए दृश्यता, अनिवार्य कथन, पात्रों की अनुभाव चेष्टाएँ—जिनमें सर्वाधिक मार्मिकतोत्पादक मौन होता है। काम आती है। ये शिल्प के रूप हैं जो रचना की निर्मिति करते हैं। पर्याप्त दृश्यता लगभग मौन जितना ही प्रभावशालिनी होती है। देख लीजिए अलग से कहने की ज़रूरत नहीं रह जाती। मौन भी अनुभाव है। मौन भी दृश्यता है। मौन मित कथन की सीमा है। लेकिन मौन को सार्थक अभिव्यक्ति क्षमता स्थितियाँ, उनका सन्दर्भ प्रदान करता है। आस्वाद्य में शिल्प की सारी निर्मिति अखंड होकर अन्तरित होती है। रूप वस्तु का आकार और आस्वाद्य का दृश्य है।

उदय प्रकाश ने अपनी कहानियों के एक संकलन की भूमिका में लिखा है; "मैं मूलतः कवि ही हूँ।" विष्णु नागर ने भी उनकी कहानियों की यही विशेषता बतायी है—

उदय प्रकाश की कहानियों का जादू कविताओं में जगता है। इस तरह से देखने पर कविता की शक्ति पुनर्स्थापित होती है। यथार्थ के आघात को तीव्रतर बनाकर

कविता कितना हृदयंगम करा सकती है। कथा-साहित्य में यथास्थान कविता को गूँथ कर कहानी के रूपाकार में कैसा प्रभावशाली सम्प्रेषण सम्भव है। यह उदय प्रकाश की उपलब्धि है। उन्होंने बचपन की कई कहानियाँ प्रायः आत्मकथात्मक या उत्तम पुरुष में लिखी हैं। एक कहानी 'छतरियाँ' किशोर सन्धि पर पहुँचे हुए बचपन की कहानी है। उनकी कहानियों में कविता अपने साथ अनेक लोक वार्ताओं मिथकों को लिए आती है। मिथक से लैस कविता कहानी के प्रभाव को अचूक बनाती है। मिथक को स्वीकार करते ही पाठक विश्वास परायण हो जाता है। वह मन्त्रमुग्ध होकर वाचक पर यकीन करता है। मिथक गर्भी कविता से लैस कहानी पिष्ट पेषण नहीं करती। वह पाठक को अनुभव के नये लोक में ले जाती है। स्थितियाँ पुरानी हों लेकिन रचनाकार ने अनुभव का नया लोक निर्मित किया है। अनुभव है तो सच्चा है यथार्थ है। उदय प्रकाश की इन कहानियों में पाठक ऐसा पाता है जो अन्य कहानीकारों के यहाँ नहीं मिलता। यह उन्हें विशिष्ट भिन्न अनुपेक्षणीय और महत्त्वपूर्ण बनाता है।

उदय प्रकाश को अपनी कहानियों के देश-काल की गहरी जानकारी है। छोटी से छोटी वस्तुओं, घटनाओं, वनस्पतियों के बारे में उनका ज्ञान अभिभूत करने वाला है। फिर वे बेहद परिश्रमी रचनाकार हैं। रूप पक्ष से निहायत चौकस शिल्पी। छतरियाँ में वे पाठक को पहले शाल वन के निर्जन प्रदेश में ले जाते हैं। यह वस्तुतः पहले सन्नाटा बुनना है। पाठक मानसिक तौर पर तैयार हो जाता है कि अब हमें कुछ नया अभूतपूर्व देखने को मिलेगा। नया अनुभव प्राप्त होगा। एक अबूझ, रहस्यमय, जिज्ञासा का उत्सुक वातावरण किशोरवय का बोध-पूर्व काम बोध एकान्त में अनेक मनःस्थितियों के बीच उभरता है। कहानी कहने वाले को कोई जल्दी नहीं है। जल्दी नहीं है का बोध लड़की की प्यास को अनदेखने, उपेक्षित करने से पैदा होता है। वर्णन के बीच पाठक अचेष्ट नहीं रह सकता। लड़के के मन में लड़की के स्तनों को स्पष्ट देखने की इच्छा है। छतरियों को लकड़ी से कुरेद कर बाहर निकालने, उनके आकार, रूप रंग, स्पर्श का वर्णन करना प्रतीक उपयोग भी है। उनकी निर्मिति में प्रकृति की रहस्य लीला, उनकी रहस्यात्मकता, छतरियों के प्रतीक के प्रति आकर्षण को लगभग नैसर्गिक बना देती है। स्तन भी छतरियों की ही तरह छिपे हैं। उन्हें कुरेद कर—लड़का बाहर लाना, देखना छूना, स्वाद लेना चाहता है। कार्य यही है। लेकिन वह किशोर मन के लिए मानव-सृष्टि के लिए एक विशिष्ट ऐतिहासिक या इतिहासातीत अविस्मरणीय क्षण है। यह परम सार्थक क्षण और उसकी सार्थकता कहानी के उपसंहार विकल्पों से अनिश्चित होकर अस्तित्ववादी, अमानवीय त्रासदी में रूपान्तरित हो गयी है। कहानी को अन्तिम झटके की प्रतीक्षा ज़रूर होगी कि पाठक इस त्रासद आघात को झेल कर बेहतर मनुष्य बने और हो सके तो ऐसी त्रासदियों को रोके। आप कहानी को इस संकेत से वंचित नहीं कर सकते। कहानी का शीर्षक छतरियाँ है—आप 'र' निकाल दीजिए तो ध्वनि-श्लेष पा लेंगे।

कवित्व कथानक की गति को रोकता है, कथा उसे आगे ले जाने के लिए बाध्य है। उदय प्रकाश की कहानियों में यति और गति का द्वन्द्व भरपूर है। क्या हुआ की पाठकीय जिज्ञासा को 'इसे ज़रा देर के लिए रुक कर अच्छी तरह देख लें' की कशमकश—"लड़की की बाँह पसीने से नम थी। लड़की की त्वचा का स्पर्श बिल्कुल अलग था। बहुत कोमल और हल्का-हल्का थरथराता हुआ सा, यह छतरी से भी ज़्यादा नाजुक और बिखर जाने वाली चीज़ थी। लड़का उसकी बाँह को इस तरह से छू रहा था जैसे वह उसको सहेज रहा हो। जिस तरह गिलहरी या खरगोश के नन्हे से छौने को जब कोई सहलाता है तो उसमें प्यार से ज़्यादा उसकी सुरक्षा या हिफाज़त का स्पर्श होता है।" "और वे वहाँ थीं। लड़के ने इतनी निकट से बिना किसी डर के जंगल के उस तपते हुए सन्नाटे में पहली बार देखा था। पसीने की नमी से उस पतली सूती समीज में जो पारदर्शिता आ गयी थी वे उसके पार से झलक रही थीं। वे बहुत कोमल होंगी। उनकी त्वचा लड़की के बाँह से भी ज़्यादा गर्म और नाजुक होंगी। वे उतने ही रहस्यमय ढंग से अजनबी और अबोध थीं, जैसी दीमकों द्वारा बनायी गयी मिट्टी के ढूह के भीतर छुपी हुई छतरियाँ। लड़के की आँखें वहीं जम गयी थीं।"

सौन्दर्यबोध रहस्य की सृष्टि करता है। रहस्य अवकाश या आकाश बनाता है और कल्पना प्रस्तुत का पुनर्निर्माण करती है, चित्त में (आकाश में) सौन्दर्यबोध हमें सर्जक बनाता है। सर्जना में प्रस्तुत में पता नहीं कितनी और चीजों का समावेश हो जाता है। वह रूपान्तरित हो जाती है। यह रूपान्तरित ही सर्जक की अपनी सृष्टि है। वह इसी का स्रष्टा या स्वतन्त्र प्रजापति है। उदय प्रकाश सिर्फ़ रूपान्तरित नहीं करते वे सर्जक के व्यक्तित्व को भी उसमें ऐसा शामिल कर देते हैं कि सौन्दर्य में मानवीयता या नैतिकता उसी में घुलमिल जाती है। मानो करुणा एवं सौन्दर्य की सुरक्षा प्रस्तुत का ही कोई गुण हो। जो सुन्दर है वह वैसा ही बना रहे, बिखर न जाये, छितरा न जाये। "यह छतरी से भी ज़्यादा नाजुक और बिखर जाने वाली चीज़ थी। लड़का उसकी बाँह को इस तरह छू रहा था जैसे वह उसको सहेज रहा हो। जिस तरह खरगोश के नन्हे से छौने को जब कोई सहलाता है तब उसमें प्यार से ज़्यादा उसकी सुरक्षा या हिफाज़त का स्पर्श होता है।"

बात यह है कि सौन्दर्य हमें सर्जक तो बनाता ही है, वह कहीं न कहीं करुणा में पर्यवसित होकर हमें रक्षक भी बनाता है। वीर काव्यों के नायक की भाँति रक्षक नहीं। सौन्दर्य को अमर, अनश्वर बनाने की साधना करने वाले, काल से लड़ने वाले कलाकार रचनाकार के रूप में। और पाठक भी रचनाकार होता है।

प्रस्तुत में अप्रत्याशित असम्बद्ध मालूम पड़ने वाले क्षेत्र से कोई स्थिति लाकर उसमें घुला-मिला देना और इस प्रक्रिया में उसे रूपान्तरित करके, उसमें कुछ जोड़कर, सौन्दर्य में कुछ नया जोड़ देना—उदय प्रकाश की मौलिकता है। यहाँ सौन्दर्य शब्द

केवल अनुकूल के ही अर्थ में नहीं प्रस्तुत मात्र के अर्थ में समझना चाहिए। उदय प्रकाश भयंकर और वीभत्स से भी इसी प्रकार कुछ मौलिक जोड़कर उसे रूपान्तरित करते हैं। उदय प्रकाश के यहाँ रोगग्रस्त, दुर्घटना ग्रस्त, बुढ़ापा ग्रस्त, मर्मान्तक पीड़ा और स्थिति से ग्रस्त पात्रों और उनकी स्थितियों की कमी नहीं। तिरिछ के पिताजी, दरियाई घोड़ा के दादा, छप्पन तोले की करधन की दादी फौरन याद आते हैं।

उदय प्रकाश पात्रों की पीड़ित, बेसहारा, असहनीय दारुण स्थिति का चित्रण सीमान्त पर जाकर खींचते हैं। दुर्गति के अन्तिम छोर तक वे पीड़ित पात्रों को ले जाते हैं। पीड़ा का यह चित्रण पीड़ा का लेखक के पास पहुँचकर विस्तारित हो जाना है। यह कथाकार की पात्र पीड़ा का तीव्रतर अहसास भी है। बच्चे की ज़रा सी तकलीफ़ माँ के लिए बहुत बड़ी तकलीफ़ जैसा बन जाना है। और अन्ततोगत्वा उदय प्रकाश की पात्र दुख कातरता और अति संवेदनशीलता का प्रमाण है। मन के भीतर की बात छोड़िए छप्पन तोले का करधन की दादी के वृद्ध-जीण-शीर्ण शरीर का चित्र देखिए–

''दादी किसी वीभत्स चलते फिरते कंकाल की तरह दिखाई दे रही थी और उनके शरीर से पेशाब की गन्ध निकल रही थी। वे कूड़े के ढेर पर बैठ गयी थीं। बिना बोरी बिछाए। उनकी खोपड़ी नंगी थी। उस पर बाल नहीं रह गये थे। उसके नीचे एक लम्बी-सी पतली गर्दन जिस पर झुर्रियाँ पड़ी हुई थीं। उनकी आँखें गड्ढे में धँसी हुई थीं। और वे बाहर की ओर नहीं अन्दर देखती लग रही थीं। पतली गर्दन पर रखी दादी की नंगी खोपड़ी काँप रही थी। उनकी आँखों के गड्ढे से पानी निकल रहा था।''

कुरूपता का भयानक चित्र दरियाई घोड़ा में भी है। दादा का कैंसर के आपरेशन के बाद मुखौटे का वर्णन है–इसी तरह तिरिछ में पिता का थका-थकाया पिटा-पिटाया असन्तुलित मानसिकता का वर्णन। तिरिछ में पिता की स्थिति का वर्णन थोड़ा अलग है–किन्तु छप्पन तोले की करधन की दादी और दरियाई घोड़ा में दादा के मुख की विरूपता का चित्र, यथार्थ का रूप है। ऐसे रूप देख जाते हैं। मिलते हैं। उदय प्रकाश ने उन रूपों को अपनी हार्दिकता आत्मीयता से उकेरा है। वस्तुतः पाठक को कथाकार की अपनी पीड़ा का अहसास भी इन चित्रों से होता चलता है। चित्र खींचने वाले ने पात्रों को पीड़ा को अपना लिया है। जो चित्र है वह पात्रों की तो है ही वह रचनाकार की अपनी विस्तारित पीड़ा का चित्र है।

नेलकटर की माँ के साथ एक लड़का है (उत्तम पुरुषवाचक) दादा के साथ भी वैसा ही एक लड़का है, सर्वाधिक आत्मीय, उमर में सबसे छोटा सबसे अधिक चिन्ता करने वाला। तिरिछ में पिता की कथा पुत्र (वैसा ही पात्र) कहता है यह असहाय दुर्गत पात्र और किशोरवय की सन्तान का साथ अनुपेक्षणीय है। जिसकी चर्चा हम करने जा रहे हैं। दादा की विरूपताग्रस्त असहायता का करुणतम रूप–अपि ग्रावा

रोदति' जैसा प्रसंग है। कैंसर के आपरेशन के बाद खैनी माँगने और शराब माँगने का प्रकरण–मैंने कभी उदय प्रकाश को पात्र पीड़क कथाकार कहा था। पात्र पीड़क तो कुछ न कुछ उन्हें अभी भी समझता हूँ। लेकिन दादा जैसे पात्र हवाई नहीं हैं, वे होते हैं–पीड़ा कथाकार नहीं दे रहा है–यथार्थ दे रहा है। और अब कह सकता हूँ कि उदय प्रकाश ने दादा का पात्र ख़ुद बहुत पीड़ा सहकर और फिर उससे उबरने की प्रकिया में रचा होगा। उबरने की भी नहीं शायद उसे झेलने की ही प्रक्रिया में।

''लेकिन मैंने देखा वे बुला रहे थे। मैं चीख सकता था। लेकिन उस डरावने चेहरे में इतनी याचना भरी असहाय करुणापूर्ण आँखें थीं कि मैं भीतर से पिघल उठा। वह लाचारी असहनीय थी जो दादा की आँखों से झाँक रही थी। फुटपाथ में किसी भयानक कोढ़ी को, जिसका आधा चेहरा गल गया था, भीख माँगते मैंने देखा था। वैसी बल्कि उससे भी ज़्यादा डरावनी लेकिन दयनीय आँखें।

मैं उठकर गया। दादा ने मुश्किल से अपनी बायीं हथेली पर दायें हाथ का अँगूठा रखा और उसे घिसने लगे। ''क्या?'' मैं जोर से बोला। ''ऐसे में? ऐसी हालत में'' उनकी आँखों की याचना और गहरी होती गयी। वे मुझसे भीख माँग रहे थे। दादा बहुत मज़बूत आदमी थे। कसी कद-काठी के हट्टे-कट्टे, बिगड़ैल और दबंग। घर ही नहीं घर के बाहर भी उनका रोब-दाब हुआ करता था। दादा के चेहरे पर ऐसी दीनता मैंने पहली बार देखी थी।''

इसी तरह शराब की याचना उन्हें डाक्टर के कहने पर मात्रा में सिरिंज के द्वारा पेट में पहुँचाई जाती है। इसी स्थिति में तम्बाकू और शराब की भीख की दीनता उनकी विरूप दीनता में जोड़ती नहीं, गुणित करती है दीनता को। कहते हैं न कि निश्चित परिणाम में वृद्धि मात्रा का गुण में परिवर्तन कर देती है–यहाँ दीनता का गुणात्मक परिवर्तन हो गया है। स्वस्थ दादा दरियाई घोड़ा बनकर बच्चों का कौतुक करते थे।

उदय प्रकाश ने कहानी के कथानक में अनेक-विध प्रयोग किये हैं। प्रयोग से ज़्यादा उन्हें पूर्व विधियों का समवेत उपयोग कहना चाहिए। पहले की प्रयुक्त लेकिन बहुत दिनों से अनुप्रयुक्त विधि नयी मालूम पड़ती है। पाठकों से कथाकार की सीधी बातचीत आज नयी मालूम पड़ती है।

किन्तु यह 19वीं शताब्दी में प्रचलित विधि है। चन्द्रकान्ता सन्तति में इसका प्रयोग है। कथा के बीच में रुककर पाठकों को आगे की कथा की सूचना देना या उनसे राय लेना भी इसी तरह की विधि है। भीष्म साहनी काशी नागरीप्रचारिणी सभा के पुस्तकालय में शोध के सिलसिले में जाते थे। एक दिन हँसते हुए बताया आज मैंने एक ऐसी किताब पढ़ी। प्रारम्भिक 20वीं शताब्दी की। जिसमें एक अध्याय की समाप्ति पर लिखा है–''हे प्रिय पाठको यदि आप दुखान्त के शौकीन हैं तो आगे मत पढ़िए। और यदि आप सुखान्त पढ़ना चाहते हैं तो शेष पुस्तक पढ़ना जारी रखिए।

'छतरियाँ' में कथा का अन्त तीन प्रकार से किया गया है वे तीनों अन्त के रूप

में नहीं सम्भावित अन्त के रूप में प्रस्तुत हैं। यानी तीनों सम्भव हैं। मतलब यह कुछ निश्चित नहीं है। यह अनिश्चिय यथार्थ है। यह अनिश्चिय अस्तित्ववादी है। अस्तित्ववादी कहने से गैर यथार्थ नहीं हो जाता। यह कथाकार का यथार्थ बोध ही है। जो वह अनिश्चय को सच मान रहा है। इस विधि का प्रयोग या उपयोग स्वयं प्रकाश ने भी अपनी कहानी 'बलि' में किया है।

कहानी का प्रारम्भ करने से पूर्व उसका नेपथ्य प्रस्तुत करना कथामुख है। लेकिन ऐसा कथामुख जो पाठक के मन में यह भाव बना देता है कि यह कथा किताबी नहीं, घटित है। वह नेपथ्य का उपयोग कहानी का सन्दर्भ बताने के लिए करता है कि कथा अज्ञात कुलशील या हवाई नहीं है। उसका अता-पता है वह कल्पित नहीं।

"अब इसका क्या किया जाये कि डॉ. दिनेश वाकणकर किसी कहानी या उपन्यास के पात्र नहीं हैं। उन्हें किसी कहानीकार की कल्पना ने नहीं पैदा किया है। डॉ. वाकणकर किसी कहानीकार या रचना के होने या न होने के बावजूद हैं।"

कुछ-कुछ उसी तरह जैसे हम और आप हैं। क्या आपको होने के लिए किसी रचना के होने की ज़रूरत है?"

'और अन्त में प्रार्थना का प्रारम्भ' यह भी सम्भव है कि डॉ. वाकणकर नाम के कोई सज्जन सचमुच हों। और वे उदय प्रकाश के मित्र परिचित हों। और उनका कहानीकरण किया गया हो। उदय प्रकाश अपने समकालीन (और पूर्वकालीन भी) परिचितों को पात्र बनाने में लासानी हैं। उनके साहित्य में उनके परिचित श्रुत-विश्रुत मित्र साहित्यकार यथास्थान विराजमान हैं। यह उनके साहित्य में प्रयुक्त कथानक रूढ़ि है, जिसका उन्होंने प्रयोग या उपयोग किया है।

डायरी, निबन्ध, विविध आधुनिक विद्या-अनुशासनों, अन्तरराष्ट्रीय, राष्ट्रीय, राजनीतिक, सांस्कृतिक, आयुर्वेदीय, रोगों की आश्चर्यजनक, अभिभूतकारी जानकारियों से कथानक गझिन और ऐतिहासिक दस्तावेज़ बनता चलता है। सबसे बड़ी बात उदय प्रकाश की कहानियाँ अपने समय को बहुलता और अनेकविधता में दर्ज़ करती चलती हैं। निश्चय ही उनमें पक्षधरता है। वे साम्राज्यवाद विरोधी हैं। वारेन हेस्टिंग्स का सांड तो ईस्ट इंडिया कम्पनी के इतिहास का अन्वेषण है। उदय प्रकाश में प्रतिकूल के प्रति जो आन्तरिक और न अँटने वाली, क्षुब्ध-उच्छल घृणा है उसका एक रूप साम्राज्यवाद विरोध भी है। यह घृणा आहत उपेक्षित, असहाय होकर लथ-पथ होती है, तिरिछ के पिता, डॉ. वाकणकर और मोहनदास जैसे पात्रों के रूप में प्रस्तुत होती है। अभूतपूर्व हैं। नव उपनिवेशवादी, भूमंडलीकरण, वित्तीय पूँजीवादी अपसंस्कृति के पीड़ित हैं। उदय प्रकाश की कहानियों में नवसाम्राज्यवाद की विरोधी आवाज़ अप्रतिहत है।

डॉ. वाकणकर और मोहनदास दोनों के घोर किंकर्तव्यविमूढ़ता और मानसिक सन्तुलन को नष्ट कर देने वाली जैसी यन्त्रणा की स्थिति में यौन-केलि का प्रकरण

आता है।

यह यौन-केलि प्रकरण यातना का प्रमाण लक्षण और औषध या कहें वरदान भी है। संभोग प्राणी का सांस्कृतिक शायद सर्वाधिक स्वतन्त्र कार्य है। मैंने टीवी पर एक बार एक घड़ियाल नर-मादा को केलि रत देखा। घड़ियाल हमारे देखने में कितना हिंसक और विभीषक जन्तु है। किन्तु मैंने देखा संगिनी पर स्थित नर घड़ियाल कितनी कोमलता से उसके अंगों को अनुकूलित कर रहा था। भोग में सम उपसर्ग बहुत अर्थपूर्ण है। जैसे संवाद, सम्भाग, दोनों समान उत्सुक, इच्छुक, समभागी, सचेष्ट। उदय प्रकाश की एक और कथा मोहनदास में भी ऐसे ही प्रसंग में संभोग का चित्र है। ये चित्र गत्वर हैं, गत्वर फिल्मांकन है। इनमें संगीत ध्यान देने वाला है। उदय प्रकाश के कथा-साहित्य में उत्कट संभोग चित्र कथानक जैसे रूढ़ि हो गये हैं। अखिलेश की कहानी जलडमरूमध्य में भी ऐसा ही चित्र असह्य यातना क्षण में आता है। हारमोनियम दोनों कथाकारों का प्रिय वाद्य है। ऐसे चित्र कथा प्रवाह की सहज गति में हैं। ये चित्र नायक वाकणकर की अन्तर्बाह्य यातना की माँग का ही विस्तार है। उनकी ज़रूरत है। मतलब कथा गति की ज़रूरत है।

उदय प्रकाश के यहाँ भूमंडलीय जानकारी और समाचारों की सरणि भी कथानक रूढ़ि बन गयी है। इस शिल्प को रूढ़ि बनाने में उदय प्रकाश से अधिक श्रेय परवर्ती कथाकारों को है।

उदय प्रकाश के कथा-साहित्य की नैतिकता मेरी समझ में इस विरोधाभास को उजागर करने में है कि ज्ञान, शक्ति और साधन में चकित कर देने वाली जादुई वृद्धि के अनुपात में सत्ता क्रूर और अमानवीय हुई है। यह समीकरण अकाट्य है और उदय प्रकाश का कथा-साहित्य मूलतः इस ऐतिहासिक नैतिक संकट की अभिव्यक्ति है। कहने की ज़रूरत नहीं कि यह नैतिक संकट साहित्य में सौन्दर्य बोधीय संकट बनकर आता है। संकट का मतलब दुविधा नहीं, साहित्य अपने पक्ष पर स्थिर है। वह संकट से उबरने के संघर्ष का पक्षधर है। वह स्वप्न रहित नहीं। द्वन्द्व स्थितियों और जन विरोधी सत्ता की शक्तिमत्ता और मानवीय व्यवस्था के लिए किये जाने वाले संघर्ष में है। यौन वासना को जयशंकर प्रसाद ने आदि वासना कहा है। वह आदि वासना पराजय प्रायः स्थिति में मानो जीवनोन्मेष को बार-बार दोहराती है। यह अनादि वासना उदय प्रकाश के यहाँ भयभीत थकी मानव-इतिहास की दुर्गति के विरोध में है। वह मानो सृष्टि का प्रतीक है। उदय प्रकाश के यहाँ भौतिक ज्ञान को प्रायः सभी विधाओं की नयी जानकारी सत्ता की वृद्धि में पर्यवसित होती है और वह कुल मिलाकर आत्मघाती सर्वांगीण विकास विरोधी तो है ही। डॉ. वाकणकर के विचार इसीलिए आशा जनक नहीं हैं। मेडिकल साइंस को लेकर राजनीति, संसद, धर्म, अदालत, शिक्षा—सभी क्षेत्रों में भयानक गिरावट है। कहते हैं न कि पतन की सीमा नहीं। तिरिछ के काटने, दरियाई घोड़े की विरूपता, कैंसर का रोग,

आदिवासियों के स्वास्थ्य, उनकी शिक्षा, मोहनदास का भाग्य-विपर्यय, मैंगोसिल—ये सब रोमांचक, भयानक फैंटेसी हैं, सच हैं अप्रतिहत हैं और इनकी रोक नहीं है। डॉ. वाकणकर के पास केवल ईमानदारी की ज़िद है। डॉ. वाकणकर का सत्याग्रह गाँधी का सत्याग्रह नहीं। गाँधी का सत्याग्रह आन्दोलन था। डॉ. वाकणकर का सत्याग्रह असहाय है। मोहनदास, मुक्तिबोध—सब पद हैं—पदार्थ नहीं हैं। वे सब निरर्थक हैं। अर्थहीन शब्द ध्वनि हैं। सब भूमंडलीकरण के रूप हैं, उसके यथार्थ के वाचक हैं।

समकालीन हिन्दी कथा-साहित्य में कहीं और नव उपनिवेशवाद, नव साम्राज्यवादी दौर की विभीषिका की ऐसी सूचना राशि नहीं मिलती। समकालीनता की व्याप्ति और गहराई में लीन होकर इकट्ठा की गयी ऐसी जानकारी—अपने समय का दस्तावेज़ी कथा-साहित्य इस्पाती दस्तावेज़ नहीं, असहय रोग-रंजित असहाय व्यक्ति की एकल ईमानदारी की थकान का लेखा-जोखा है।

राष्ट्रीय-अन्तरराष्ट्रीय विविध विषयों की जानकारी देने का यह शिल्प मोहनदास जैसे असहाय व्यक्ति की असहायता को गुणित करके अधिक मार्मिक बना देता है। अनुपात से अधिक होने पर—रूढ़ि बन जाने पर कथा गति की स्वाभाविकता को बाधित कर देता है। रचनाकार अपना स्थान जानकार को दे देता है।

सूचना के प्रसार और उसके जनतांत्रिकीकरण ने एक जानकार और भूमंडलीकृत पीढ़ी पैदा की है। एक पाठक वर्ग भी जो पहले से कहीं अधिक जानकार भी है और वह किसी-न-किसी रूप में 'ग्लोबल सिटीजन' भी है। लेकिन कथाकार की उस मानसिकता को क्या कहा जाए जो व्यक्तित्व में केवल खलनायकत्व देख पाती है। मेरा मतलब खलनायक में केवल खलनायक। दुर्गति घटना क्रम में केवल दुर्गति। असहायता, खलनायकत्व, ओछेपन में कहीं कोई रन्ध्र नहीं। जैसी घटना स्थितियाँ वैसे ही खलनायकी व्यक्तित्व। एक तरफ़ इतना सूक्ष्म विश्लेषण, इतनी संवेदन शक्ति, सौन्दर्य को सहेजने का इतना औदात्य और दूसरी ओर इतना एकाग्रह। कहते मानते थे—एक हमेशा दो में बँट सकता है। वन कैन आलवेज बी डिवाइडेड इंटू टू। यहाँ एक हमेशा एक अविभाज्य, ठस्स। फिर पीड़ित को कहीं कोई तो सहायक, सहानुभूति वाला कोई मिलता। पीड़ित अकेला तो इतना अकेला कहानी इतनी लम्बी दुर्गति यात्रा की अकथ कहानी। किन्तु कहीं कोई सहायक नहीं।

उदय प्रकाश की एक कहानी है—नेलकटर। मेरे लिए उनकी सबसे मर्मस्पर्शी उत्कृष्ट कहानी। उदय प्रकाश के बाल और किशोर पात्र सहज अर्थात् वास्तविक होते हैं। उनके एकालाप और अनुभाव हिन्दी कथा-साहित्य में कुछ जोड़ते हैं। वे ईदगाह के हामिद, दाज्यू की परम्परा में हैं। और उनसे अलग भी। बालक और वृद्धा का ऐसा पारिवारिक सम्बन्ध जो अशब्दता, संवाद से अधिक प्रकट करने वाली है। सम्बन्ध सहज हो गया है। बचपन और वृद्धत्व की एकात्मता जो मुनष्य के सांस्कृतिक विकास का स्मारक है। खुद बच्चों की चिन्ता वयस्क करते हैं। यहाँ

बच्चा माँ की खुद माँ जैसी चिन्ता करने वाला संरक्षक बन गया है। संरक्षक शब्द पर्याप्त नहीं। यहाँ बच्चे को इतना वत्सल अनुभव या परिपक्वता ने नहीं, संवेदन ने बनाया है। यह अनुभवहीन पारिवारिक संवेदन है जो अन्य भाई-बहनों में नहीं है उसी में है। बच्चे के इस सहज सक्रिय संवेदन ने माँ को कितना सन्तुष्ट धन्य और जीवन सार्थकता का बोध कराया होगा। ऐसे दुर्लभ अनुभवों को महासुख कहा जाता है। जिसका उल्लेख, वर्णन, संकेत केवल कवि ही कर पाते हैं। वह भी भक्त कवि। हामिद का उल्लेख पहले हो चुका है। अभी हाल ही में मैंने दो कहानियाँ और पढ़ीं। जो इस सन्दर्भ में उल्लेखनीय हैं। दीपक श्रीवास्तव की 'लघुत्तम समापवर्तक, और अरुण कुमार असफल की 'पाँच का सिक्का'।

बालक किशोर का ममत्व संवेदन सकर्मक है। अशब्द (केवल सकर्मकता में रूपान्तरित संवेदन किताबी अनुभाव में नहीं।)

"एक घंटा लगा। मैंने उनकी एक अँगुली ही नहीं सारी उँगलियों के नाख़ून ख़ूब अच्छे कर दिये। माँ ने अपनी उँगलियाँ देखीं। यह कितना कमज़ोर और हार का क्षण होता है। जब नाखून जीवन का विश्वास देते हैं। कितने सुन्दर और चिकने नाख़ून हो गये थे।

माँ ने मेरे बालों को छुआ। वे कुछ बोलना चाहती थीं। लेकिन मैंने रोक दिया।"

मेरी (विश्वनाथ त्रिपाठी की) चलती तो मैं कथाकार को यहीं रोक देता। कहानी यहीं ख़त्म कर दो।

उदय प्रकाश की कहानियों पर बातचीत कहानी में कवित्व से शुरू हुई थी। एक दूसरे समकालीन कहानीकार की एक कहानी का प्रारम्भिक अंश इस प्रकार है—"मैंने तकलीफ़ बहुत सही है। मुझे दिवास्वप्नों से प्यार है। मुश्किल पड़ते ही मैं अपनी अलसाई हुई निर्द्वन्द्व स्वप्निलता में उतर आता हूँ और तैरते-तैरते एक ऐसे टापू में पहुँच जाता हूँ जहाँ किसी का राज नहीं चलता। वहाँ मैं अच्छी तरह से घुले हुए मुलायम शगुफ़्ता लम्हों पर सोता हूँ और गुज़रे हुए वक़्त की सबसे हसीन सबसे दिलकश और गुदाज़ रानाइयों से लिपटकर पड़ा रहता हूँ जब तक जिस्मों जां से असली दुनिया का असर ख़त्म नहीं हो जाता जब तक ठोस सचाइयों से फ़ारिग नहीं हो जाता।"

यह असली दुनिया से हटकर सन्नाटा बुनना है और फिर दूसरी मन चाही दुनिया देखना है। वह दुनिया आगे आती है जो इस कहानी का वाच्य है।

(असली दुनिया) की "ये सब चीजें मेरी उस दुनिया में नहीं हैं और यही वजह है कि वहाँ तकलीफ़ें भी नहीं हैं। वहाँ की फ़िज़ाओं में प्रागैतिहासिक स्वर लहरियों के साथ नूतन नादानियाँ थिरकती रहती हैं। वहाँ बीयर के झागदार झरने बहते हैं और आसमान पर मासूम-सा नशा छाया रहता है। वहाँ दूध की नदियाँ बहती हैं। वहाँ पकी फ़सलों के सुनहले फैलाव पर फलों और फूलों की सुगन्ध सहेलियाँ इठलाती

फिरती हैं।... वहाँ के हर दाने पर खाने वाले का नाम लिखा रहता है। चाँद प्रेमियों की कश्ती का माँझी है और सितारे बच्चों के हाथ के खिलौने सूरज को रास्तों से बर्फ़ हटाने के काम पर लगाया जाता है। गर्मियाँ आम आइसक्रीम, शरबत और लस्सी बाँटने आती हैं। सर्दियाँ शर्मीली लड़कियों की तरह चाय सर्व करती हैं और बरसात का मौसम सब को गरमागरम पकौड़ी खिलाता है।

वह (ख़्वाबगाह-स्वप्नलोक—वि.त्रि.) पर्वर्टेड तृप्ति के लिए छटपटाता कोई उत्तर-आधुनिक कीड़ा नहीं है।" (दूसरा जीवन—मनोज रूपड़ा)

इस उद्धरण के प्रारम्भिक अंश में 'असली दुनिया' से चीज़ों को हटाया गया है। सन्नाटा बुना गया है। और फिर स्वप्न सजाया गया है। दोनों काव्यांश हैं—स्वप्न हैं। हमारे समकालीन यथार्थ से वह स्वप्नलोक मुक्त है। 'वहाँ उत्तर-आधुनिक कीड़ा नहीं है।'

उदय प्रकाश और मनोज रूपड़ा दोनों इस पर्वर्टेड तृप्ति की प्रवृत्ति से मुक्ति का स्वप्न देखते हैं। स्वप्न मुक्ति का स्वप्न ही कविता रूप में उतरता है। हमारे दौर के यथार्थ धर्मी कथा-साहित्य में कविता का आगमन अनिवार्य है। आगे हम देखेंगे यह स्वप्न हमारे युग की कहानियों में सिर्फ़ स्वप्न ही नहीं रहता। कहीं-कहीं स्वप्न यथार्थ भी बनता है। अरुण प्रकाश की कहानी है 'यह सपना तुम्हारा नहीं'।

मनोज रूपड़ा के यहाँ भूमंडलीकृत नागरिक के अवतारी रूप पर्याप्त उजागर हैं। आभासी रूप वस्तुतः पर्वर्टेड आकांक्षाओं का तृप्त रूप है। तृप्त होते हुए भी वह यहाँ विकास के थपेड़ों में भटकता अकेलेपन का रूप है। विडम्बना यह है। व्यक्ति अभावग्रस्त हो तो उसका संकट एक तरह का होता है, व्यक्ति को बहुत कुछ उसके अनुसार सब कुछ मिल जाए तो उसका संकट दूसरी तरह का होता है। अभावग्रस्त की तृप्ति स्वप्न बनकर मन में रहती है—रोटी, कपड़ा, मकान, शिक्षा आदि के रूप में। अघाए आदमी की तृप्ति अतृप्ति के रूप में रहती है। दूसरा जीवन कहानी में मनोज रूपड़ा ने इसे दिखाया है। बहुराष्ट्रीय कम्पनी में निष्ठा से काम करने वाला प्रशान्त व्यवहारतः भूमंडली शोषकों का कल पुर्जा है। अपनी स्वतन्त्रता और अस्मिता जिसे वास्तविक व्यक्तित्व कहें का उपयोग करते ही उसे मार मार कर मृतप्राय कर दिया जाता है। वह मोहनदास, वाकणकर, तिरिछग्रस्त जैसा पात्र हो जाता है। ईमानदारी और निरीहता इन सभी पात्रों को दंडित, पीड़ित करती है। इन सभी पात्रों की अपनी पहचान है। यहाँ केवल खुली व्यापक समानता की बात की जा रही है। प्रशान्त और वाकणकर दोनों नव उपनिवेशवादी आर्थिक उदारवाद की क्रूरता के प्रतीक पात्र हैं। यौन-केलि दोनों का शरण्य है। 'और अन्त में प्रार्थना' में भारतीय राजनीति आदिवासी जीवन, भारत की ग्रामीण प्रकृति, नौकरशाही अमला, उनका ओछापन—इन सबके सन्दर्भ-संश्लेष से सम्प्रेष्य में व्यापकता आती है।

'और अन्त में प्रार्थना' के कहानी नायक डॉ. वाकणकर राष्ट्रीय स्वयंसेवक संघ के

निष्ठावान सदस्य हैं। उनकी सांगठनिक निष्ठा और वैयक्तिक निष्ठा में विरोध—उनके व्यक्तित्व का अन्तर्विरोध है। दोनों अपनी जगह कायम। यह अन्तर्विरोध उनकी यातना का मूल कारण है। वे निष्ठावान स्वयंसेवक और निष्ठावान डॉक्टर। अन्त में निष्ठावान डॉक्टर की चलती है। लेकिन इसी से उनकी यन्त्रणा है और अन्ततः भयाक्रान्त मृत्यु होती है। पुलिस की गोली का शिकार मुस्लिम युवक है। सेक्युलर कार्यकर्ता। इस अमानुषिक प्रकरण का उपयोग कहानी के नायक को औदात्य तो प्रदान करता ही है कहानी के कथानक को औपन्यासिक बिखराव का अवकाश भी देता है। प्रधानमन्त्री को थुलथुल शरीर, कब्ज और फिश्चुला में नाहक फँसा दिया गया है। वे स्वस्थ होते तो सत्तापक्ष की मूर्खतापूर्ण, क्रूरता का प्रभाव और ज़्यादा होता। उदय प्रकाश तत्कालीन होकर खलनायक को दंडित करते हैं। इस कहानी में कसर वे प्रधानमन्त्री पर निकालते हैं।

उदय प्रकाश और उन जैसे अन्य कहानीकारों की कहानियाँ हिन्दुस्तान की हैं। लेकिन दूसरे हिन्दुस्तान के जीवन की कहानियाँ हैं। उनका घटनाक्रम इतना असामान्य, रोमांचक, अभूतपूर्व है कि उथल-पुथल समेट वह शिल्प में आ गया है।

हिन्दुस्तान की कहानियाँ हैं लेकिन ग्लोबल जानकारी की भरमार के कारण उनमें महानगरीय चहल-पहल, चमक-दमक तो है ही। कभी-कभी यह भी भ्रम होता है कि ड्राइंगरूप में शोभा-विधायक आदिवासी, गिरिजनी शिल्प की सजावट हैं।

दूसरा जीवन में प्रशान्त की भेंट मदर युनिवर्स से होती है। 'मदर युनिवर्स' मनोज रूपड़ा की मौलिक कल्प सृष्टि हैं। हिन्दी कथा-साहित्य में ऐतिहासिक आवश्यकता (हिस्टोरिकल नेसेसिटी) को पूरा करती हुई पात्र। भूमंडलीकरण की अपसंस्कृति का प्रतिरोधी सशक्त पात्र। भविष्यगर्भी इतिहास की जननी पात्र। 'मदर युनिवर्स' का पेट उभरा हुआ है। इस उभरे पेट का राज़ क्या है? "इस सवाल पर वह और भी ज़्यादा खुलेपन से मुस्करा उठी। उसका चेहरा आत्म गौरव और लालित्य से लहलहाने लगा था।"

"इसके अन्दर एक नया देश पल रहा है।" उसने मेरे कान के पास बहुत मधुर आवाज़ में यह राज खोला।

"लेकिन उस पेट में सिर्फ़ रेड इंडियन, वियतनामी, इराकी और जापानी बच्चे पल रहे हैं।"

मदर युनिवर्स का कहना है: "मैं अपनी कोख से बिना किसी भेदभाव के बच्चे पैदा करती हूँ लेकिन सिर्फ़ उन्हें जिनके साथ अन्याय हुआ है। जो किसी-न-किसी तरह की हवस के शिकार बनाये गये।"

"इन बच्चों के पिता कौन हैं?"

"एक चेकोस्लोवाकिया का कामेडियन है जो उन चार सौ यहूदी बच्चों के लिए थियेटर चलाता है। जिन्हें दूसरे विश्वयुद्ध के दौरान स्कूल में ज़िन्दा जला दिया गया

था–एक नीग्रो पायलट है जो मेरे काले बच्चों को फाइटर प्लेन उड़ाना सिखाता है। एक अफगानी शायर है जिसने तालिबानियों की हवस की शिकार बनायी गयी लड़कियों के लिए एक गैरधार्मिक मदरसा खोल रखा है। इसके अलावा कुछ न्यायाधीश, प्रोफेसर्स, डॉक्टर, वैज्ञानिक, सोशल वर्कर और फ्रीडम फाइटर्स भी बच्चों के बाप हैं।''

मदर युनिवर्स कार्ल मार्क्स की समाधि के पास डिलीवरी की जगह चुनती हैं।

हिन्दी में अत्याचार आतंक का गर्भस्थित शिशुओं पर प्रभाव का अंकन नागार्जुन की कविता 'हरिजन-गाथा' में है। यह कविता बेलची हत्याकांड पर लिखी गयी थी। गर्भ से दलित-शिशु का जन्म होता है जो सशस्त्र क्रान्ति का दलित अवतार है।

'मदर युनिवर्स' की प्रेरणा से प्रशान्त योजनाएँ बनाना चाहता है। मदर युनिवर्स बताती हैं–''अब चूँकि तुम मदद माँग रहे हो तो मैं बता दूँ वह उत्तेजना है जो तुम्हारे अन्दर जिस्मानी और रूहानी घालमेल पैदा करेगी।''

प्यार और यौवन से उफनती हुई उत्तेजना।

मदर युनिवर्स प्रशान्त को प्यार करना सिखाती है। रूहानी और जिस्मानी प्यार-चुम्बन।

लेकिन यह प्यार का उपक्रम और चुम्बन आभासी था वर्चुअल। यह वर्चुअल परिणत होता है रीना के साथ। यौन-केलि में रीना प्रशान्त की लिव-इन पार्टनर है।

'दूसरा जीवन' की कहानी का उतार-चढ़ाव और मोड़ 'अँधेरे में' से आंशिक तौर पर मिलते-जुलते हैं। अँधेरे में भी जीवन भर के लिए एक प्रेमिका अवतरित होती है।

'दूसरा जीवन' आभासी दुनिया की कथा है। वह आभासी कथा हमारे युग की वास्तविक कथा बनी है जिसे हमारा समकालीन झेल रहा है। लेकिन यह पूरी कथा नहीं है। आभासी कथा बौद्धिक स्तर पर प्रभावशाली है, वह विमर्श का, दिमाग़ी बहसों का और अख़बारी सुर्ख़ियों का विषय ज़्यादा है। जानकारियों और तकनीक की इस प्रलय के दौर में निम्नमध्यवर्गीय, निम्नवर्गीय जीवन के भी कुछ सपने हैं कि नहीं! वे विमर्श के विषय कम बनते हैं। वे आभासी और किताबी कम हैं। वे साहित्य के रूप में लिखे जाने, रचे जाने के बावजूद किताबी आभासी नहीं हैं। वे किताबी, आभासी केवल विमर्श के सामने ऐसे खड़े हैं मानो साहित्य के सामने जीवन खड़ा हो। शेखर के सामने होरी।

उदय प्रकाश और रूपड़ा का कथा-साहित्य जानकारियों, चौंकानेवाले असामान्य से इतना ग्रस्त है कि वह अधिकांश भारतीय जन की धूल-धूसरित, उदास मटमैली जीवन कथा नहीं लगती। वहाँ बहुत चटकीलापन, शोर, आकर्षण विज्ञापन शिकायत, रोष, घृणा, हिंसा और उसका समाधान-शमन यौन-केलि है। ऐसा स्वप्न जो इकहरा है। क्रूरता है इकहरी तो उसका विरोध भी इकहरा। दोनों केवल आग्रही ज़िद्दी। उदय प्रकाश और रूपड़ा दोनों कथाकार आधुनिक संवेदनशील महत्त्वपूर्ण, चौंकाने वाली सुर्ख़ियों के कथाकार हैं। नेलकटर जैसी मार्मिक कहानियाँ कम हैं। जो चौंकाऊ

नहीं हैं, मार्मिक शामक, पाठक को आत्मीयता के असीम में बहा ले जाने वाली रसानुभव करानेवाली। स्वप्न और यथार्थ का रचनात्मक सम्बन्ध हिन्दी कहानियों में अनेक रूप ग्रहण करता है। कहानियों में स्वप्न ऐतिहासिक माँग या ज़रूरत के रूप में उभरता है। जिसके लिए संघर्ष, औदात्य में परिणत होता है—यह औदात्य पाठकीय अनुभव बन जाता है। पहले की बात छोड़ें, और अन्त में प्रार्थना और दूसरा जीवन इसी तरह की कहानियाँ हैं। इन कहानियों की शक्ति नव उपनिवेशवादी राजनीति, अर्थनीति के चलते सांस्कृतिक मूल्यों के विनाश और उपहास के चित्रण में है विकास के नाम पर यातनाग्रस्त नायक लहू लुहान होता है, पराजित होता है, मर जाता है या कौमा में चला जाता है किन्तु उसका संघर्ष, यातना का भाव-बोध बचा रहता है—पाठकीय आस्वाद में परिणत होकर।

स्वप्न और संघर्ष की भावना त्रिकाल में व्याप्त होती है। संघर्ष का मूलकारण अग्नि है। स्वप्न भविष्य के निर्माण का ही नहीं होता वह भविष्य के निर्माण के लिए अतीत की अग्नि को बचाये रखने में भी होता है। अग्नि त्रिकाल को अंतर्योजित करती है। अतीत काल में प्रवाहित हो जाता है। उसी रूप में देखने-जानने की इच्छा है स्वाभाविक किन्तु पूर्ति असम्भव है। जो नहीं है लेकिन था, उसे फिर से देखने की इच्छा दुर्निवार है, लेकिन असम्भव है। यह पीड़ा इसका दंश और इसकी हुटुक हमारी चेतना का अवश चीत्कार है। बचा रहता है स्वप्न अतीत का। और बटोरी जा सकती है अग्नि। अग्नि पुनर्जीवित की जा सकती है। बचाये रखी जा सकती है।

रूपड़ा की कहानी है 'टावर आफ़ साइलेंस'। पारसी लोग मृत शरीर को कूपाकार टावर में डाल देते हैं जिन्हें खाकर चील, कौवे और अन्य पक्षी पेट भरते हैं। पारसी अग्निपूजक हैं। रूपड़ा ने पारसी लोगों की अग्निपूजा और उद्यमशीलता को रचनाधर्मिता के सूत्र से एकात्म किया है।

"अलग-अलग धर्मों में अन्तिम संस्कार के अलग-अलग रिवाज़ हैं। अपने धर्म की नींव चैरिटी के ऊपर रखी गयी है। इसलिए हमारे बुजुर्गों ने फरमाया है कि मुर्दे को दफना-जलाकर नष्ट करने की बजाय उन्हें चील-कौओं को सौंप दो। इससे उनके पेट तृप्त होते हैं उन्हें शान्ति मिलती है।" टावर आफ़ साइलेंस का मूल कथन पारसी भाषा में है। बाद में हिन्दी अनुवाद दिया गया है। टावर आफ़ साइलेंस को पारसी भाषा में डखमू कहते हैं।

द्वन्द्व मृत्यु की शीतलता और अग्नि में है। संवेदना की रचना करने वाले शिल्प की शक्ति पिता पुत्र के निरुद्विग्न संवाद और धीर-अनुभावों और देहभाषा में है। ऐसा वस्तु-अन्वित शिल्प हिन्दी कहानीकारों में निर्मल वर्मा में मिला है। एक-एक पात्र चेष्टा उन्हें मर्मभेदक और अविस्मरणीय बना देती है। मृत्यु और अग्नि के द्वन्द्व में स्थित सारे अस्तित्व के कोलाहल का अनुभाव धैर्य और कथन में रूपान्तरित है।

टावर आफ़ साइलेंस को देखने के बाद—

"टेम्पटनजी सीढ़ियाँ चढ़ रहे थे तब उनके मन में सिर्फ़ कुतूहल था। जैसे उनके पिता उन्हें किसी ज़ू में ले आये हों। लेकिन ऊपर चढ़ कर जब उन्होंने नीचे झाँका तो सन्न रह गये। उन्होंने दोनों हाथों से अपना मुँह ढँक लिया। मगर अन्दर तेज़ी से उनके मुँह से उल्टी का फौवारा फूट निकला। फिर वे ज़ोर-ज़ोर से रोने लगे। उनके पिता ने जब उन्हें छूना चाहा तो उन्होंने उनके हाथ को झटक दिया। और उसी तरह सिसकते हुए सीढ़ियाँ उतरने लगे।

एक सुखद और ज्ञानवर्द्धक यात्रा का अन्तिम पड़ाव इतना भयानक होगा वह उन्होंने बिल्कुल नहीं सोचा था।"

कहानी के प्रारम्भ में मुम्बई के पारसियों की बस्ती का वर्णन है। छोटी-छोटी मामूली चीज़ों के ब्योरों से अंतर्गठित एक अविस्मरणीय झाँकी। उस बस्ती की उसके बुड्ढे पारसियों से कहीं ज़्यादा अतीत के एक अंश का साक्षात् है। हिन्दी में अल्पसंख्यक प्रायः उपेक्षित ही रहते हैं। पारसी जीवन के आत्मीय अंश का वर्णन तो और नहीं–शायद कहीं नहीं है। एक ऐसी जाति का वर्णन कहीं नहीं जिसने भारत में उद्योग की नींव डाली।

"टेम्पटन दस्तूर जब बड़े हुए तब उनके लिए यह एक शोध का विषय था। उपभोक्ता चीज़ों की बाढ़ और यूज एंड थ्रो के तेज़ प्रवाह में ये सब पुरानी चीज़ें और पुरानी जीवन शैलियाँ और उनका अन्तर्मुखी समुदाय अभी तक डूबने से कैसे बचा हुआ था।"

मृत्यु एवं नश्वरता सत्य है। अग्नि भी सत्य है। कौन जाने भारतीय देवता शिव की तरह दोनों एक ही सत्ता के दो धर्म हों। इम्प्रेस मिल बन्द हो गयी है। वह खँडहर में तब्दील हो गयी है। फिर भी उसकी स्मृति में अग्नि है। वह स्मृति ही अग्नि है। मिल के संस्थापक टेम्पटन दस्तूर के पिता में वह अग्नि सुरक्षित है और उसे बचाये रखने की ज़िद भी–

"भट्ठी अब पूरी तरह बुझ चुकी थी। उसमें मिल बन्द होने से पहले की टनों राख और मिल बन्द होने के बाद आग जलाये रखने की ज़िद में डाले गये रबर के टुकड़ों और कैनवास के दस्तानों के असंख्य अधजले टुकड़े भरे पड़े थे।"

टावर आफ़ सायलेंस और उसका प्रतीक भी अजबतौर पर सार्थक है। गहरे कूपाकार पात्र में शव सड़ रहे हैं और वह शवराशि पक्षियों को पेट भर कर उन्हें तृप्ति प्रदान कर रही है। उनमें शक्ति संचालित करके प्राण भर रही है।

कहानी की शक्ति कथा के साथ-साथ इसके कहन में है। कथा का सन्देश कहन के सहारे ही या उसके रूप में ही व्यक्त होता है। संलग्नता का लक्षण चुपचाप सक्रियता में है। वृद्ध पारसी जनों की बस्ती की समरूपता, नीरवता, अनुशासन, उनकी अग्नि संरक्षणशीलता और उद्यम की संगति में है। यह संगति कहानी का रूप बन जाता है। यह शिल्प की सिद्धि है। कहानी में एक अविस्मरणीय पात्र हक्क

फई मानो पारसी जनों के आग्रही (अग्नि के लिए) उन्माद का प्रतीक है। उन्माद सेक्स व्यवहार में प्रस्तुत है।

व्यतीत के प्रति मनो रूपड़ा के गल्प में विशेष मार्मिकता पायी जाती है। जो बीत गया है या बीत रहा है उसे व्यतीत होने से न रोक पाने की विवशता का भाव। व्यतीत का स्मृति-दंश। सिर्फ़ स्मृति-दंश ही नहीं। व्यतीत के साथ इतना अच्छा कुछ समाप्त हो जाने का अहसास, साथ में कलाकार, उद्योगी को गरिमा से वंचित कर देने की पीड़ा। मनोज रूपड़ा की एक कहानी है—साज नासाज। जिसमें सेक्सोफ़ोन वाद्य-यन्त्र के कलाकार की पीड़ा गाथा का बयान है। व्यतीत द्वारा वंचित कलाकार किस को दोष दे—जब इतिहास ही खलनायक हो तब वह किसी पर दोषारोपण करने, शत्रु को अलग-थलग करने की भी स्थिति में नहीं रहता। समय अँधेरे में लुप्त ऐसा आक्रामक है जो दिखाई नहीं देता केवल आघात का दर्द देता है।

कुछ वर्षों पूर्व 'कथादेश' में प्रकाशित हार्डीकर की कहानी 'बुड़ान' को रमाकान्त स्मृति सम्मान प्रदान किया गया था। हार्डीकर जीवित नहीं थे। उनकी कहानी का अस्पष्ट या अधूरा आलेख था जिसे मनोज रूपड़ा ने अन्तिम रूप दिया था। उसमें बाढ़ में डूबे हुए परिचित स्थलों की पहचान करते हुए उनकी विवरण-कथा थी। बाढ़ का प्रवाह दृश्य को विलीन कर गया है। चारों ओर केवल जल ही जल है। जल ने सभी पूर्व स्थलों को लुप्त कर दिया है। उन स्थलों की पहचान की जा रही है और उन लुप्त स्थलों से सन्दर्भित जीवन दृश्यों, स्थितियों की याद का ब्योरा कहानी पेश करती है। वही बात जो था अब नहीं रह गया है। उसकी स्मृति का अमिट दंश सौन्दर्य, उद्योग से जगमग एक संसार का लोप और उसकी यातना जो मानव नियति है। 'कोई आता नहीं फिर मर के।'

ग़ालिब जानते थे कि जिस्म जल जाने पर दिल भी जल जाता है। फिर भी राख टटोलते थे—

जला है जिस्म जहाँ दिल भी जल गया होगा।

टटोलते हो जो राख जुस्तजू क्या है!

टावर आफ़ सायलेंस में वह जुस्तजू अग्नि की है। उसे संरक्षित रखना दस्तूर का धर्म है। उसकी अस्मिता का पर्याय है। मुक्तिबोधीय भयानक ज़िद।

टावर आफ़ सायलेंस बीते हुए कल का प्रतीक है। काल सब कुछ विलीन कर देता है। लेकिन सम्बन्धों की करुण-स्मृति छोड़ जाता है जिसे सरहपा ने शून्य तरुवर (मिथ्या जगत) का पुष्प कहा है। भारत में वामपन्थी विचारक प्रायः पूँजीवाद की आलोचना करते समय उसके गुणों और इतिहासवाही भूमिका को नज़रअन्दाज़ कर देते हैं। फिर पूँजीवाद के कई रूप हैं। उसने प्रारम्भ में भारत के स्वाधीनता संग्राम में सकारात्मक भूमिका निभाई है। पारसी जमशेद जी टाटा आधुनिक भारतीय अर्थव्यवस्था के आदि संस्थापक थे। दस्तूर उन्हीं के वंशज हैं—

"ये हमारे देश की पहली मिल थी जिसमें लेडीज वर्कर्स के नन्हे बच्चों के लिए जमशेदजी ने क्रेच बनवाया था।"

"यह मिल हमारी मदर कन्सर्न थी। इसी में से टाटा का पूरा एम्पायर पैदा हुआ था।"

यह अतीत का गौरव मंडन नहीं, यह विरासत को समझना है। इतिहास का प्रत्येक नया चरण डिस्कवरी आफ़ इंडिया लिखता है। यह खोज आधुनिक बुद्धि और नवीन विधि से होती है। तकनीक परिवर्तन कर देती है। लेकिन तकनीक विज्ञान-दर्शन का स्थान नहीं ले सकती। कोई तकनीशियन आइन्स्टीन नहीं हो सकता। हिरोशिमा पर जो बम पड़ा वह विज्ञान की खोज का दुष्परिणाम था। लेकिन जब यह बम डाला गया तो वह महान् वैज्ञानिक बच्चों की तरह रोया।

आइन्सटीन कहते थे कि विज्ञान की खोज मनुष्य को अधिक शक्ति देती है। इसलिए मनुष्य को भौतिक शक्ति के ही समान नैतिक शक्ति भी बढ़ानी पड़ेगी। दुर्भाग्य यह है कि हर वैज्ञानिक खोज से उत्पन्न तकनीक की बढ़ोतरी से शोषक की शोषण शक्ति बढ़ जाती है। और जनता की पीड़ा तीव्रतर हो जाती है।

"लेकिन अब वहाँ हलचल नहीं थी। सिर्फ वीरानगी थी। टेम्पटनजी बहुत गौर से मशीनों के मकबरों को देख रहे थे। सिर्फ़ आदमी ही रिटायर नहीं होता टेक्नोलॉजी भी रिटायर होती है। उन्हें फिर से किसी भूमंडलीय व्यवस्थाकार की टिप्पणी याद आयी और आदमी तो एक उम्र के बाद रिटायर होता है लेकिन टेक्नोलोजी उसके रिटायर होने से पहले भी रिटायर हो सकती है। फिर उन लोगों का क्या होगा जिनका जीवन उस पुरानी तकनीक में ढल चुका था और वे उसके उतने ही आदी हो गये थे जितने बच्चे अपने माँ-बाप के।

कहानी में पिता के प्रति सारी व्यथा व्यतीत के प्रति आदर और करुणा का प्रतीक बन गयी है। यातना आदतों के ढलने की ही नहीं उससे कहीं ज्यादा और तीव्रतर यातना नयी तकनीक के आगमन से पुराने वर्करों की छटँनी की है। रूपड़ा ने इस पर पता नहीं क्यों ध्यान नहीं दिया है। उल्लेख तक नहीं किया है। लेकिन कहानी में वह व्यथा भरपूर है। बहरहाल देशी पूँजीवाद स्वाधीनता आन्दोलन का सहयोगी था। अतिरिक्त मूल्य (सरप्लस वैल्यू) का संचय करता तथा वो वर्कर्स का ध्यान भी रखता था।"

यह सामाजिक-आर्थिक विचार कहानी का संप्रेष्य नहीं। है भी तो मार्मिकता के सहयोगी के रूप में उसे और व्याप्ति और गहराई प्रदान करता हुआ। सामाजिक-आर्थिक स्थितियों में परिवर्तन संवेदनात्मक, रिक्तता पैदा करते हैं—वह अन्ततः पाठकीय आस्वाद में पर्यवसित होता है। जो था वह छूट गया है और छूट रहा है। वह फिर कभी नहीं आयेगा। आयेगा तो नये रूप में—उसके लिए अग्नि की खोज कहीं न कहीं हो रही है। कोई न कोई कर रहा है। और हम क्या कर रहे हैं। यह संप्रेष्य

उत्तर-आधुनिकता में परिवर्तन या विकास की दिशा का संकेत करता है। पूरे देश की बात न करें सिर्फ़ हिन्दी समाज या हिन्दी प्रदेश की बात करें (प्रधानतः जहाँ की ही स्थितियाँ हिन्दी कहानी में व्यक्त होती हैं) वह हिन्दी क्षेत्र भी पर्याप्त विविधतामय है। उस पर सिर्फ़ भूमंडलीकरण का प्रभाव ही नहीं है—भूमंडलीकरण, साम्राज्यवाद, वित्तीय उपनिवेशवाद का बढ़ता हुआ प्रभाव है और उससे निपटता हुआ पारम्परिक जीवन भी है। व्यापक सूचनातन्त्र, नयी तकनीक का व्यवहार, सुदूर पारम्परिक निम्नवर्गीय जीवन संसार में जाकर जो हलचल और परिवर्तन पैदा करते हैं। वह सबका सब अमानवीय और उत्तर-आधुनिक नहीं है। खुद उत्तर-आधुनिक भारतीय जीवन में बहुत कुछ सकारात्मक और यथास्थितिवाद-विरोधी और विकास पक्षी है। नयी तकनीक सूचना तन्त्र, यत्किंचित शिक्षा प्रसार, दूरदर्शन, टेलीफोन, मोबाइल, संचार-साधनों की वृद्धि ने सामन्तवाद को नये व्यवहार रूप दिये हैं तो उसके विरोध को भी स्वर और शक्ति प्रदान की है। जिसके सबसे बड़े प्रमाण दलित चेतना, नारी चेतना और सत्ता पर इनका आंशिक दबाव है। इस द्वन्द्व से हिन्दी भाषी के जीवन में भाव बोधात्मक और सौन्दर्यबोधात्मक असर भी पड़ा है। आज के दौर में हिन्दी कहानियों की एक प्रवृत्ति उसकी अभिव्यक्ति करती है।

रेणु की कहानी 'पंचलैट' याद आ रही है। नयी तकनीक पारम्परिकता में किस प्रक्रिया से घुलती है। इसे दिखानेवाली कहानी। गाँव वालों के अपने संस्कार हैं। नये को वे यूँ ही नहीं ग्रहण कर लेते। अपने जीवन का अंग स्वीकार्य बनाने के पहले वे उसका स्वागत करते हैं, पूजा करते हैं। गीत गाते हैं, नृत्य करते हैं। गाँव के आदमी, बच्चे, औरत सब मिलकर। यह भारत के पारम्परिक जीवन की पद्धति है। वह अभी भी गाँवों में है। कम हो रही है। मिटाई जा रही है, अलग बात है। अभी भी चुनाव में मतदान करने जाने वाले गाँव के लोग बैल-गाड़ी पर गीत गाते हुए जाते हैं।

और यह प्रवृत्ति पूरी तरह समाप्त नहीं है। औद्योगिक उपक्रम के लिए भूमिपूजन होता है। नारियल तोड़ा जाता है आदि। अन्य क्षेत्रों में भी किसी न किसी रूप में यह होगा। पंचलेट शब्द में ही यह स्वागत, संस्कार, भाषाई धरातल पर आ गया है। पैट्रोमैक्स गाँव में जाकर परम्परा में प्रवेश करने के लिए 'पंच' उपसर्ग धारण कर लेता है। और...पंचलेट को जलाना (प्रविधि) जानने वाले युवक के प्रति ग्रामीण किशोरी का आकर्षण। तकनीक यान्त्रिक नहीं रह गयी। वह जीवन में भारत के ग्रामीण पारम्परिक जीवन में आयी तो सहज अकृत्रिम भाव बोध का निमित्त बनकर आयी। यह है हिन्दी कहानी में नये जीवन नयी तकनीक का भावबोधात्मक रूपान्तरण। रचना परिवर्तन या नयेपन का केवल संकेत ग्रहण नहीं करती। वह बिम्ब ग्रहण करती है। केवल बाह्य का नहीं पात्रों के मनोजगत का भी। इसलिए यथार्थ की सम्पूर्णता रचना में प्रकट होती है।

चूँकि साहित्य स्थिति को सम्पूर्णता में ग्रहण करता है और इस सम्पूर्णता में

उसका प्रवाह भी गृहीत है इसलिए वह विरोध भी दर्ज करता है। लेकिन केवल विरोध नहीं। साहित्य सत्ता-विरोध भी करता है। किन्तु वह केवल नकारात्मक नहीं हो सकता। विरोध पर ज़्यादा ज़ोर दें। यह तो ठीक किन्तु केवल विरोध नहीं। जो सकारात्मक है उसका विरोध करना या उसकी अनदेखी करना किसी न किसी रूप में जनपक्षधरता से विचलित होना है। साहित्य अन्ध विरोध से बचता है।

विचारधारा की लड़ाई और रचनाधर्मिता के बीच अपने पक्ष का दुराग्रह रचना को कमजोर करता है। एकांगी बनाता है। इसका बहुत बड़ा खामियाजा प्रगतिशील जनवादी रचनाकारों ने भरा है। विचारधारा से प्रतिबद्धता आपको रचना-प्रतिबद्धता से मुक्त नहीं करती। प्रगतिशीलता का साहित्यिक रूप वही नहीं होगा जो राजनीतिक या समाजशास्त्रीय होगा। इस विषय में साहित्य का जनतन्त्र अधिक समावेशी और व्यापक है। साहित्यिक जनतन्त्र बहुसंख्यक का ही नहीं होता वह एक व्यक्ति की भी पीड़ा की उपेक्षा नहीं करता। वह खलनायक को भी समझने से इनकार नहीं करता। वह खलनायक की पीड़ा का भी बयान करता है। क्या ओथेलो की पीड़ा मर्मान्तक नहीं है।...

रचनाधर्मिता (और जनतान्त्रिक भी) खुलापन से वंचित नहीं रह सकती। खुलापन संग्रहणीय या समावेशीय का तिरस्कार नहीं कर सकती। वाद में विवाद का स्थान होता है।

विचार की धारणा में ही विरोधी पक्ष जिसे हमारे यहाँ 'पूर्व पक्ष' कहा गया है का अवकाश है। यह बात दलित चेतना और स्त्री चेतना सहित सभी विमर्शों के काम की है। सच पूछिए तो यह बात रचनात्मक राजनीति में भी लागू होनी चाहिए लेकिन वहाँ की बात छोड़ें। खुलापन से वंचित रचनाओं की दुर्बलता का प्रमाण यह है कि विशेष-विशेष विचारधाराओं से युक्त अच्छी रचनाएँ भी प्रायः उन लेखकों के यहाँ मिलती हैं जो किसी प्रकार की विचारधारा से घोषित प्रतिबद्ध नहीं हैं। यह बात प्रगतिशील जनवादी लेखकों, दलित चेतना के लेखकों और स्त्री चेतना के रचनाकारों पर लागू होती है।

खुलापन का एक महत्त्वपूर्ण पक्ष है कि स्थितियों में आप निराशा, अन्धकार, भ्रष्टाचार के अलावा भी जो है उसे देखें। निस्सन्देह भ्रष्टाचार, निराशा, अन्धकार, सर्वग्रासी-सा हो चला है। किन्तु वह फैशन भी बन गया है। विशेषतः उच्चवर्ग, उच्चमध्यवर्ग और सुविधा अवकाश भोगी बाबुओं, पत्रकारों और बुद्धिजीवियों के बीच। जो निम्नवर्गीय जन दुर्गति में सबसे ज्यादा ग्रस्त है उसके सामने विपरीत स्थितियों से जूझने के अलावा और कोई चारा नहीं है। और वह जूझ रहा है। और जूझना हमेशा निष्फल नहीं होता। वह निम्नवर्ग भी काइयाँपन करता है। लेकिन उसका काइयाँपन उसके लिए अन्न-जल प्राप्त करने का साधन है। राशन की लाइनों में बहुत भीड़ होती है। सरकारी अस्पतालों में बहुत भ्रष्टाचार है। जून में रिक्शा चलाना प्राणान्तक है। लेकिन निम्नवर्गीय इन सबसे लड़ता है। शिक्षा भ्रष्टाचार के

सर्वग्रासी अन्धकार में बेरोजगार शिक्षित नवयुवक इंटरव्यू देते हैं। जानते हैं कि घूस और सिफारिश और जातिवाद चलता है। लेकिन वे जूझते हैं। कभी-कभी सफल भी होते हैं। रचनाधर्मिता उनके जूझने, उनकी आशा और उनकी यत्किंचित सफलता की उपेक्षा क्यों करे? उनका चित्रण करना भी खुलेपन का रूप है।

हमारे आस पास चारों ओर जो कुछ हो रहा है वह सब नकारात्मक है, स्वतन्त्रता के बाद की इतनी योजनाएँ, समृद्धि, शिक्षा, सूचना का प्रसार, बैंक शाखाओं का विस्तार, मंडल आयोग की सिफारिशों का लागू होना, आरक्षण, सेक्स वर्कर्स, किन्नर जनों को उचित सामाजिक स्थान देने का प्रयास सब केवल निष्फल है। भ्रष्टाचार ने उन सबको निश्शेष रूप से ग्रस लिया है?

नहीं, अधिकांश भ्रष्टाचारग्रस्त हैं कुछ सफल है। और हमारे जैसे देश में यह कुछ का सफल होना ऐतिहासिक महत्त्व का है। स्वागत समारोह का विषय है। रचना के खुलेपन में उसकी समाई अनिवार्य है। नयी जानकारियों और तकनीक का इस्तेमाल शोषक सत्ता अपने पक्ष में कर लेती है। लेकिन उसका उपयोग उसके विरुद्ध सम्भव है। और उसका उपयोग निम्न जन अपने पक्ष में भी कर सकते हैं। घूस और दबंगई का यथाप्रसंग उपयोग सिर्फ़ शोषक सत्ता नहीं करती। निर्बल पक्ष भी (अपने जीने भर के लिए ही) दुर्बल पक्ष भी कर सकता है।

सपनों और सपनों में अन्तर है। अरुण प्रकाश की कहानी है–'तुम्हारा सपना नहीं'। मुम्बई के एक फिल्म स्टूडियो की। स्टूडियो के मालिक भल्ला और अंजलि का सपना स्टूडियो को बड़े से बड़ा बनाना–सभी सुपर फिल्मों की शूटिंग लायक बनाना। और स्टूडियो के चपरासी का सपना दस बाई दस खाट रखने भर की जगह की तलाश है। वह पता नहीं कितनी मेहनत, परेशानी उठाकर, अपमान झेलकर, भूखा रहकर, उधार लेकर पैसे इकट्ठे कर लेता है। और जगह पा जाता है। बीच में दो दिन की छुट्टी लेकर किसी को घूस देकर अपना राशन कार्ड बनवा लेता है। उसी उपलक्ष्य में कहानी लेखक को दावत देता है। खोली में गृह प्रवेश या हाउस वार्मिंग की।

''चुन्नी का दुख तो समझ में आता था लेकिन उसके आत्मविश्वास की जड़ समझ में नहीं आ रही थी। चुन्नी नशे में भी गम्भीर होता जा रहा था। उसकी आवाज़ क्रोध और दुख के बीच झूल रही थी। ये दो दिन छुट्टी वाली बात कहाँ से आ गयी। इन दिनों में क्या कर रहा था वह...चुन्नी नशे में किसी तरतीब से बातें नहीं कर रहा था।

अचानक चुन्नी तेज़ी से उठा और खम्भे से लटके थैले से उसने छोटी सी किताबनुमा कोई चीज़ निकाली और झपटकर मेरे सामने पटक गया।

''देखो साब, देखो मेरा राशन कार्ड। इसी खोली का है। मेरा फोटू लगा है, मेरा पता लिखा है। लिखा था चुन्नी दास खोली नं. 1204, राजीव नगर झुग्गी कैम्प, बान्द्रा ईस्ट मुम्बई। दो दिन की छुट्टी लेकर पैसे दिलाकर उसने राशन कार्ड

बनवा लिया था।

''देखो साब देखो साला अपुन भी बोम्बे का हो गया। साब तुमकू मालूम सरकार ये खोली हटवाएगी तो मेरे कू रैने के वास्ते जगह देगी। अव्वी इसको बेचो तो तीस हजार मिलेगा। वो साला भल्ला भिखाड़ी मेंकू फिलिम में क्या चांस देगा।''

यह सपना इस अन्धकार में भी पूरा हो सकता है। आज की कहानी इधर भी देखती है।

रमाकान्त की कहानी 'तेवर' आपने पढ़ी होगी जिसमें एक मामूली सी नौकरी पाते ही एक छोकरे का तेवर बदल जाता है। इस कहानी को शेखर जोशी के 'दाज्यू' के साथ पढ़नी चाहिए। जिस खुलेपन और समावेशिता की बात की जा रही है वह शेखर जोशी में पहले से थी। वस्तुतः इस मामले में वे अपने समकालीनों से विशिष्ट हैं। 'हलवाहा' भी इसी तरह की कहानी है।

रमाकान्त श्रीवास्तव की कहानी है 'चैम्पियन'। मध्यप्रदेश के सुदूर अल्पज्ञात क्षेत्र के एक स्कूल के खिलाड़ी लड़के की कहानी। टूर्नामेंट में शिक्षा विभाग के अधिकारी आदि। स्थानीय एम.एल.ए. के लड़के को चैम्पियन बनाना चाहते हैं। चैम्पियन बना घोर देहाती लड़का माँझीलाल। स्कूल के कोच का नाम भदहा मास्टर। भदहा मास्टर के शेर माँझीलाल का चित्र–

''स्टार्टिंग प्वाइंट पर जो दुबला-पतला लड़का खड़ा था उसने घिसा हुआ हाफ पैंट और बनियाइन पहन रखी थी। उसका गहरा साँवला चेहरा एकदम निर्विकार था। न उत्सुकता, न भय और न उत्साह, हाँ उसकी कच्चे दूध जैसी सफेद बड़ी-बड़ी आँखें में चमक थी। उसकी दुबली-पतली लम्बी टाँगें बटी हुई रस्सी की तरह थीं। पैरों में जूते नहीं थे। पंजे कुछ चौड़े। अँगूठे और उँगलियों में गड्ढे, दाहिने पैर की पिंडली पर चोट का निशान। दौड़ शुरू हुई वह कमान से छूटे तीर की तरह दौड़ा। जब वह फिनिशिंग प्वाइंट पर पहुँचा तो दूसरे नम्बर पर दौड़ रहे लड़के से वह पन्द्रह फुट आगे था।''

कहानी का चरम बिन्दु और आगे है। माँझीलाल के स्कूल में कोई स्टेडियम नहीं। प्रेस वाले पूछते हैं आप अपना स्टैमिना (दम खम) कैसे बढ़ाते हैं?

कुछ नहीं, तो फिर आप इतनी आसानी से जीत कैसे गये?

वो ऐसा है जी, मेरा एक दोस्त है। मैं उसके साथ जहाँ भी जाता हूँ तो दौड़ते हुए जाता हूँ...चैम्पियन मैं नहीं' चैम्पियन तो मेरा दोस्त मंगलू है। उसने पढ़ाई छोड़ दी। वह खेती मज़दूरी में मदद करता है। वो तो खेत की मेड़ पर तरिया पर पगडंडी पर बहुत तेज़ दौड़ता है। वो हमेशा मुझसे दो हाथ आगे रहता है।

रमाकान्त श्रीवास्तव की इस कहानी के जरिए चैम्मियन की सच्चे चैम्पियन की खोज की है। साहित्य खोज भी करता है। और उन्हें रिश्तों में सन्दर्भों में प्रस्तुत करता है। वह खुलेपन की शर्त है।

दलित चेतना और नारी चेतना से सम्बन्धित कहानियों में यह गैर संकीर्णता रचनाधर्मिता का वहन करती है। ओमप्रकाश वाल्मीकि की कहानी 'सलाम' में दलित-ब्राह्मण मित्रों की सहपक्षता से पूरी कहानी का परिप्रेक्ष्य प्रगतिशील अतः मानवीय हो उठता है। दलित-चेतना अपनी मंज़िल मानवीयता पर पहुँचती है। सूरजपाल चौहान की एक कहानी 'अहल्या' रमाकान्त स्मृति सम्मान (प्राप्त) में नयी दलित बहू एंट्रेंस पास है। सास पैसे के लोभ में उससे मैला साफ करने के काम से नहीं हटाती। बहू मैला साफ तो करती है लेकिन मैले की छींटों से उसे नफरत होती है। यह 'नफरत' दलित चेतना का प्रतीक है। यह पहले नहीं थी। यह दलित चेतना की कहानी को नयी कहानी यानी हमारे समय की कहानी बनाती है।

कुछ ही वर्ष पूर्व मैंने रवीन्द्र कालिया द्वारा योजित और काशीनाथ सिंह द्वारा सम्पादित वागर्थ के विशेषांक में नये लेखक दीपक श्रीवास्तव की कहानी पढ़ी—'सत्ताइस साल की साँवली लड़की'। यह कहानी न किसी नारीवादी महिला की लिखी हुई है न इस रूप में घोषित नारीवादी कहानी है। वह आज के निम्नमध्यवर्गीय हिन्दू (और अधिकांशतः अन्य परिवार की भी) परिवार में लड़कियों के विवाह की समस्या पर लिखी गयी है। खराब चेतनावादी घोषित कहानियों में चेतना पक्ष ज़्यादा होता है। पात्रों उनकी स्थितियों का उपयुक्त सन्दर्भ कम। इस कहानी की लड़की को देखने अनेक लड़के आते हैं, अस्वीकार कर देते हैं। लड़की की उदासी, आत्मग्लानि, पर वक्तव्य नहीं। उसके अनुभावों और उसके मौन से उसकी मनःस्थिति व्यक्त की गयी है। एक युवक अध्यापक जो शक्ल सूरत में 'शिवानी के पात्रों की तरह' है। बहुत सहानुभूति रखता है। सिनेमा हाल में उसका हाथ भी दबा देते हैं हृदयहीन युवकों की आलोचना करते हैं लड़की उनसे कुछ आशा रखने लगती है। लेकिन वे अमेरिका का वीज़ा न पाकर कनाडा का ही वीज़ा पाकर उड़ जाने की घोषणा करते हैं। लड़की ने रोज़गार कार्यालय में नौकरी पाने की अर्जी दे रखी थी। इंटरव्यू दे रखा था। उसे मामूली-सी नौकरी मिल जाती है। वह शिवानी के पात्र जैसे अध्यापक युवक को फ़ोन करती है। अब मुझे किसी की सहानुभूति की ज़रूरत नहीं।

लड़की परसाई के अनुसार नौकरी पाते ही लड़का हो गयी। सत्ताइस साल, साँवलापन, लड़कों द्वारा विवाह के लिए जाने वाले इंटरव्यू की जिल्लत सबका समाधान हो गया। लड़की को अस्मिता प्राप्त हुई। नारी चेतना और क्या चाहती है वर्तमान सन्दर्भ में। इस कहानी का शिल्प निहायत सधा हुआ है। मित कथन में। शशांक की कहानी घंटी (साइकिल) बजाती हुई लड़की की याद आती है।

किरण सिंह की कहानी 'संझा'। ऐसी लड़की की कहानी है जिसका शरीर 'योनि' अंग से रहित है। कथा का सर्वाधिक करुण और मार्मिक सूत्र है पिता द्वारा बढ़ती लड़की के लिए लिंग छिपाने की बदहवास कोशिश और यातना। भूत और भविष्य का भय—अपनी नहीं बच्ची के भविष्य की। संयोग से जिस लड़के से विवाह होता है।

उसकी भी स्थिति बहुत कुछ ऐसी ही है। दोनों हारते नहीं, आपसी समझ अर्जित करते हैं और उपचार करते हैं। कथानक थोड़ा गढ़ा लगता है किन्तु कथा की स्थितियों और पात्रों द्वारा उनसे जूझने के अनुभाव-चित्र शिल्प निपुणता का परिचय देते हैं। विषय वस्तु की दृष्टि से संझा हिन्दी कहानी की संवेदना का विस्तार करती है।

पिछले दिनों कवि हरीशचन्द्र पांडे की कहानी पढ़ी—'वह फूल छूना चाहती है' कहानी उत्तराखंड के एक निम्नमध्यवर्गीय हिन्दू परिवार की 12 वर्ष की लड़की की है। लखौटी छोटी-छोटी ईंटों जैसे रोज़मर्रा के विवरणों से कसी हुई कहानी। माँ मासिक धर्म के दिनों में चूल्हा चौका नहीं करती। देवताओं को जल-फूल चढ़ाकर पूजा भी नहीं करती। इसे करना पड़ता है। उन दिनों स्कूल नहीं जा पाती। एक शहराती बहू कहती है—औरतों को काम करना इसलिए मना है कि उन्हें ऐसे दिनों में आराम मिले। यह नहीं कि उन्हें अछूत बना दिया जाये। शहराती बहू की आवाज़ रूढ़िग्रस्त ग्रामीण महिला समाज में अकेली है। माँ के 'उन दिनों' के आखिरी दिन को रजस्वला होने का अनुभव होता है—लड़की को पुष्पवती होने का प्रथम अनुभव।

''पुष्पा गहरी नींद में सो रही थी कि अचानक उसे झस्स सी हुई। उसे लगा अभी-अभी वह कट कर एक द्वीप हो गयी है। वह हरीतिमा छूना चाहती थी। वह फूलों को तोड़ना चाहती थी। वह सब कुछ छूना चाह रही थी जो इस द्वीप में त्याज्य है।''

अगर आधुनिक वैज्ञानिकता की सहचर है तो वह इस तरह सामान्य निम्नमध्यवर्गीय पारिवारिक कहानियों में दिखलाई पड़ती है। इसी तरह ग्लोबल सबसे ज़्यादा दिखलाई पड़ता है लोकल में। यहाँ तक कि वह हमारी थाली की रोटी तक में दिखाई पड़ता है।

बहुत पढ़े-लिखे कहानीकार योगेन्द्र आहूजा की कहानी है—खाना। हमारे विशाल देश की सांस्कृतिक समृद्धि का आधार विविधता है। और भोज्य सामग्री की विविधता में हमारा देश कितना समृद्ध है। विविध जातीयताओं की सांस्कृतिक पहचान उनकी भोज्य सामग्री में भी है। द्रुत धनिक होता हुआ उच्चमध्यवर्ग कितनी तेज़ी से घरेलू से होटलबाज हो रहा है। ठगी से संचित अनावश्यक पैसा प्रदर्शन-लोलुप होता है। वह भोजन का स्वाद नहीं लेना चाहता। वह विज्ञापनी आभासी स्वाद लेता है। योगेन्द्र ने होटली व्यंजनों की जो असीमवत् लिस्ट पेश की है वह जानकारी कहानी की आन्तरिकता में समाकर सहज बन गयी है। क्योंकि वह हमारे जीवन की निहायत आन्तरिक एकान्तिक भूमि-भोजन का स्वाद विकृत करने का अपकर्म है। भोजन का स्वाद जिसका सम्बन्ध माँ के चूल्हे और पिता की जीविका से है। उसका सम्बन्ध सीधे पारिवारिकता से है। और परिवार अभी भी भारतीय समाज की विशेषता है। सो उपनिवेशवादी भूमंडलीकरण हमारी थाली की रोटी से-रोटी के स्वाद तक से जुड़ गया है। लेखक की जानकारी रचनाधर्मिता में घुलमिल कर चमत्कृत नहीं करती-भावित करती है।

हिन्दी कहानी की विश्व-दृष्टि

विश्व-दृष्टि से केवल अन्तरराष्ट्रीय दृष्टि का अर्थ नहीं ग्रहण किया जा सकता है। अन्तरराष्ट्रीय, राष्ट्रीय और क्षेत्रीय अलग-अलग नहीं होते। अन्तरराष्ट्रीय अन्तर्विरोध क्षेत्रीय सन्दर्भों में घटित होते हैं और क्षेत्रीय अन्तरराष्ट्रीय सन्दर्भों में। विश्व-दृष्टि में इन सबकी समाई होती है। साहित्य के बारे में इस एकता को रेखांकित करना बहुत ज़रूरी है। इस पर प्रेमचन्द ने एक कथा-कृति में सर्जनात्मक तौर पर प्रकाश डाला है। प्रेमचन्द का कथा-साहित्य इस विषय में सटीक उदाहरण है। प्रेमचन्द की रचनाओं का देश-खंड निहायत सीमित है। उनकी शायद ही किसी कृति का घटनास्थल बनारस और कानपुर के बाहर का हो। ढूँढने पर एकाध मिल जाए, वह अलग बात है, लेकिन उनके अधिकांश पात्र पूर्वी उत्तर प्रदेश के हैं। उनके कथा-साहित्य में चित्रित जीवन ठेठ पुरबिया जीवन है। अधिकांशतः उनका काल-खंड भी समकालीन यानी 1916 से 1936 तक का कुल 20 वर्षों का है। ये वही प्रेमचन्द हैं जो हिन्दी प्रदेश के और शायद भारत के सर्वाधिक अन्तरराष्ट्रीय ख्याति के, अतः अन्तरराष्ट्रीय कथाकार हैं। जो इतना सीमित है, वही इतना व्यापक है—देश और काल दोनों दृष्टियों से ऐसा क्यों है?

प्रेमचन्द पूर्वी उत्तर प्रदेश की जिन समस्याओं का चित्रण करते हैं, वे पूरे देश की समस्याएँ हैं। होरी जैसा किसान देश के हर क्षेत्र में मिलेगा—छोटा खेतिहर किसान जो भूमि पर पड़ते हुए दबाव के कारण मज़दूरी करने शहर की ओर भाग रहा है। इस समानता के आधार पर प्रेमचन्द का कथा-साहित्य पूरे देश में समझ में आ जाता है और पसन्द कर लिया जाता है, जैसे केरल की भूमि पर लिखा गया 'चेमीन' या पंजाबी जीवन पर आधारित 'एक चादर मैली-सी'। राष्ट्रीय या अन्तरराष्ट्रीय रचना क्षेत्रीयता से ऊपर नहीं उठी होती, वह क्षेत्रीयता में गहरी जमी और उगी होती है। इसीलिए देश के बाहर की स्थितियों को व्यक्त करने वाली कहानियाँ भी, जिन्हें आप विश्व-दृष्टि वाली कहानियाँ कहना चाहें तो कह लें, मूलतः देशी चरित्रों या स्थितियों को उभार कर ही मार्मिक बनती हैं। 'उसने कहा था' में कहने को जर्मन

सिपाही आते हैं, लहना सिंह की मृत्यु विदेश में होती है, किन्तु पूरी कहानी के केन्द्र में पंजाबी किसान सिपाही की हार्दिकता एवं दृढ़ता है। इस दृष्टि से निर्मल वर्मा की कहानी 'लन्दन की एक रात' और उषा प्रियंवदा की 'मछलियाँ' पर अलग से विचार करने की ज़रूरत है। 'मछलियाँ' का वातावरण विदेशी है लेकिन जो चारित्रिकता उभरती है, वह ठेठ भारतीय है। सच पूछिये तो उस कहानी में भारतीय पाठक को घर बैठे कुछ इस प्रकार का अनुभव होता है जैसे विदेश में रहने वाले किसी भारतीय के घर जाकर होता है, विदेशी वातावरण में भारतीय व्यंजन जैसे भारतीय संस्कार एवं भारतीय चित्त के प्रतीक हैं। प्रेम का जो त्रिकोण इस कहानी में प्रस्तुत किया गया है, उसमें से भारतीयता का तत्त्व निकाल लीजिये—कहानी का प्रभाव बदल जायेगा। उस विदेशी वातावरण और ऊपर से ओढ़ी हुई विदेशीपन में जो निगूढ़ भारतीय प्रेमधारणा है, वह मत्स्य-न्याय से टकराती है।

निर्मल वर्मा की कहानी 'लन्दन की एक रात' इस दृष्टि से भिन्न है। यहाँ पात्रों के बदलने से कुछ नहीं होगा। इस कहानी का उद्देश्य ही अन्तरराष्ट्रीय स्थिति—शोषण की त्रासदी को अभिव्यक्त करना है। बेरोज़गारों की भीड़ में अंग्रेज़, बर्मा, नीग्रो, भारतीय सब शामिल हैं। कहानीकार ने बेरोज़गारी की स्थिति और उसकी भयावहता को सार्वभौम बनाया है। कहानी के लिए कोई जगह ज़रूरी थी इसलिए लन्दन चुना। एक साम्राज्यवादी सत्ता के केन्द्र को इस कहानी का घटनास्थल बनाया जाना मौजू है। रात, बेरोज़गारी, फटेहाली की निहित विभीषिकाओं का समुच्चय-बोधक वातावरण है। पूरी कहानी एक अमानवीय वास्तविकता को उजागर करती है—साम्राज्यवादी वैभव-विलासपूर्ण लन्दन के पेट में पलती हुई। इस कहानी में बेरोज़गारी, भूख, ठंड, अपमान को झेलने की स्थिति को अचूक अन्तरंगता के साथ आँखों के सामने खड़ा कर दिया गया है।

एक आम हिन्दी पाठक को यह कहानी कैसी लगती है, उसे लन्दन के भौगोलिक, मौसम सम्बन्धी विवरण उबाते हैं या नहीं, घटनाओं और पात्रों को आत्मसात करने में उसे कितनी सफलता मिलती है—ये अलग सवाल हैं। अज्ञेय ने क्रान्तिकारी जीवन पर विदेशी स्थलों को आधार बनाकर अनेक कहानियाँ लिखी थीं। उनसे तो यह कहानी भिन्न ही लगती है, क्योंकि काम न मिलने की हालत में नौजवानों को लन्दन की रात कैसी लगती होगी, इस विषय में हिन्दी पाठक चाहे जितना अस्पष्ट रहे, लेकिन बेरोज़गारी की स्थिति में रात की दुःस्वप्नता को वह अपना लेगा। इस दुःस्वप्नता के अभाव में यह कहानी ज़्यादा से ज़्यादा एक रिपोर्ताज बनकर रह जाती। बात वही है—हम अपने अनुभव से चाहे जहाँ का अनुभव पहचान सकते हैं, देश-काल भिन्न हो लेकिन यदि अनुभव की साझेदारी हो सकती है तो इस साझेदारी की ज़मीन पर हम भिन्न देश-काल को भी आत्मसात कर लेते हैं :

'हम सब उनके पास खिसक आये—चिड़ियाघर के उन मूक, निरीह जन्तुओं की

भाँति, जो कुछ भी पाने की लालच से यन्त्र-चलित गति के सीखचों के पास घिसटते आते हैं। एक क्षण के लिए उन्होंने हमें देखा। हमारे खुले नंगे, भावहीन चेहरे उन्हें अजीब-से भयावह लगे होंगे।'

'उस रात काम पर बुलाये जाने वाले नौजवानों की लिस्ट में न होने पर.......हमारी प्रतीक्षा का अन्त आ पहुँचा है, इसे जानते हुए भी हम में से कोई उस पर विश्वास नहीं कर सका। मैनेजर के जाने के बाद भी हम में से कोई अपनी जगह से नहीं हिला। लगता था, जैसे पिछले तीन मिनटों में जो कुछ भी घटा-बढ़ा है, वह अभी अपूर्ण है, एक ऐसा अवास्तविक तथ्य जिसका शायद हमसे कोई वास्ता नहीं.....'

काश निर्मल भारतीय परिवेश में भी बेरोज़गारी या सामाजिक त्रासदी की कोई कहानी लिख पाते!

अन्तरराष्ट्रीय और राष्ट्रीय अन्तस्सूत्रता को पकड़कर लिखी जाने वाली कहानियों में स्व. रामनारायण शुक्ल की कहानी 'सड़ा पाउच' अप्रतिम है। विदेशी वातावरण घटनाओं और पात्रों को विन्यस्त करने वाली कहानियों के बूते पर कोई रचनाकार लोकप्रिय हो, यह मुश्किल है। निर्मल वर्मा की कहानियों का वातावरण प्रायः सुदूरवर्त्ती होता है। इस पर यहाँ बात नहीं हो सकती। रामनारायण शुक्ल की कहानी भी साम्राज्यवाद-विरोधी भावना व्यंजित करती है लेकिन बहुत ठोस, आत्मीय और परिभाषित सन्दर्भ में। इस कहानी में राष्ट्रीय स्वाभिमान और साम्राज्यवाद विरोध का ऐसा भावानुपात मिलता है जो हिन्दी की प्रगतिशील रचनाओं में दुर्लभ है। राजनीति के समान साहित्य में भी समाजवाद और राष्ट्रीय भावना का सह-बोध प्रायः नहीं दिखायी पड़ता। साम्राज्यवाद विरोध एवं समाजवाद हमारी राष्ट्रीय ज़रूरत हैं। इस पर हमारी राजनीति और हमारे साहित्य ने बहुत कम बल दिया है। निर्मल वर्मा को बेरोज़गारी की त्रासदी दिखाने के लिए 'लन्दन की एक रात' लिखनी पड़ी—उन्होंने या किसी ने बम्बई की या कानपुर की एक रात नहीं लिखी।

राम नारायण शुक्ल की कहानी 'सड़ा पाउज' में सिगार के दुकानदार और स्वतन्त्रता-पूर्व अंग्रेज़ अफ़सर से हुई बातचीत के माध्यम से साम्राज्यवाद की गतकालिकता, उसकी अनैतिकता, राष्ट्रीय स्वाधीनता का स्वाभिमान, देशी उत्पादन की प्रगति—और इन सबके घोल से नये भारत की व्यंजना की गयी है। पुराने अंग्रेज़ अफ़सर को स्वाधीन भारत का सब कुछ बहुत अनकुस लगता है।

'उन्होंने ध्यान से एक बार फोर्ट की तरफ़ देखा। सब कुछ जैसे सोया पड़ा था। सामने दो-तीन सोल्जर हाफ पैंट और गंजी पहने घास काट रहे थे। आज सत्रह-अठारह साल बाद भी उन्हें यह सब बुरा लगा। सोल्जर है तो पूरी ड्रेस में रहना चाहिए। उन्होंने सोचा, क्यों न एक बार वे उतर कर उन सोज्लरों के पास जायें और एकाएक जाकर उन्हें उसी तरह चौंका दें, जिस तरह वे बीस साल पहले किया करते थे। एक बार उन्होंने अपनी तरफ़ देखा। फिर उनके मुँह का स्वाद कड़ुआ हो गया।'

'मि. मारिसन इंडियन आर्मी के कर्नल थे। फोर्ट और उसके आसपास की ज़मीन कर्नल मारिसन के चलने से काँपती थी। शहर की तरफ़ वे बहुत कम जाते थे। कभी कोई पिक्चर देखना हुआ या फिर किताबें या सिगार खरीदने। वह भी न्यू मार्केट के मेन गेट के पास ही की दो दुकानों से। उन्हें याद है, कैसे जब वे मार्केट के अन्दर जाते थे, एक साथ बहुत सारे आदमी चौंककर उन्हीं की तरफ़ देखने लगते थे। उन्हें इतने दिनों बाद भी सिगार की दुकान का कार्तिक नहीं भूला था। बस वहीं वे दस-पाँच मिनट के लिए बैठते थे। उसकी इंग्लिश बोलने की टोन, नम्र स्वभाव, उन्हीं की प्रशंसा में कही हुई बातें उन्हें बहुत अच्छी लगती थीं।'

'मि. मारसिन को भारत में अच्छे स्तर के उत्पादित सिगार देखकर आश्चर्य होता था। स्वतन्त्र भारत का हर सहज तेवर उन्हें चौंका देता है। यह तेवर हर क्षेत्र में दिखायी पड़ता है—यहाँ तक कि स्वतन्त्र भारत के नवयुवक के इंग्लिश की टोन में भी। हँसी आने वाली कोई बात नहीं थी। मि. मारिसन इंग्लिश सिगरेट की जगह उनसे बेहतर भारतीय सिगरेट नहीं खरीदते। दुकानदार अनिल उन्हें बताता है कि 'इंग्लिश सिगार उसके पास नहीं है, इम्पोर्ट मना है।' मारिसन कहते हैं 'रास्ते में मैंने देखा, चौरंगी में दुकानें इंग्लिश सिगरेटों से भरी थीं।'

'सब चोर हैं। स्मगलर। जिस भी किसी दुकान में इंग्लिश सिगार देखिये समझिए स्मगलर है।'

यह कहानी भी साम्राज्यवाद का विरोध करने वाली कहानी है। लेकिन इसमें साम्राज्यवाद विरोध को ठोस राष्ट्रीय सन्दर्भ में उभारा गया है। ठोस सन्दर्भ यानी परिचित सन्दर्भ। साम्राज्यवादी आर्थिक लूट-खसोट को व्यक्तिगत रुचि-अरुचि में ढालकर उसे आचरण में दर्शा दिया गया है। ऐसा वही कहानीकार कर सकता है जिसके पास विचार और अनुभव से पुष्ट संवेदना है। कहानी का सन्दर्भ भारतीय है लेकिन यह कहानी तीसरी दुनिया का प्रतिनिधित्व करती है। बड़ी बात यह है कि इसमें साम्राज्यवादी सौन्दर्याभिरुचि का पिछड़ापन सामान्य आचरण के माध्यम से साक्षात् कर दिया गया है। और अन्त में सड़े हुए पाउच (तम्बाकू रखने का थैला) को पसन्द करके मि. मारिसन पाठकों को जता देते हैं कि जो सड़ा-गला है, वही उन्हें रुचिकर है। वही साम्राज्यवादी सौन्दर्यबोध है। कहाँ ब्रिटिश साम्राज्यवाद और कहाँ कलकत्ते की तम्बाकू की दुकान का एक मामूली नवयुवक। लेकिन उस विश्व-व्यापी साम्राज्यवाद से मुक्ति, उसके प्रति घृणा, मुक्ति से उत्पन्न आत्म-विश्वास, स्वाधीनता का उल्लास, सहजता—और बहुत कुछ इस छोटी-सी कहानी में दिखलाई पड़ता है। साहित्य जीवन्त रचना में विश्व-दृष्टिकोण किसी सामान्य परिचित सन्दर्भ में प्रकट होता है। विश्व-बोध प्रकट करने के लिए रचनाकार दूर की कौड़ी नहीं लाता—न वह अमूर्त्त होना गवारा कर सकता है।

रचना में विश्व-दृष्टि से कम महत्त्वपूर्ण विश्व-दृश्य नहीं होता है। दुनिया में

विविधता है। लेखक को जितना अधिक और जितनी ज़्यादा चीज़ें दिखलाई पड़ें, उतना अच्छा। लेकिन रचनाकार उन सब से भाव नहीं ग्रहण कर सकता। सभी घटनाएँ या स्थितियाँ भावात्मक प्रतिक्रिया नहीं पैदा करतीं। इसलिए सवाल यह है कि कौन घटना या स्थिति रचनाकार का अनुभव बनी है। यह ठीक है कि अनुभव बनते ही घटना या स्थिति असीम, अखंड बन जाती है। लेकिन अनुभव की भी परीक्षा करनी चाहिए। अनेक रचनाकार हैं, उनके अनुभव भी भिन्न हैं। जिन घटनाओं या स्थितियों के आधार पर अनुभव घटित होता है, उनकी समीक्षा बहुत दूर तक अनुभव की भी समीक्षा है। अनुभव का भी निर्माण होता है। उसके विभिन्न अवयव होते हैं जो एक विशिष्ट अनुपात और सन्तुलन में विशिष्ट बोध या आस्वाद निर्मित करते हैं। फिर हमारे संस्कार और हमारी नैतिकता अनुभव में महत्त्वपूर्ण भूमिका अदा करती है। देखना यह है कि कोई स्थिति कैसी लगती है। इस कैसी लगती है, का समाधान उसकी रचना करती है। 'कैसा लगती है' का समाधान सादृश्य-विधान करता है। सादृश्य-विधान रचनाकार की निर्णायक क्षमता है। इसमें उसके अन्तरंग व्यक्तित्व की धार सक्रिय होती है। रचनाकार की विश्व-दृष्टि पहचानने में सादृश्य-विधान से बहुत मदद मिलती है। सादृश्य-विधान रचनाकार के अन्तरंग व्यक्तित्व से फूटता है। मुक्तिबोध ने बेरोज़गार नौजवान पर एक कविता लिखी है 'मुझे याद आते हैं'। इसमें बेरोज़गार नौजवान को यथार्थ के स्याह पहाड़ दिखायी पड़ते हैं। बेरोज़गारी पहाड़ बन गयी है। बेरोज़गारी एक स्थिति है। वह बाह्य भौतिक स्थिति है। मानसिक जगत में वह पहाड़ बन गयी है। बेरोज़गारी नौजवान के लिए इतना वास्तविक और चट्टानी है जितना पहाड़। वह एक साक्षात् दृश्य है। रचना-संसार इन भाव-दृश्यों से बनता है। कहानी या किसी साहित्य-विधा की विश्व-दृष्टि का मतलब यही हो सकता है कि उसमें किस प्रकार के भाव-दृश्य है, अनुभव की आधारभूत स्थितियाँ कैसी हैं। इनकी पड़ताल करने पर विश्व-दृष्टि उभर आयेगी। यह अनुभव का सघन आवेग ही है कि आदमी भुनगा बन जाये या मच्छर। चेखव की प्रसिद्ध कहानी 'एक क्लर्क की मौत' में क्लर्क की तर्क-हीन, असंगत चेष्टाएँ नौकरशाही के उस संत्रास को साक्षात् करती हैं जो एक क्लर्क और उसके अफसर के सम्बन्ध से जन्म लेता है। अमरकान्त की कहानी 'छिपकली' सादृश्य-विधान का अनुपम उदाहरण है। इसमें क्लर्क की स्थिति कीड़े की है और नौकरशाही की छिपकली की—जो किस वक्त ग्रस ले—पता नहीं। पहले इस प्रकार की उपमाएँ भाग्य या मृत्यु के लिए ही प्रस्तुत की जाती थीं। एक क्लर्क के लिए नौकरशाह मृत्यु या भाग्य से कम शक्तिशाली एवं भयंकर नहीं। अमरकान्त की विश्व-दृष्टि इस भयंकरता को देख सकती है। उन्हें तर्कहीनता (ऐब्सर्डिटी), जीवन-मृत्यु नियति में नहीं, समाज की अमानवीय व्यवस्था में भी दिखलाई पड़ती है। अमानवीय सामाजिक-विषमता का 'अनुभव' उन्हें जीवन-मृत्यु की तर्कहीनता की अपेक्षा अधिक उद्वेलित करता है।

'हंस' के एक अंक में हृदयेश की कहानी 'मशीन' इस दृष्टि से विचारणीय है। यहाँ मज़दूर को मशीन बना दिया गया है। उपमा या रूपक में नहीं। जीती-जागती मशीन के रूप में उसे परिवर्तित कर दिया गया है। लेकिन यह रूपान्तर फैंटेसी के शिल्प से नहीं किया गया है। मज़दूर के व्यक्तित्व में मशीन इतना समा गयी है कि वह अपने को मशीन समझने लगा है। बिना विश्राम किये, सिर्फ़ बीड़ी के सहारे अनेक दिनों तक लगातार काम करते-करते उसका मानसिक सन्तुलन बिगड़ गया है :

'सुबह अपनी पूरी नींद ले चुकने और नित्य-कर्म से फारिग हो जाने के बाद जब लक्ष्मीप्रसाद बीच का दरवाज़ा खोलकर प्रेस में आये तो उन्होंने शिब्बू को मशीन के पास खड़े पाया। शिब्बू गले में मशीन के पुर्जे—वोल्ट-नट की माला पहने था। उसने सिर में बँधे कपड़े में सूजा, पेंच वगैरह खोंस रखा था। मशीन बन्द थी पर शिब्बू हवा में हाथ फेंकता हुआ एक गति से मशीन जैसा वोल रहा था—छप जा, रख जा, छप जा।'

फैंटेसी से रूपान्तरित न करने के कारण मशीन बने हुए शिब्बू की स्थिति बहुत त्रासद है। यह मानसिक असन्तुलन शिब्बू की भौतिक स्थिति की तार्किक परिणति है। मशीन पर काम करने वाला मज़दूर पागल न हो तो भी वह मशीन हो जाता है। ध्यान देने की बात है कि शिब्बू मालिक लक्ष्मीप्रसाद के प्रति वफ़ादार मज़दूर है। अगर वह लड़ाकू या सर्वहारा होता तो अपने और मशीन में फ़र्क समझने और आदमियत बचा रखने में सफल होता। हृदयेश ने मज़दूर को मशीन में परिवर्तित होते देखा और दिखाया है। इस रचना से हिन्दी कहानी की विश्व-दृष्टि की पहचान होती है।

लेकिन समाज इन्हीं प्रकार के अनुभवों से सीमित नहीं, दूसरे प्रकार के भी अनुभव हैं। प्रेम, जिज्ञासा, अध्यात्म, जीवन-मृत्यु, जीवन के उद्देश्य के सनातन प्रश्न हैं। इन पर आधारित अनुभवों को क्या झुठलाया जा सकता है?

बिल्कुल नहीं! निर्मल वर्मा की कहानी 'परिन्दे' या अज्ञेय की कहानी 'पठार का धीरज' में कुछ सनातन प्रश्न उठते हैं। परिन्दे कहाँ जायेंगे, हम सबकी नियति क्या है, मृत्यु का अनुभव कैसा है, काल में सब चीज़ें विलीन होकर कहाँ जाती हैं? समय पीड़ा की तीव्रता कम कर देता है। निर्मल की कहानियों में काल-बोध की व्यापक छाया पूरी कहानी के आकाश को आवृत्त किये रहती है। यूँ कि कहें कि काल-बोध निर्मल की कहानियों का आकाश है जिसके नीचे कहानी घटित होती है। निर्मल के यहाँ काल के अनेक आयाम होते हैं—स्मृत काल उनके यहाँ विशेष रूप से अपनी भूमिका अदा करता है। काल-बोध को लेकर चेतना की विवश चीख—मौन चीख, जितना निर्मल के यहाँ है, हिन्दी कथा-साहित्य में अन्यत्र नहीं। निर्मल जिस विश्व को पाठकों के दृष्टि-पथ में लाते हैं, वह स्मृति में बसा हुआ होता है, उसमें माया आकर्षण का होता है। उनके अधिकांश कहानी-साहित्य को मायादर्पण कहा जा सकता है।

निर्मल की रचनात्मकता में यह काल-बोध कहीं-न-कहीं इस संसार के प्रति

आकर्षण का उन्माद उत्पन्न करता है। ध्वनि, वर्ण का ऐसा खेल हिन्दी कहानी में अन्यत्र नहीं। इसी खेल को माया कहा गया है लेकिन इन सबके बावजूद निर्मल वर्मा की कहानियाँ ठहरी हुई और बहुत दूर तक इकहरी कहानियाँ हैं। उनकी कहानियों में उभरने वाला संसार उदास और आकर्षक है लेकिन सामाजिक सक्रियता और यथार्थ के प्रवाह से रहित है।

जीवन नाना प्रकार की समस्याओं से पूर्ण है। काल-बोध की तीव्रता का अनुभव झूठा नहीं। किन्तु भूख, दहेज, बेकारी का भी अनुभव है। आप यह नहीं कह सकते हैं कि काल का अनुभव अखण्ड है, सच्चा है और भूख, बेकारी का अनुभव अनुभव नहीं या उसमें तीव्रता नहीं। यह ज़रूर कह सकते हैं कि अनुभव की इस भिन्नता के आधार पर दो संसार या 'विश्वों' के दृश्य उपस्थित होते हैं।

लेकिन यह विश्व विषम और विविधतापूर्ण होते हुए भी एक ही है। भिन्न प्रकार के अनुभव इसी विश्व में हमें होते हैं। उन्हें रचना में सह-स्थिति किया जा सकता है। एक खास तरह की रचना में। इन अनुभवों की ऐतिहासिक दृष्टि या नैतिकता के आधार पर समीक्षा की जा सकती है, उनकी प्राथमिकता निर्धारित की जा सकती है। कविता में मुक्तिबोध इसके उदाहरण हैं।

अनुभववाद की प्रवृत्ति को अनुभव-समीक्षा से ही रोका जा सकता है। यह संसार विषम और द्वन्द्वात्मक है। ऐतिहासिक नैतिकता ही मानवीयता को निर्धारित करती है। प्राथमिक आवश्यकताओं और ऊपरी आवश्यकताओं में अनिवार्य प्राथमिक आवश्यकताएँ हैं। जिस स्थिति में पहुँचकर हम विचार करने या महसूस करने लायक होते हैं, उस आधारभूत स्थिति तक न पहुँचे लोगों से अपनाना ही आत्म-विस्तार है। उनके अनुभव को आत्मसात् करना ही आज के रचनाकार का वास्तविक रचनात्मक अनुभव है। इसके बग़ैर सारे अनुभव निरर्थक हैं। इस अनुभव को प्राप्त करना सही रास्ता पा जाना है। आज के मनुष्य और रचनाकार का यही रास्ता है। जटिलताएँ वहीं पहुँचकर समझ में आने लगती हैं।

ज्ञानरंजन की कहानी 'अनुभव' का अर्थ मेरी समझ में यही है। कहानी के वाचक को शहर से घातक लगाव है। अपनी जगह यह 'घातक लगाव' ज्ञानरंजन की अनेक प्रतिनिधि कहानियों में किसी-न-किसी रूप में मिलता है। ख़ैर वाचक को इस बार शहर उखड़ा-उखड़ा लगता है। उसकी भेंट दो मित्रों गणेश और सतीश से होती है। ज्ञानरंजन ने अपनी शैली में चित्रित किया है कि 'धड़ाधड़ कोका-कोला खुलने', 'छत्ते की तरह चिपचिपाती और गोश्त का चकला हिलाती देवियों', 'ब्लू फिल्मों', 'शेर क्लबों' निरर्थक हत्याओं और अश्लील कालेधन के बावजूद शहर वाचक को गिरफ़्त में नहीं ले पाता। वस्तुतः ये सब निरर्थकता के रूप हैं। ये सारे अनुभव वस्तुतः अनुभव विहीनता के रूप हैं। इनसे न उल्लास मिलता है, न सार्थकता महसूस होती है। भय तक नहीं। गणेश पस्त क्लर्क है। आप इसे गोगोल के 'आवरकोट'

के लिपिक, 'एक क्लर्क की मौत' या 'छिपकली' के क्लर्क की भाँति का समझिये। उसके घुटनों में तेज़ नहीं था और पैर भैंस के घुटनों की तरह लग रहे थे। जवान आदमी के घुटनों जैसे नहीं। गणेश से मिलकर वाचक को अपने मित्रों से मिलने का उत्साह खत्म हो गया। 'गणेश के पास से लौटकर मैं साथियों की फ़ौज में से किसी के पास नहीं जाना चाहता था। शायद मैं डर गया था।'

यह डर वास्तविक है। एक नौजवान मित्र के घुटने भैंस की घुटनों की तरह हो जाएँ तो डरना स्वाभाविक मानवीय है। मेटामार्फ्रोसिस या रूपान्तरण संवेदना पर बिजली की तरह टूटता है। इसका रचनात्मक उद्देश्य ही यही है। जीता-जागता मनुष्य चूहा या मच्छर बन जाय तो इस रूपान्तरण के दर्शक पर क्या गुजरेगी। इस शैली का उपयोग चैपलिन ने 'गोल्डरश' फिल्म में किया है जिसमें भूखे आदमी को चैपलिन मुर्गे के रूप में दिखायी पड़ता है। यहाँ गणेश के पैर भैंस के पैर की तरह लग रहे थे।

'गणेश कैसे टूट-फूट गया है, उसे किसने घाट से लगा दिया! क्या यह उम्र है अथवा किन्हीं व्यक्तियों का फरेब। घर पर उसने बच्चे को इस तरह गोद में लिया हुआ था जैसे उसे कोई छीन रहा हो। थोड़ी देर बाद उसने कहा, मुन्ना इनसे डरो मत, ये चाचा जी हैं, इनके पास जाओ। मुझको लगा था, गणेश जान गया है कि कुछ लोग ज़रूर ऐसे हैं जिनसे डरना चाहिए।'

वाचक का डर गणेश के डर से जुड़ा है। इसकी पहचान यह है कि वह अपनी सबसे बड़ी निधि—सन्तान को सुरक्षित करना चाहता है। यह ऐतिहासिक तथ्य कितना करुण है कि ग़रीब आदमी की सबसे बड़ी पीड़ा—भय-ग्रस्त इच्छा अपने बच्चे को अभाव से बचा हुआ देखने की होती है। बच्चा सोना-चाँदी चेक या यश नहीं। वह जीता जागता हाड़-माँस का शरीर है जिसे धूप लगे तो पसीना चुए और खरोंच लग जाये तो ख़ून निकलने लगे। गणेश के पास बचाने को शायद वही है भी। गणेश का डर साक्षात् दृश्य है, वह उसका स्याह पहाड़ है। सुरक्षित लोग उसकी इस चेष्टा पर हँस सकते हैं 'घर पर उसने बच्चे को इस तरह गोद में लिया हुआ था जैसे उसे कोई छीन रहा हो'। गणेश के 'स्याह पहाड़' को वाचक ने भी देख लिया है। इसलिए उसके सामने भी उसी तरह के दृश्य साक्षात् होने लगते हैं। सच की जानकारी हो जाने पर वह देखता है—'गणेश का उपहास सब कर लेते हैं। वह क्लर्क है और पस्त हो गया है। अधिक-से-अधिक वह डाक्टर तथा खजाने के बीच दौड़ता होगा। उसके चेहरे पर मुझे एकदम से शान्ति की खरोंच दिखायी पड़ने लगी। फिर उसका चेहरा उस लम्बी निकली और पड़ी हुई जीभ जैसा खत्म लगा जो गर्दन नाप लेने के बाद हो जाती है..... और गणेश रह गया, अपने को चुपड़ नहीं पाया।'

वाचक का यह अनुभव वास्तविक है, इसलिए मानवीय है और रचनात्मक भी। यह सार्थक जीवन और लेखन की शर्त है। यह अनुभव अकेले, सिर्फ़ अपने बारे में

सोचने से नहीं प्राप्त होता। वाचक गणेश की स्थिति से जुड़कर यह 'अनुभव' प्राप्त करता है। यह आत्म विस्तार भी है। यह अनुभव, अनुभववाद का खंडन करता है और अपने आस-पास को सही तौर पर देखने की दृष्टि प्रदान करता है—उस दृष्टि से, जो संसार को सही ढंग से देखता है। यह अनुभव सच्ची विश्व-दृष्टि प्रदान करता है। इससे वह विवेक प्राप्त होता है जो असल-नकल में भेद की तमीज़ पैदा करता है।

'बिस्तरे पर लेट कर सोने से पहले विचार करने और किसी कारखाने में यन्त्र चलाते हुए अथवा रिक्शा पर पैडल मारते हुए—हाँफते हुए सोचने में फ़र्क है।'

इसका यह मतलब नहीं कि एकांतिक पीड़ा शाश्वत सिद्धान्तों, जगत् की व्यर्थता-अनुभूति की मानसिक तरंगें झूठी हैं। लेकिन ये व्यक्ति के मन में उठती हैं और अन्य व्यक्तियों की तरंगों से असम्पृक्त रहकर ही खतम हो जाती हैं। एक आदमी की सच्चाई को हम औरों की सच्चाइयों से नहीं जोड़ेंगे तो हमारी सच्चाई में काट-छाँट, जोड़-घटाना कैसे होगा, उसमें व्याप्ति कहाँ से आयेगी और फिर ये दृश्य कैसे उदित होंगे जिन्हें देखकर हमारी दृष्टि विश्व-दृष्टि कहला सकती है। कहानी का विश्व जटिल और व्यापक अनुभव से निर्मित होता है, केवल भूगोल से नहीं।

चौपाल पर कथा सुनाते हुए : प्रेमचन्द

जो साहित्य बड़ा होता है, वह निजी भी होता है। प्रेमचन्द हर पाठक के आत्मीय हैं। जैसे—पिताजी या माँ हैं। वे सबके लिए हैं, लेकिन प्रत्येक के निजी भी हैं। बड़ा रचनाकार अपने प्रशंसक और पाठक का आत्मीय होता है; जैसे—तुलसी के राम हैं। उत्तरी भारत की सामान्य जनता के राम वैसे ही हैं जैसे तुलसी ने प्रतिष्ठित कर दिया। मेरे लिए मेरा गाँव है या गाँव का किसान है या वहाँ की जो प्रकृति है या जो पशु-पक्षी हैं, वे वही हैं जैसा प्रेमचन्द ने अपने साहित्य में दिखाया है। हमारे ग्रामीण जगत की प्रेमचन्द ने अपने साहित्य में मानो पूर्ण रचना की है। मुझे प्रेमचन्द के साहित्य का अनुभव एक स्वाद की तरह होता है। इसका परिणाम है कि प्रेमचन्द एक लेखक के रूप में तो जाने जाते ही हैं, वे हमारी जातीय संस्कृति या जो हमारा परिवार है, सांस्कृतिक परिवार है, उसके जैसे बुजुर्ग सदस्य की तरह लगते हैं।

प्रेमचन्द की खास बात है कि जब हम उनकी कोई रचना पढ़ते हैं तो वह हमें साहित्य से बाहर ले जाती है।

मैंने प्रेमचन्द पर कविता लिखी थी। यह कविता मेरे एक आत्मीय लेखक शेखर जोशी को बहुत पसन्द आयी थी। इसकी पंक्तियाँ इस तरह थीं :

बात उन्नीस सौ चौंतीस-पैंतीस की होगी
मैं पाँच-छह साल का रहा होऊँगा
तो प्रेमचन्द मेरे गाँव आये थे
उस समय मेरे पिताजी बैलों की सानी-पानी
कर रहे थे
उन्होंने प्रेमचन्द को रस-पानी पिलाया
और पता नहीं क्या-क्या बातें कीं
मेरे पिताजी ने उन दिनों मेरी बड़ी बहन की
शादी के लिए
कुछ ज़मीन रहन रखी थी।

प्रेमचन्द ने मुझे और मेरे छोटे भाई को
गुड़-पट्टी खाने को दी।
वे मुझे कन्धे पर बिठाकर
पूरा गाँव देख आये
प्रेमचन्द ने होरी और धनिया को
मेरे गाँव में ही देखा था
हलकू और झबरा को भी।
दो-तीन दिन मेरे गाँव में रहकर
फिर प्रेमचन्द लमही गये
वे मुझे अब देखें तो भी पहचान लेंगे
बोलेंगे, 'अरे तेजबहादुर तिवारी के पूत
बिसनाथ तुम इत्ते बड़े हो गये। बुढ़ाए गये!'
आप मेरी बातों को सच मानें
और चाहे तो इसकी तस्दीक
त्रिलोचन शास्त्री से करा लें।

हमारे लिए और हमारे जैसे पाठकों के लिए, जिनकी अपार संख्या है, प्रेमचन्द का रूप ऐसा है। हम उनके निष्पक्ष या तटस्थ पाठक या आलोचक नहीं हो सकते।

मेरे पिताजी दर्जा एक तक पढ़े थे। खेत में कुदाल चलाते थे। ब्राह्मणवादी थे। कर्मकांड पर विश्वास करते थे। जवाहर लाल नेहरू उनकी तुलना में बहुत बड़े आदमी थे। लेकिन मैं जवाहर लाल नेहरू को पिता नहीं कह सकता। ऐसा ही समझिए।

यह बात मैं पहले भी कई जगह कह चुका हूँ कि प्रेमचन्द का शायद ही कोई प्रसिद्ध पात्र हो जो कानपुर के पश्चिम और बनारस के पूर्व का हो। उनका रचना-संसार ठेठ पूर्वी उत्तर प्रदेश का है। उनकी अधिकांश रचनाओं का काल 1910 के आसपास से 1936 तक है। 'कर्बला' जैसी कुछ रचनाएँ ही ऐतिहासिक या पौराणिक हैं। यानी प्रेमचन्द के रचना-संसार का देशकाल बहुत सीमित है। लेकिन इसी सीमित देशकाल का चित्रण प्रेमचन्द ने इस तरह किया है कि वे भारतीय साहित्य के या कम-से-कम हिन्दी क्षेत्र के सर्वाधिक अन्तरराष्ट्रीय ख्याति के कथाकार हैं। वस्तुतः यह देशीयता रचनाकार की अपनी आधारभूमि है, जिससे वह कालजयी होता है। यह वह इतिहास है, जिसके आधार पर वह साहित्य कालबिद्ध होकर कालजयी या कालातीत होता है। यह बात स्वाधीनता आन्दोलन के दौर में सिर्फ़ रचनाकार पर घटित नहीं होती। वह लेखकों और राजनीतिज्ञों दोनों पर लगभग समान रूप से लागू होती है। गाँधी जी ठेठ गुजराती थे। 'स' को 'श' ही बोलते थे। हिन्दी खड़ी बोली अपने ढंग से बोलते थे। गुजराती भाषा और साहित्य को उनका ऐतिहासिक योगदान है। जवाहर लाल नेहरू इतना-उतना नहीं, हमेशा इत्ता-उत्ता बोलते थे। ठेठ इलाहाबादी बोली

है। लेकिन उनकी अन्तरराष्ट्रीयता जगजाहिर है। यही बात आप रवीन्द्रनाथ ठाकुर, राजगोपालाचार्य, कम्युनिस्ट पार्टी के भूतपूर्व महामन्त्री पी.सी. जोशी आदि के बारे में भी कह सकते हैं।

प्रेमचन्द ने अपने समय का अन्तरराष्ट्रीय कथा-साहित्य पढ़ रखा था। वे मोपासाँ, ओ हेनरी, चेख़व को आदर्श कहानीकार मानते थे। ताल्सताय, मैक्सिम गोर्की, नगुची उनके बहुत प्रिय थे। लेकिन आश्चर्य की बात है कि इनमें से किसी का प्रभाव उनके लेखन पर नहीं पड़ा। यह बात हमारे समकालीन विशेषकर उदित और उदीयमान कथाकारों को विशेष रूप से नोट करनी चाहिए कि गहरे तौर पर और रचनात्मक तौर पर प्रभावित होने की उपलब्धि रचनात्मक तौर पर प्रभाव मुक्त और निजी होने में है, किसी के जैसा होने में नहीं। रचनात्मक दृष्टि से किसी के जैसा होने का मतलब व्यर्थ, अनावश्यक होना होता है।

कुछ लोगों ने, जहाँ तक मुझे याद पड़ता है निर्मल वर्मा ने कहा है कि भारतीय उपन्यास लिखे ही नहीं गये। नामवर जी ने इस कथन को समर्थित किया। निर्मल वर्मा और नामवर जी बड़े नाम हैं (नाम तो प्रेमचन्द का भी बड़ा है)। प्रेमचन्द की कहानियों और उपन्यासों का शिल्प कैसा है? उन पर 'चन्द्रकान्ता सन्तति', 'तिलिस्म होशरुबा', 'पंचतन्त्र', 'जातक' आदि का प्रभाव है। कथा प्रायः ऐसे शुरू होती है जैसे कोई जानकार बुज़ुर्ग गाँव के चौपाल में या अलाव के आसपास हाथ तापते हुए लोगों को कहानियाँ सुना रहा हो। प्रेमचन्द का कथाशिल्प ठेठ भारतीय है। और फिर उनकी कथावस्तु क्या अभारतीय है? इसलिए प्रेमचन्द के रहते हुए भारतीय उपन्यास को नकारना समझ में न आने वाली बात है। प्रेमचन्द की तो बात छोड़िये, जिसे जादुई यथार्थवाद कहा जाता है, वह भी गैरभारतीय नहीं है। वस्तुतः जादुई यथार्थवाद यथार्थ को ही और अधिक प्रभावी बनाने के लिए होता है। मुझे मार्खेज पढ़ते समय कई स्थानों पर पंडित हजारीप्रसाद द्विवेदी के उपन्यास 'चारु चन्द्रलेख' के कई प्रसंग याद आते हैं। प्रेमचन्द की कई कहानियों में यह जादुई यथार्थ मिलता है। जैसे—'आत्माराम' में महादेव सुनार और उनके प्रिय तोते की आवाज़ वर्तमान में भी आधी रात को सुनायी पड़ती है। जादुई यथार्थवाद कोई किताबी चीज़ नहीं है। यह निरक्षर और अशिक्षित जनता के सामान्य जीवन में व्यवहारित होता है। विधवा औरत अपने सुख-दुख में दिवंगत पति से ऐसे बात करती है मानो वह जीवित हो और सामने बैठा हो, 'देखा टहल के बप्पा, तुम्हारा लड़का हमसे क्या कह रहा है?' बिल्कुल इसी तरह की स्थिति 'वन हंडरेड इयर्स ऑफ साल्यूटेड' में है। इसी उपन्यास का घनघोर वर्षा का दृश्य मुझे 'कामायनी' के 'चिन्ता' सर्ग की याद दिलाता है। इसलिए भारतीय और अभारतीय का निर्णय ज़रा देर से करना चाहिए।

प्रारम्भिक दौर में हिन्दी के अनेक वरिष्ठ आलोचकों ने प्रेमचन्द को द्वितीय श्रेणी का रचनाकार कहा। उनके अनुसार प्रेमचन्द उत्कृष्ट कथाकार नहीं, वह उपदेशक

या सिद्धान्त-प्रचारक अधिक हैं। हिन्दी पाठकों को बताने की ज़रूरत नहीं कि यह आरोप कबीर और तुलसी पर भी लगाया जाता है। वस्तुतः श्रेष्ठ रचना चमत्कृत नहीं करती, प्रभावित करती है। कलावादियों के पात्र सहज और सामान्य नहीं होते। वे प्रभावित कम करते हैं, चौंकाते ज़्यादा हैं। जिस तरह अपेक्षाकृत अधिक सम्पन्न वर्ग अपने खान-पान और जीवन व्यवहार में विशिष्ट होता है, इसी तरह सम्पन्न वर्ग की मानसिकता या कुलीनतावादी लेखकों के पात्र और उनका शिल्प असामान्य और असहज होता है। शेखर एक पेड़ की डाल को काटकर उसे एस (S) आकार देता है, क्योंकि उसकी प्रेमिका का नाम शशि है। यानी उसके नाम की स्पेलिंग 'एस' से शुरू होती है। प्रेमचन्द के पात्र ऐसा नहीं कर सकते। निर्मल वर्मा के साहित्य में शायद ही कभी कोई पात्र ज़ोर से बोलता हो, हवा तेज़ी से चलती हो, दरवाज़ा ज़ोर से खुलता हो। परसाई ने लिखा है कि मैं रिक्शे वालों पर भी लिखता हूँ, मैं भिखमंगों पर भी लिखता हूँ तो मैं सिर्फ़ चीड़ों की चाँदनी पर कैसे लिख सकता हूँ। मुझे लगता है, यदि मैं ज़ोर से बोला तो निर्मल का रचना-संसार फूँ से उड़ जायेगा या बिखर जायेगा।

जीवन और संसार में ऐसा भी है जहाँ अज्ञेय और निर्मल के पात्र यथार्थ हैं। लेकिन जो इनसे भिन्न हैं, वे कहीं बहुत ज़्यादा और व्यापक हैं। और दुर्भाग्यवश भारत का यथार्थ बेरोज़गारों, अशिक्षितों, दलितों, पराधीन नारियों, रोगियों, दहेज के लोभियों, शोषितों और शोषकों का यथार्थ है। इन पात्रों का शिल्प और उनकी भाषा चीख और चिल्लाहट की होगी, कानाफूसी की या धीमी नहीं।

प्रेमचन्द की रचनात्मक कला के एक उदाहरण पर ग़ौर करें। उनके सर्वाधिक प्रसिद्ध उपन्यास का नाम 'गोदान' है। उर्दू वाले उसे 'गऊदान' पढ़ते हैं। कमल किशोर गोयनका कह सकते हैं कि वह प्रेमचन्द के हिन्दुत्ववाद का प्रमाण है कि इस महाकाव्यात्मक उपन्यास के केन्द्र में गो माता हैं। दूसरी तरफ़ अति वामपन्थी (नाम लेना खतरनाक है) कमल किशोर गोयनका का विरोध करते हुए भी सारतः उनसे सहमत होंगे कि यह प्रेमचन्द की प्रतिक्रियावादिता है। गो होरी का स्वप्न है। जैसा कि एक निम्न मध्यम वर्गीय किसान का स्वप्न होता है या था। होरी का यह स्वप्न पूरा नहीं होता। मृत्यु के समय वह गऊ होरी की अन्तिम मूर्च्छा में फिर आती है:

''फिर एक गाय का चित्र सामने आया, बिल्कुल कामधेनु-सी। उसने उसका दूध दुहा और मंगल को पिला रहा था कि गाय एक देवी बन गयी और.... ।'

होरी की मृत्यु हो रही है।

हीरा ने रोते हुए कहा—'भाभी, दिल कड़ा करो, गो-दान करा दो, दादा चले।'

धनिया ने उसकी ओर तिरस्कार की आँखों से देखा। अब वह दिल को और कितना कठोर करे? अपने पति के प्रति उसका जो कर्म है, क्या वह उसको बताना पड़ेगा? जो जीवन का संगी था, उसके नाम को रोना ही क्या उसका धर्म है?

और कई आवाजें आयीं—'हाँ, गो-दान करा दो, अब यही समय है।'

धनिया यन्त्र की भाँति उठी, आज जो सुतली बेची थी, उसके बीस आने पैसे लायी और पति के ठंडे हाथ में रखकर सामने खड़े दातादीन से बोली, 'महाराज, घर में न गाय है, न बछिया, न पैसा। यही पैसे हैं, यही इनका गोदान है।' और पछाड़ खाकर गिर गयी।'

यह कैसा गोदान है? और यह कैसी गऊ है? यहाँ कर्मकांड के प्रति चित्रित जीवन स्थितियों के कारण कितनी घृणा और विरक्ति है। ब्राह्मणवादी कर्मकांड के प्रति ऐसी घृणा, संवेदना आज भी किसी दलित लेखक ने नहीं पैदा की है। यहाँ प्रेमचन्द सिद्धान्तवादी नहीं, नारेबाज़ नहीं, आदर्शवादी नहीं, ऐतिहासिक नैतिकता को सौन्दर्यबोध के आस्वाद में परिणत कर सकने वाले महान भारतीय रचनाकार के रूप में देखे जा सकते हैं।

प्रेमचन्द को आदर्शोन्मुख यथार्थवादी रचनाकार कहा जाता है। इस विषय में पहली बात तो ध्यान में रखने की यह है कि वह आदर्शवादी वातावरण प्रेमचन्द की सिर्फ़ रचनाओं में नहीं है, वह प्रेमचन्द के राजनीतिक और सांस्कृतिक वातावरण में भी है। प्रेमचन्द के अनेक पात्रों का हृदय परिवर्तन होता है, वे सरकारी नौकरी से इस्तीफ़ा देते हैं, विदेशी वस्त्र पहनना छोड़ देते हैं, शराब पीना छोड़ देते हैं, जेल चले जाते हैं; लेकिन यह सब प्रेमचन्द के युग में सिर्फ़ काल्पनिक और किताबी बातें नहीं थीं; उस समय जगह-जगह यह सब होता था। इसलिए यह केवल आदर्शवाद नहीं था बल्कि यथार्थ का चित्रण भी था। जिसे हम आज आदर्श समझते हैं, वह प्रेमचन्द के युग में, आंशिक तौर पर ही सही, यथार्थ भी था। दूसरी बात यह कि प्रेमचन्द यथार्थ और आदर्श के द्वन्द्व का ताना-बाना अतीव विश्वसनीयता के साथ बुनते हैं। प्रेमचन्द के पात्र सहसा कोई निर्णय शायद ही कभी लेते हों। वे गलत या सही निर्णय लेने के पूर्व काफ़ी सोच-विचार करते हैं। 'गबन' उपन्यास में रमानाथ अपनी पत्नी के जेवर चुराने के पूर्व कितने विकल्पों पर विचार करता है, कितने पसोपेश में पड़ता है। प्रेमचन्द की एक विख्यात किन्तु अल्पचर्चित कहानी है 'आत्माराम'। उसके नायक महादेव सुनार अपने तोते को बहुत प्यार करते हैं। वह तोता ही उनके जीने का सहारा है। एक बार वह उड़ जाता है तो पिंजरा लेकर महादेव सुनार रात भर उसकी तलाश करते हैं। उसी दौरान अशर्फियों से भरा घड़ा हाथ लग जाता है। अब महादेव सुनार की जो चेष्टाएँ चित्रित की गयी हैं, वे चाहे जितनी अजीब लगें, हैं परम स्वाभाविक। महादेव सुनार सोचते हैं कि अगर चोर लौटकर आ गये तो इस घड़े को कैसे बचायेंगे। वे कुछ अशर्फियाँ अपनी गाँठ में बाँधते हैं, जेब में भरते हैं। फिर उसे ज़मीन में गाड़ने का उद्यम करते हैं। एक बार उस घड़े को सिर पर रखकर तेज़ी से भागने का रिहर्सल करते हैं कि वे इतनी तेज़ी से भाग सकते हैं या नहीं कि चोर उन्हें पकड़ न पाएँ। इन्हीं सब विकल्पों में रात बीत जाती है

और सवेरा हो जाता है। यानी चोरों के लौट आने का भय पूरी तरह समाप्त हो जाता है। प्रेमचन्द ने एक स्थल पर लगभग तात्कालिक मुद्रा में दो पात्रों को एक ही निर्णय लेने का चित्रण किया है। वह है—'कफ़न' के घीसू-माधव का। कफ़न के लिए चन्दा इकट्ठा करने के बाद पैसा मिला कि रास्ते में ताड़ीखाना दिखलाई पड़ा। दोनों थोड़ी देर तक चुप रहे फिर एकसाथ ताड़ीखाने में प्रवेश कर गये। वस्तुतः यह निर्णय भी इतना आकस्मिक नहीं है, यह आकस्मिकता तो लक्षण या अनुभाव है उनकी दीर्घकालीन और संस्कारी मदिरा पर आसक्ति का। और यह आसक्ति ऐसी तीव्र और असहाय कर देने वाली है कि यहाँ सोच-विचार और विकल्प के सभी रास्ते बन्द हैं। ऐसी तात्कालिक विकल्पहीनता मामूली रचनाकार नहीं दिखा सकता। जो लोग प्रेमचन्द के साहित्य में मनोवैज्ञानिक गहराई और मनोवैज्ञानिकता का अभाव पाते हैं उन्हें ऐसे स्थलों पर ध्यान देना चाहिए।

वस्तुतः प्रेमचन्द यथार्थ से आदर्श का जो रास्ता अपने पात्रों के लिए तैयार करते हैं वह बहुत स्वाभाविक यानी टेढ़ा-मेढ़ा, ऊबड़-खाबड़, जटिल और विकल्पों से भरा हुआ है। यानी उतना विश्वसनीय है जितना कि जीवन। प्रेमचन्द के यहाँ कथानक का विकास सिर्फ़ प्रलम्ब रैखिक या हॉरिजॉन्टल ही नहीं होता। प्रलम्बात्मक विकास आक्षांशिक जटिलता की पारस्परिक रगड़ का परिणाम होता है। प्रेमचन्द की रचनाओं का कथानक सिर्फ़ अपने लक्ष्य का ही ध्यान नहीं रखता, उसमें पर्याप्त समवर्तिता होती है। प्रेमचन्द की रचनाओं का उद्‌देश्य सामान्य विवरणों से निर्मित होता है निर्मित या कथानक का ताना-बाना प्रेमचन्द के यहाँ केन्द्रीय महत्त्व का है। प्रेमचन्द छलाँग मारने वाले या स्वाभाविकता को कूदकर लाँघ जाने वाले या अपनी कला से चौंकाने वाले रचनाकार नहीं हैं। रचनात्मक आतुरता की बहुत बड़ी कमी होती है कि रचनाकार डिटेल्स का चित्रण या तो नहीं करते या उसे महत्त्वहीन समझते हैं, जबकि रचनाएँ डिटेल्स में भरपूर होकर ही सिद्धि प्राप्त करती हैं। गोबर, झुनिया के पेट में बच्चा रोपकर लखनऊ गया था। वहाँ से लौटा तो झुनिया की गोद भरी थी। गोबर को इसकी ख़बर मिल गयी थी। वह बच्चे के लिए गोटे की चमकदार टोपी लाया। जब गोबर और झुनिया की मुलाकात हुई तो झुनिया रूठी हुई थी। गोबर बच्चे को गोटे को टोपी पहनाता है। बच्चा वह टोपी उतारकर फेंक देता है। महान रचनाकार प्रेमचन्द ने लिखा, बच्चा टोपी को पहनने की नहीं, खेलने की चीज़ समझता था। इसी तरह घर से लखनऊ जाते समय गोबर को एक युवा दम्पती आपस में झगड़ा करते हुए मिलते हैं। उनका आपस में झगड़ा करना, गोबर का बीच में पड़ना, फिर पत्नी की डाँट कि ये हमारा आपसी मामला है, तुम कौन होते हो बीच में पड़ने वाले आदि। ऐसे डिटेल्स हैं जो 'गोदान' के कथानक को विश्वसनीय, भरपूर और समृद्ध बनाते हैं। कहते हैं कि गुलगुला गुड़ डालने से मीठा होता है। 'गोदान' का पाठकीय आस्वाद ऐसे डिटेल्स से निर्मित होता है।

और प्रेमचन्द की भाषा कैसी है? फ़िराक़ गोरखपुरी ने कहीं लिखा है कि उर्दू के महान आलोचक शिबली सिर धुनते थे कि, हाय! हिन्दुस्तान में एक भी मुसलमान नहीं जो प्रेमचन्द जैसी उर्दू लिख सकता हो। यह उर्दू कैसी थी? यह सिर्फ़ उर्दू नहीं थी, सिर्फ़ हिन्दी भी नहीं थी। प्रेमचन्द की हिन्दी और उर्दू में अवधी की तरावट थी जो उसे अद्वितीय ही नहीं बनाती थी, पाठक की आत्मीयता प्रदत्त करती थी और प्रेमचन्द की कोई विशिष्ट भाषा-शैली नहीं थी। शेक्सपियर की भाषा-शैली के बारे में कहा जाता है कि अंग्रेज़ी बोलने वालों की सारी शैलियाँ शेक्सपियर की शैलियाँ हैं। इसी तरह हिन्दी भाषा-भाषियों की सारी शैलियाँ प्रेमचन्द की हैं।

दो घासवालियाँ

घासवाली

फ़िराक़ गोरखपुरी ने प्रेमचन्द पर एक संस्मरण लिखा है। उसमें एक घासवाली का ज़िक्र किया है। घासवाली सुन्दर थी और प्रेमचन्द उस पर फिदा थे। फ़िराक़ ने प्रेमचन्द से पूछा—इससे इश्क-विश्क लड़ाया है कि नहीं, प्रेमचन्द ने बताया—बस जब घास छीलने लगती है तब उससे कहता हूँ—'इस तरफ़ भी अच्छी घास है उधर भी खूब घास छील लो' यही कहता रहता हूँ इससे ज़्यादा और कुछ नहीं कह पाता। संस्मरण में वास्तविक घासवाली का इतना ही प्रसंग है। कहानी में चैनसिंह घासवाली से कहता है:

डर मत, डर मत! भगवान जानता है, मैं तुमसे कुछ न बोलूँगा। जितनी चाहे घास छील ले, मेरा ही खेत है।

अनुमानतः प्रेमचन्द की यह कहानी फ़िराक़ द्वारा उल्लिखित घासवाली को ही केन्द्र में रखकर लिखी गयी है। प्रेमचन्द ने वास्तविक घासवाली पर कल्पना, आदर्शवादिता, रोमान, वर्ण और वर्गगत विषमता आदि के विचारों से कथानक को गढ़ा है। आदर्शवादी सौन्दर्य-बोध है और आदर्शवादी सौन्दर्य-बोध से टकराता और उसे सँवारता प्रेम-सौन्दर्य का वर्गीय यथार्थ-बोध है। आदर्शवाद के साथ वर्गीय और वर्गीय विषमता-बोध का यथार्थ-चित्र है—यहाँ तक कि कहानी को दलित-सौन्दर्य बोध की रचना कह सकते हैं। प्रेमचन्द की इस सरल-सहज कहानी में यथार्थ की परतें समाई हैं।

घासवाली हृदय-परिवर्तन की कहानी है। प्रेमचन्द के हृदय-परिवर्तन की प्रक्रिया स्वाभाविक यथार्थ-परक होती है। हृदय-परिवर्तन के नाम पर प्रेमचन्द स्थितियों और पात्रों के अन्तर्विरोध और अन्तर्विरोध एवं विसंगति के सहारे यथार्थ में निहित व्यंग्य-विडम्बना दिखाते हैं। जैसे गाँधी की राजनीति आदर्शवादी होते हुए भी यथार्थ की विषमताओं पर आग्रह करती थी वैसे ही प्रेमचन्द के आदर्श में यथार्थ का आग्रह है। आदर्श प्रेमचन्द के यहाँ यथार्थ की विसंगतियों को दूर करने की मानवीय माँग है।

प्रेमचन्द के साहित्य में चमार पात्र पर्याप्त हैं। शायद ही किसी अन्य कथाकार के साहित्य में चमार-पात्रों की इतनी संख्या हो। घासवाली भी चमार है। लेकिन सामान्य होती तो कोई बात न होती। चमार है और परम रूपवती है–

मुलिया इस ऊसर में गुलाब का फूल थी। गेहुआँ रंग था, हिरन की सी आँखें, नीचे खिंचा हुआ चिबुक, कपोलों पर हल्की लालिमा, बड़ी-बड़ी नुकीली पलकें, आँखों में एक विचित्र आर्द्रता, जिसमें एक स्पष्ट वेदना, एक मूक व्यथा झलकती रहती थी। मालूम नहीं चमारों के इस घर में यह अप्सरा कहाँ से आ गयी।

हिन्दी के एकाधिक ख्यातिलब्ध आलोचकों ने प्रेमचन्द को द्वितीय श्रेणी का रचनाकार माना है–मोटी-मोटी बातें कर लेते हैं सूक्ष्मदर्शी नहीं हैं। खुद फ़िराक़ ये कहते थे–प्रेमचन्द को शायरी की समझ बिल्कुल नहीं थी। लेकिन प्रेमचन्द ने यहाँ मुलिया के सौन्दर्य का ऐसा वर्णन किया है जो बहुत सूक्ष्म और गहरा है। सौन्दर्य का ऐसा प्रभावशाली चित्र कथा-साहित्य में कम मिलता है। आँखों के सौन्दर्य का वर्णन करने में निराला लाजवाब हैं। लेकिन कहानी-उपन्यास में आँखों का ऐसा चित्र शायद ही किसी ने खींचा हो:

"आँखों में एक विचित्र आर्द्रता, जिसमें एक स्पष्ट वेदना एक मूक व्यथा झलकती रहती थी" यह चित्र निराला के–देखा मुझे उस दृष्टि से जो मार खा रोई नहीं–से मिलता-जुलता है। दोनों निम्न वर्ग की श्रमिक सुन्दरियाँ हैं। यह स्पष्ट वेदना एवं मूकव्यथा क्या है? यह स्पष्ट वेदना एवं मूकव्यथा पर्याप्त अनेकार्थी है और अर्थ-समुच्चय बोधक है।

जाति से चमार और असामान्य सौन्दर्य। इतना सौन्दर्य सम्पन्न सवर्ण के यहाँ हो तो नारी पलंग पर बैठे-बैठे सिर्फ़ पान चबाए। सीता ने वनवास के पहले कठोर भूमि पर पैर भी नहीं रखा था 'सिय न दीन्ह पग अवनि कठोरा'। मार्ग पर चलते समय धरती ही संकुचित होती थी चरणों के स्पर्श से कि ऐसे कोमल पैर मुझ जैसे कठोर को छू रहे हैं–'सकुचात मही पद पंकज छुवै'। प्रेमचन्द ने 'रंगभूमि' के एक नारी-पात्र के सौन्दर्य का वर्णन करते हुए लिखा है कि उसमें ऐसा सौन्दर्य था जो सिर्फ़ उन औरतों में पाया जाता है जो हाथ से काम नहीं करतीं। मूकव्यथा स्पष्ट वेदना उसे अपने अभाव-बोध का है। इसका सीधा कारण मुलिया और पत्थर तोड़ने वाली की ग़रीबी है। उनके अपने सुन्दर होने का बोध भी इस ग़रीबी में शामिल है। जैसे देखने वाले सवर्ण सम्पन्न सोचते हैं कि चमार की स्त्री और इतनी सुन्दर! वैसे ही मुलिया और पत्थर तोड़ने वाली भी इस विसंगति-बोध से प्रभावित हैं। सम्पन्न लोगों में उनके प्रति दया और ईर्ष्या है तो उनमें विक्षोभ और विवशता का संशिलष्ट भाव-बोध। विवश एवं असहाय सौन्दर्य–चाहे जिस कारण से अभाव, विकलांगता, विपत्ति ग्रस्तता आदि–सामान्य से अधिक विक्षोभ, अर्थात् आकर्षण उत्पन्न करता है। समर्थ द्रष्टा अधिक उत्सुकता से उसकी असहायता दूर करने में उद्यत होना

चाहता है। वह असहाय आँखों की असहायता, वेदना व्यथा स्पष्ट देखता है। यह वेदना, व्यथा सौन्दर्य और द्रष्टा दोनों की मिश्रित प्रतिक्रिया का रूप है। फ़िराक़ का ही एक मिसरा याद आ रहा है:

फिर भी रगों में इश्क की हुस्न की वो कसक कहाँ।

इसी कसक को दूर करने के बहाने रसिक और लम्पट प्रायः अतिरिक्त दौड़-धूप में अस्त-व्यस्त-समस्त दिखलाई पड़ते हैं। कहानी का नायक चैनसिंह भी कहानी के प्रारम्भ में ऐसा ही पात्र है।

प्रेमचन्द का कथा-साहित्य वक्तव्यों से भरा है। प्रेमचन्द वक्ता रचनाकार हैं। उनका वक्ता रचनाकार परसाई के 'मैं' जैसा है। लेकिन परसाई जितना काइयाँ बहुरूपी प्रायः नहीं होता—कभी-कभी होता है। प्रेमचन्द यथावसर जो वक्तव्य देते हैं वह रचना में बाह्य हस्तक्षेप है और उसे आधुनिक नापसन्द करते हैं, पुरानी चीज़ या कलाहीनता समझते हैं। शेखर जोशी जैसे कहानीकार ज़रूर इस शैली का इस्तेमाल करते हैं। उनकी कालजयी रचना 'दाज्यू' प्रेमचन्द की इसी शैली में लिखी गयी है। लेकिन पाठक को ऐसे हस्तक्षेप-वक्तव्य पसन्द आते हैं। ये वक्तव्य कहानी के रचना-विधान के अन्तरंग होते हैं। वे सम्प्रेष्य को अर्थ-गौरव देते हैं। वस्तुतः वे कथानक को नाट्य प्रदान करते हैं; जैसे बीच-बीच में रंगा, सूत्रधार या वाचक आकर कथानक में कुछ जोड़ता है, उसे विकसित करता है, उसी तरह से। अब तो अनेक नये कहानीकारों ने हस्तक्षेप की यह शैली अपना ली है। प्रेमचन्द उत्तम पुरुष के रूप में अपना लेखकीय वक्तव्य नहीं देते, किसी जानकार द्रष्टा या वाचक की शैली में स्थितियों और पात्रों का जो टकराव होता है उसकी सफ़ाई पेश करते हैं—मानो कहानी का वाचक निष्पक्ष होकर पाठक को समझा रहा हो। नये कहानीकार अपनी समझ से लेखकीय वक्तव्य को बिल्कुल नयी शैली समझते हैं, प्रेमचन्द की हस्तक्षेप-वक्तव्य शैली को पुरानी ढंग की गतकालिक। जिसे बिल्कुल नयी शैली समझा जा रहा है—लेखकीय वक्तव्य की वह प्रेमचन्द से भी पहले की, देवकीनन्दन खत्री और उनके आस-पास के लेखकों की शैली है। कोई भी वक्तव्य रचना का अन्तरंग हो सकता है यदि वह कथानक को विकसित करने में साधक होता है। इसीलिए पाठक को वह नापसन्द भी नहीं आता। कहानी में प्रेमचन्द के वक्तव्य बाह्य स्थितियों या पात्रों के मनोविकारों की परतें खोलते हैं और पाठकीय समझ में कुछ जोड़ते हैं। यह समझ रचना के सम्पूर्णार्थ को खोलने में सहायता करती है।

बहरहाल गाँव के ज़मींदार ठाकुर चैनसिंह अपने दिल पर काबू न रख सके और उन्होंने मुलिया का हाथ पकड़ कर कहा— *'मुलिया तुझे क्या मुझ पर ज़रा भी दया नहीं आती।'*

मुलिया का सुन्दर चेहरा तमतमा उठा उसने चैनसिंह से कहा—

'मुझे छोड़ दो नहीं मैं चिल्लाती हूँ'

चैनसिंह ने हाथ छोड़ दिया। उसने आज एक नया अनुभव प्राप्त किया कि नीची जातियों में भी स्वाभिमान होता है। वे ऊँची जातियों के लोगों के मन बहलाव की चीज़ें ही नहीं हैं।

रचना में पात्रों के मनोविकारों की हलचल दिखा पाना बड़ी बात होती है। किसी घटना का किसी पात्र के मन पर क्या प्रभाव पड़ता है, यह मानव-मन का मर्मज्ञ ही दिखा सकता है। प्रेमचन्द मानव-मन के—मानव-मन ही नहीं पशु-पक्षियों के मन के भी मर्मज्ञ हैं और इसका पता उनका साहित्य देता है। मन की हलचलों का चित्रण सहज भाषा में करने में वे लासानी हैं। वे सिद्ध अनुभवी के रूप में बयान करते हैं। प्रायः सूत्र एवं सूक्ति में कोई बात रखकर फिर पात्रों के मनोव्यवहार से उसका समर्थन करते हैं, जैसे काव्यशास्त्री लक्षण-उदाहरण प्रस्तुत करते थे। चैनसिंह के इस व्यवहार का मुलिया के मन पर क्या प्रभाव पड़ा और उस प्रभाव में उसने क्या व्यवहार किया—यही अन्तर्बाह्य का चित्र है। प्रेमचन्द के हस्तक्षेप वक्तव्य भी पाठकीय प्रभाव की दृष्टि से चित्र होते हैं:

'संघर्ष की गरमी में चोट की व्यथा नहीं होती। पीछे से टीस होने लगती है। मुलिया जब कुछ दूर निकल गयी तो क्रोध और भय तथा अपनी बेबसी का अनुभव करके उसकी आँखों में आँसू भर आये। उसने कुछ देर जब्त किया, फिर सिसक-सिसककर रोने लगी। अगर वह इतनी गरीब न होती तो किसी की मजाल थी कि इस तरह उसका अपमान करता। वह रोती जाती थी और घास छीलती जाती थी। महावीर (मुलिया का पति) का गुस्सा वह जानती थी। अगर उससे कह दे तो वह इस ठाकुर के ख़ून का प्यासा हो जायेगा। फिर न जाने क्या हो! इस खयाल से उसके रौएँ खड़े हो गये।'

'वह रोती जाती थी और घास छीलती जाती थी' अवकाश भोगी वर्ग के पास रोने का भी बहुत समय होता है, उन्हें अपना दुख प्रदर्शित करने का भी काफ़ी अवसर होता है। वास्तविक दुःख प्रायः अकेले में भोगा जाता है। इसीलिए दुख सहा जाता है। उसके अकेले में रोने की स्थिति कितनी स्थितियों से सम्बद्ध है और यह दुख भी निठल्ला नहीं है। रोने की हालत में उसे ढाढस बँधाने वाला सिर्फ़ उसका घास छीलना है। रघुवीर सहाय ने लिखा है—पुरुष यातना में बिफरता है, चीखता है, औरत यातना को सँभाल लेती है। (ये पक्तियाँ स्मृति से लिख रहा हूँ ठीक रूप कुछ और होगा, भाव यही है।) मार्मिक स्थिति का तदनुकूल चित्रण रचनाधर्मिता की सबसे बड़ी क्षमता है और प्रेमचन्द इस क्षमता में अद्वितीय हैं। घास छीलते जाना श्रमिक नारी का अचूक चित्रण है। निराला की पत्थर तोड़ने वाली भी प्रिय कर्मरत थी।

प्रेमचन्द की यह कहानी श्रम को नैतिकता का आधार व्यंजित करती है। वस्तुतः *घासवाली* ठेठ दलित-चेतना की कहानी है। इसमें सर्वण-सम्पन्नों के प्रति तिरस्कार, घृणा का भाव तो है लेकिन वह घृणा यथार्थ से सन्तुलित है। पति-पत्नी के बीच

प्रेम का ऐसा आदर्श प्रस्तुत किया गया है जिसकी नैतिकता अवकाश भोगी वर्ग में कम मिलती है। प्रेमचन्द वर्ण-वर्ग की समानता बहुत अच्छी तरह समझते थे लेकिन उनके पात्र वर्ण और वर्ग में पूरी तरह और हमेशा के लिए क़ैद नहीं हैं। वे अवसर पाकर सीमाओं से बाहर भी आते हैं अपने सहज मानवीय रूप में। प्रेमचन्द को आदर्शोन्मुख यथार्थवादी रचनाकार बिल्कुल ठीक कहा जाता है। उनका आदर्श भी यथार्थ लगता है और सच तो यह है कि प्रेमचन्द के युग में—स्वाधीनता आन्दोलन की मानसिकता में आदर्श को यथार्थ में परिणत करने का महान उद्योग भी चल रहा था; नहीं तो लोग घर-बार नौकरी छोड़कर जेल न जाते, इस्तीफ़ा न देते, फ़ाँसी पर न चढ़ते। प्रेमचन्द की रचनाओं में जो आदर्शोन्मुखता मिलती है वह प्रेमचन्द के युग का यथार्थ भी है।

प्रेमचन्द की कहानियों का आदर्श यथार्थ-संदर्भित होता है। वह अपने पेट में बहुत यथार्थ समोए रहता है। इसीलिए प्रेमचन्द की आदर्शोन्मुखता सहज लगती है। उस आदर्श का रूप यथार्थ निर्मित करता है। प्रेमचन्द की अधिकांश आदर्शोन्मुख कहानियों की बात की जा रही है, अपवाद स्वरूप कुछ ऐसी भी कहानियाँ ढूँढ़ने पर मिल सकती हैं जिन पर यह बात घटित न होती हो। अधिकांश कहानियों में आदर्श तो यथार्थ का तगादा होता है। *घासवाली* कहानी रोमानी आदर्श की कहानी है। लेकिन इसमें सम्पन्न-विपन, सवर्ण-अवर्ण (तथाकथित) प्रेम सम्बन्धों के यथार्थ का ऐसा उद्घाटन है जो एक ओर प्रेम और ढोंग को दूसरी ओर प्रेम की निष्ठा का वास्तविक रूप सामने लाता है।

चैनसिंह ने इस घटना के बाद एक दिन मुलिया से क्षमा माँगते हुए कहा कि मैंने विवश होकर तेरा हाथ पकड़ा था कि मेरा मन पर काबू नहीं रह गया था। मेरे मन में कोई खोट नहीं थी। मेरा ब्याह हो गया है नाम मात्र के लिए। मुलिया ने चैनसिंह से कहा—

'अगर मेरा आदमी तुम्हारी औरत से इसी तरह बातें करता तो तुम्हें कैसा लगता। तुम उसकी गर्दन काटने पर तैयार हो जाते कि नहीं? समझते हो कि महावीर चमार है तो उसकी देह में लहू नहीं।.... मेरा रूप रंग तुम्हें भाता है। क्या घाट के किनारे मुझसे कहीं सुन्दर औरतें नहीं घूमा करतीं। मैं उनके तलवों की बराबरी भी नहीं कर सकती। तुम उनमें से किसी से क्यों नहीं दया माँगते। क्या उनके पास दया नहीं है? मगर तुम वहाँ न जाओगे क्योंकि वहाँ जाते तुम्हारी छाती दहलती है। मुझसे दया माँगते हो क्योंकि मैं चमारिन हूँ, नीच जाति हूँ और नीच जाति की औरत जरा-सी घुड़की-धमकी या जरा से लालच से तुम्हारी मुट्ठी में आ जायेगी। कितना सस्ता सौदा है। ठाकुर हो न, ऐसा सस्ता सौदा क्यों छोड़ने लगे।' चैनसिंह लज्जित होकर बोला '.....मैं तो तेरे चरणों पर सिर रखने को तैयार हूँ।'

मुलिया—'इसलिए न कि जानते हो मैं कुछ कर नहीं सकती। जाकर किसी

खतरानी के चरणों पर सिर रखो तो मालूम हो कि चरणों पर सिर रखने का क्या फल मिलता है। फिर यह सिर तुम्हारी गर्दन पर न रहेगा।'

प्रेमचन्द जीवन को देखते थे, वर्ग स्थितियों को देखते थे। प्रेम-व्यापार जीवन-स्थितियों से रूप ग्रहण करता है। बोध-भाव का सम्बन्ध बहुत दूर तक वर्ग, वर्ण से होता है। दाम्पत्य इसी में फलता-फूलता या नष्ट होता है। दाम्पत्य निष्ठा सिर्फ़ आदर्श, भावुकता या सृष्टि पर नहीं टिका होता, वह समझदारी और दूरदर्शिता पर टिका होता है। प्रेमचन्द प्रेम की वास्तविकता भी भरपूर समझते थे। एक जगह लिखा है—प्रेम ने बड़ी तपस्या करके घर का वरदान पाया है। घर बनता है सम्बन्धों के निर्णारण और सम्बन्ध-निर्वाह के आधार पर। प्रेम का ढोंग करने वालों में निर्वाह की क्षमता नहीं होती। जबकि प्रेम की कसौटी निर्वाह-क्षमता ही है। इसी कारण दाम्पत्य-प्रेम ही प्रेम का सर्वोत्तम रूप है। दाम्पत्य-प्रेम प्रेम की तपस्या करता है। वह सिर्फ़ स्वास्थ्य, इत्र, गुलाब, रूमाल, होटलबाज़ी का अल्पकालिक सम्बन्ध नहीं। वह कुसमय, विपत्ति, दुख-सुख को साथ-साथ झेलने का भी नाम है। सन्तान के कारण उनके जीवन का उद्देश्य भी एक हो जाता है। निस्सन्देह दाम्पत्य-जीवन में झटके भी आते हैं। टूटने की स्थितियाँ भी आती हैं, विचलन होता है; किन्तु सहिष्णुता, संयम परिवार को सँजोए रखती है। समाज को भी। मुलिया यह सब पढ़कर नहीं, काम भर की जानकारी देख-सुन कर रखती थी। मुलिया और बहुत कुछ जानती थी। वह तथाकथित बड़े लोगों के घरों की पोल भी जानती थी। यह अजीब और मनोरंजक विडम्बना है कि अत्यधिक सम्पन्न और अत्यधिक विपन्न लोगों की कुछ समस्याएँ समान भी होती हैं। बड़े घरों के लोग बिगड़ते हैं ऐश इशरत में, विपन्न घर बिगड़ते हैं अभाव में। विपन्नों का बिगड़ना तो उनकी मज़बूरी होती है। बड़े घरों का बिगड़ना उनका शौक, पुरुषों का शौक बढ़कर उनकी अपनी स्त्रियों की मज़बूरी बन जाता है। लेना-देना बराबर हो जाता है—यह मुलिया जानती है:

'मैं भी रोज बाज़ार जाती हूँ। बड़े-बड़े घरों का हाल जानती हूँ। मुझे किसी बड़े घर का नाम बता दो जिसमें कोई साईस, कोई कोचवान, कोई कहार, कोई पंडा, कोई महाराज न घुसा बैठा हो। यह सब बड़े घरों की लीला है। और ये औरतें जो कुछ करती हैं ठीक करती हैं। उनके घरवाले भी तो चमारिनों और कहारिनों पर जान देते फिरते हैं। लेना-देना बराबर हो जाता है।'

ग़रीब आदमी की बेबसी उसके घर को सँभाले रखने में सहायक होती है। वह अनावश्यक ऐशो-इशरत से बचा रहता है। मुलिया कहती है:

'मेरे आदमी के लिए संसार में जो कुछ हूँ मैं हूँ। वह किसी दूसरी मिहरिया की ओर आँख उठा कर भी नहीं देखता। संयोग की बात है कि मैं तनिक सुन्दर हूँ लेकिन मैं काली-कलूटी भी होती, तब भी वह मुझे इसी तरह रखता।....मैं चमारिन होकर भी इतनी नीच नहीं हूँ कि विश्वास का बदला खोट से दूँ... हाँ वह अपने

मन की करने लगे, मेरी छाती पर मूंग दलने लगे, तो मैं भी उसकी छाती पर मूंग दलूँगी। तुम मेरे रूप ही के दीवाने हो न। आज मुझे माता निकल आये, कानी हो जाऊँ तो मेरी ओर ताकोगे भी नहीं.....लेकिन मेरी एक नहीं दोनों आँखें फूट जाएँ, तब भी वह मुझे इसी तरह रखेगा। मुझे उठावेगा, बैठावेगा, खिलाएगा। तुम चाहते हो मैं ऐसे आदमी के साथ कपट करूँ?'

सभी दलित औरतें ऐसी निष्ठावती नहीं होतीं—सभी सवर्ण औरतें भी निष्ठाहीन नहीं होतीं। लेकिन यह स्थिति की सच्चाई है और सम्बन्ध-निर्वाह का निर्णायक तर्क है। यह मुलिया का वास्तविक रूप है।

प्रेमचन्द ने मुलिया का एक रूप और खींचा है जो इससे विपरीत है, लेकिन विपरीत होते हुए भी उसके इस रूप को—यानी जिसे हमने वास्तविक रूप कहा है पुष्ट करता है। यदि यह वास्तविक रूप है तो दूसरा रूप व्यावहारिक है।

कहते हैं कि रचना के पात्र स्वतन्त्र होने चाहिए। कहानीकार की विचारधारा द्वारा उन्हें नियंत्रित नहीं होना चाहिए। यह विचार ठीक भी है और नहीं भी। ऐसी विचारधारा भी हो सकती है जो पात्रों की स्वतन्त्रता बाधित न करती हो। यथार्थपरकता में पात्रों की स्वतन्त्रता की समाई होती है। जीवन-स्थितियों की जटिलता का सामना करने वालों के रूप भी विविध होते हैं और उनका चरित्र भी बहुरूपी हो जाता है। मुलिया के चरित्र का एक रूप वह है जिसमें वह चैनसिंह को झटक देती है और उसे खरी-खोटी सुनाती है। अपने पति-प्रेम का तर्क प्रस्तुत करती है और चैनसिंह के माध्यम से सम्पन्न-सवर्णों के प्रेम-नाटक का ढोंग उद्‌घाटित करती है। मुलिया का घास बेचने वाली के रूप में एक अन्य रूप भी है। कचहरी के पास एक घास बेचने वाली को चैनसिंह ने देखा—

'यह तो मुलिया है। बनी-ठनी एक गुलाबी साड़ी पहने कोचवानों से मोल-तोल कर रही थी। कई कोचवान जमा हो गये थे। कोई उससे दिल्लगी करता था, कोई घूरता था, कोई हँसता था।'

जवान अधेड़ कोचवान मुलिया के बारे में उसे सुना-सुनाकर अपना प्रेम निवेदन कर रहे थे। और *'मुलिया भी यहाँ कितनी खुश है न लजाती है न झिझकती है, न दबती है। कैसा मुस्कराकर रसीली आँखों से देख-देखकर सिर का आँचल खिसका-खिसकाकर मुँह मोड़कर बातें कर रही है। वही मुलिया जो शेरनी की तरह तड़प उठी थी।*

एकाएक मुलिया घास का झाबा लिए उस फिटन के पीछे दौड़ी जिसमें एक अंग्रेज़ी फ़ैशन के जवान वकील साहब बैठे थे। उन्होंने पायदान के पास घास रखवा ली, जेब से कुछ निकालकर मुलिया को दिया। मुलिया मुस्कराई। दोनों में कुछ बातें भी हुईं, जो चैनसिंह सुन न सके।'

पाठक चैनसिंह की मनःस्थिति की कल्पना कर सकते हैं। चैनसिंह सुध-बुध खो

बैठे। उनकी मनःस्थिति का चित्रण प्रेमचन्द ने ठेठ बनारसी मुहावरों में किया है। मुलिया तो प्रसन्न-मुख घर की ओर चली और चैंनसिंह!

'चैनसिंह विस्मृति की दशा में खड़ा रहा। पानवाले ने दुकान बढ़ाई कपड़े पहने और अपने केबिन का द्वार बन्द करके नीचे उतरा, तो चैनसिंह की समाधि टूटी। पूछा—क्या दुकान बन्द कर दी?

पानवाले ने सहानुभूति दिखलाकर कहा—इसकी दवा करो ठाकुर साहब यह बीमारी अच्छी नहीं है।'

पानवाला 'हम देखने वालों की नज़र देख रहे हैं' की स्थिति में था। *'यह बीमारी अच्छी नहीं है'* का मतलब इश्क की बीमारी।

मुलिया के इस रूप के—घास बेचने वाले रूप के कई संकेत हैं। मुलिया घास बेचकर अपने पति का गृहस्थी चलाने में हाथ बँटाती है। उसका रूप घास बेचने में उसकी सहायता करता है। मतलब, उसका रूप उसके पति की आर्थिक स्थिति सुधारने में भी काम आता है। कस्बों में ऐसे दृश्य सामान्य हैं। मेरे गाँव में पान की दुकानें प्रायः निम्न या निम्न मध्यवर्ग की नारियाँ चलाती हैं। खासतौर पर छबीली, आकर्षक औरतें। लोग बेमतलब मँडराते और पान खाते हैं। उन्हें पान के साथ मुस्कान, तिरछी चितवन, रसीली बोलचाल घलुए में मिल जाती है।

मुलिया की प्रसन्नता का एक कारण और होना चाहिए। ठाकुर के खेत में घास छीलने वाली की अपेक्षा कचहरी के सामने घास बेचने वाली मुलिया ज़्यादा स्वतन्त्र है। गाँव से बाहर निकलते ही वह घास की स्वामिनी है। वह घास के रूप में अपना श्रम बेच रही है। यह सामन्तवाद से बाहर निकलने को एक छोटी-सी उछाल या कुदान है। वह स्वतन्त्रता उसके पति के काम भी आ रही है—यह उसके लिए सीमित सन्तोष या गर्व की बात है। सीमित का अनुभव उसे पहली बार हो रहा है इसलिए इसका अनुभव सुख असीम होगा। हिन्दी कहानी के ऐतिहासिक परिप्रेक्ष्य में मुलिया शेखर जोशी के दाज्यू का अग्रदूत है। एक ही पात्र में इतने सहज विरोधी रूप वास्तविक, देखे हुए अकल्पित पात्रों में ही मिल सकते हैं।

कचहरी के सामने घास बेचने में मुलिया का रूप, श्रम, दाम्पत्य सब सार्थक हो उठते हैं। उसका रूप सबका होने का अभिनय करते हुए अपने पति के पास लौट आता है। बेबस, निरीह को ऐसा मौका भी मिल जाता है कि वह सम्पन्न, खाते-पीते लोगों को चकमा दे सके।

घास

हिन्दी में घास काटने वाली पर एक कहानी और है—घास। विद्यासागर नौटियाल की। घास छोटी-छोटी हो, सघन उगी हो तो उसे खुरपी से छीला जाता है। बड़ी-बड़ी

थोड़ा ऊँची घास हो तो उसे हँसिए से काटा जाता है। प्रेमचन्द की घासवाली घास छीलती है, नौटियाल की घासवाली रूपसा घास काटती है वन में।

नौटियाल की कहानियों में भैंस, दूध, घास बहुत आते हैं। छोटे निम्न मध्यवर्गीय किसान पुरुष फ़ौज में भर्ती होने की हसरत रखते हैं—होते हैं। स्त्रियाँ घर का काम देखती हैं। पुरुष घर रहकर खेती-मवेशी का जो काम करते, वो सारा काम स्त्रियाँ करती हैं। जहाँ तक काम करने का सवाल है, गढ़वाल में छोटे किसानों की स्त्रियाँ पुरुष होती हैं। इसके अनेक निहितार्थ हैं। उन्हें उन स्थितियों से गुजरना पड़ता है जिनसे पुरुष गुजरते हैं। उन्हें बाहर निकालने की आज़ादी, ज़िम्मेदारी, विवशता, झेलनी पड़ती है। पुरुष की स्थिति में काम करने वाली स्त्री को कुछ और स्थितियाँ झेलनी पड़ती हैं नारी-शरीर होने के कारण। घर की आर्थिक स्थिति की ज़िम्मेदारी उठाने पर नारी को अपने शरीर के कारण क्या-क्या झेलना पड़ता है—यह निहायत रोचक द्रावक प्रश्न है। स्वतन्त्रता उसे किन परिस्थितियों में झोंक देती है—इसका अनुभव मीराबाई से लेकर आज की कामकाजी महिलायें तक करती हैं। 'घास' की नायिका रूपसा भी करती है।

मैं लगभग एक साल तक नैनीताल के डी.एस.बी. कालेज में काम करता था। वहाँ बाहर से आये हुए लोग घास काटने वालियों के बारे में इधर-उधर की बहुत बातें करते थे। मैं सब बातें समझ नहीं पाता था। घास काटने वालियों की वास्तविक स्थिति से परिचित हुआ विद्यासागर नौटियाल की यह कहानी पढ़कर।

विद्यासागर नौटियाल भी गढ़वाल क्षेत्र के आंचलिक कथाकार हैं। विद्यासागर नौटियाल को अपने अंचल से अपार प्रेम है। उनका लगभग सारा साहित्य गढ़वाल से सम्बन्धित है। उनका साहित्य रेणु के साहित्य की तरह मोहक नहीं, विषमता—विशेषतः आर्थिक विषमता और उससे उत्पन्न विषम जीवन-स्थितियों की दारुणता भी प्रकट करता है। नौटियाल अपने क्षेत्र से केवल मोहग्रस्त नहीं, वे वहाँ की आर्थिक-सामाजिक कुरूपता से त्रस्त भी हैं।

घास अन्तर्गठित कहानी है। कहानी का प्रारम्भ बिस्तर से होता है और अन्त भी। एक बिस्तर उसका है जो चीकट और मैला है जिस पर वह रोज सोती है। बक्से में एक साफ़ सुथरी रजाई है जो उसके पति के फ़ौज की नौकरी से घर आने पर ही ओढ़ी जाती है अर्थात् उसके पति का बिस्तर है। और एक बिस्तर वह स्वयं है। उसे स्वयं बिस्तर बनना पड़ता है पतरौल (वन का कर्मचारी) का। वह पतरौल का बिस्तर स्वेच्छा से नहीं बनती। भैंस को जीवित रखने के लिए घास की ज़रूरत है और घास के लिए उसे बिस्तर बनना ज़रूरी है।

वस्तुतः भैंस ही इस कहानी के केन्द्र में है। घटनाओं का मूल कारण वही है। रोजी-रोटी का साधन वही है इसलिए रूपसा की दौड़-धूप का कारण वही है। उसका पति दौड़-धूप कर रहा है रोजी-रोटी के लिए। रूपसा भी उसी कारण दौड़ रही है।

श्रमजीवी के लिए सारी दौड़-धूप रोजी-रोटी के लिए होती है। भैंस अवकाश भोगी वर्ग के बीच कुरूपता और मूर्खता का प्रतीक है—अकल बड़ी कि भैंस। लेकिन भैंस के दूध पर निर्भर रहने वाले ग्वाले से पूछिए कि भैंस कितनी नाजुक जानवर है, उसकी कितनी देखभाल करनी पड़ती है। इसी तरह एक कहानी अभय की है 'सुअर का बच्चा'। सुअर का बच्चा अवकाशभोगी वर्ग की भाषा में गन्दी गाली है, किन्तु सुअर पालने वालों के लिए सुअर प्रिय एवं मूल्यवान है।

रूपसा की भैंस बीमार है। रूपसा अकेली है। सारी ज़िम्मेदारी उसी पर है। वह पिंडू (घास-पात के अलावा मवेशी को दिया जाने वाला भोजन) भी नहीं खाती। नमक के साथ भी नहीं खाती।

'रूपसा डर गयी। मन में सोचा 'पता नहीं क्या हो गया है इसे आज। कल तक तो कम-से-कम पिंडू पी लेती थी।' उसने एक हाथ से भैंस का कान पकड़ लिया और दूसरे हाथ से उसकी थोंथ को पकड़कर फिर पिंडू में डुबोया। बीमार भैंस ने मुँह छुड़ाने की कोशिश में अपना सर ऊपर उठाया। उसने एक लम्बी साँस बाहर की ओर छोड़ी और उसके नथुनों में भरे पानी की बौछार रूपसा के मुँह बदन पर पड़ी। रूपसा ने भैंस को एक जोर का घूँसा मारा और अपना मुँह पोंछते हुए रो उठी। सारी पिरथी में मेरे लिए कोई घर न रह गया था। इस गंगाड़ में ब्याहने के बजाय गला घोंट देते तो भला होता। अब मैं क्या करूँ—इस दैत की सेवा-टहल करने के लिए घर पर रहूँ या इसका पिंड पालने के लिए घास लेने वन जाऊँ।'

रूपसा वन जाती है घास काटने। वह सहेलियों से अलग पड़ गयी है। वह दौड़ती है और मन में सोचती है कि उसका पति भी ऐसे ही दौड़ रहा होगा। प्रेमचन्द की घासवाली की तरह उसे भी मन की व्यथा को सँभाले काम करना पड़ता है। श्रम निम्न वर्ग की साँस की तरह है, अगर वह नहीं है तो जीवन नहीं। श्रम श्रमिक का जीवनाधार है। लेकिन उसकी व्यथा सिर्फ़ मन की व्यथा नहीं है। यथार्थ का जो भयानक आग्रह है नौटियाल ने उससे मुख न मोड़ने का अभूतपूर्व साहस किया है। यथार्थ की दारुण असंगति है कि रूपसा के मन में पति है और बाहर कदम-कदम पर उसे नारी होने के कारण अपने शरीर की घूस देनी पड़ती है सिपाहियों और पतरौल को। अभावग्रस्तता तो उसे सामन्ती समाज व्यवस्था ने दी है, किन्तु नारी-शरीर तो उसे प्रकृति ने दिया है। निर्धन नारी को दो असमानताएँ झेलनी पड़ती हैं—निर्धनता की असमानता और शरीर की असमानता। उसके श्रम में एक और श्रम आ जुड़ता है—अपने मन को पीछे रखकर पुरुष के कलुषित मन को शरीर देकर अनुकूल बनाना। इस विडम्बना का रूप इतना दारुण और व्यापक है कि ज़्यादा टिप्पणी की ज़रूरत नहीं। हाँ रूपसा की मनःस्थिति पर थोड़ा विचार ज़रूर करना चाहिए, क्योंकि आखिरकार इस स्थिति को उसका मन झेलता है।

पतिव्रता या पत्नीव्रती होना दुष्कर है। खाते-पीते सम्पन्न या उच्च वर्ग में इससे

विचलन ज़्यादा होता है। निम्न और अभावग्रस्त वर्ग में भी होता है, किन्तु प्रायः भिन्न कारणों से। मैं प्रायः कह रहा हूँ, कोई नियम नहीं प्रस्तुत कर रहा हूँ। सम्पन्न वर्ग में तन मिला रहता है, मन का विचलन होता है। अभावग्रस्त वर्ग में मन मिला रहता है विचलन तन का होता है। सम्पन्न वर्ग के लिए विचलन विलास या मन के हाथ मज़बूर होना है—दिल है कि मानता नहीं। अभावग्रस्त के यहाँ तन को बनाये रखने—यानी जीवित रहने के लिए तन की घूस देनी पड़ती है। रूपसा की भैंस, 'भैंस के कट्या' से भिन्न है। भैंस रूपसा के लिए क्या है? पति फ़ौज में है, वह भी रूपसा का जीवनाधार है। उसकी नौकरी के पैसे से घर चलता है किन्तु उसका आना न आना निश्चित नहीं। भैंस से आमदनी निश्चित है। तन और मन की लड़ाई है। तन और मन की लड़ाई में तन का जीतना ज़्यादा होता है। तन कालान्तर में मन को अनुकूलित भी कर लेता है। मन बेचारा एकाध बार जीतता भी है तो बड़ी देर नहीं टिका रह पाता। शहीद हो जाना, सती हो जाना, आत्महत्या कर लेना मन का ऐसा वेग है जिसका निर्णय थोड़ी देर में और थोड़ी देर के लिए होता है। मन मेराथन रेस अक्सर नहीं दौड़ पाता। बद्रीनारायण की पंक्ति याद कीजिए—'कब तक बचा पाऊँगा तुम्हारा प्रेम पत्र।'

'कोठरी से (जहाँ दो पुलिसवालों ने फाटक खोलने के एवज उसका शरीर लूटा) निकल कर रूपसा पुल पर पहुँची तो उसे अपने शरीर से घृणा हो रही थी।...एक बार उसके जी में आया कि वह लौट कर घर चली जाये और फिर कभी घास काटने न आये। लेकिन रोगी भैंस की याद आते ही उसके कदम और तेज़ हो गये। वह अपनी भैंस के बारे में सोचने लगी। उसे एक सौ पचास रुपये में खरीदा गया था। वह ब्याने वाली थी। वह दूध देती थी। उसका गोबर भी कीमती था। पति का क्या भरोसा? आये न आये। कब आये। पति दूर है भैंस पास है। भैंस को ज़िन्दा रखना ज़रूरी है। पति रहे तब भी, पति न रहे तब भी।

इस भैंस के लिए घास चाहिए। घास के लिए रूपसा को बिस्तर बनना पड़ता है कोठरी में पुलिसवालों के लिए वन में पतरौल के लिए। जब-जब रूपसा प्रतिरोध करना चाहती है उसे बीमार भैंस की याद आती है। भैंस जिसका ज़िन्दा रहना ज़रूरी है। पति रहे तब भी, पति न रहे तब भी। रूपसा को पति की याद आती है, वन के हिंसक पशुओं—बाघ, भालू की याद आती है और वह समझ लेती है उसे अपनी भैंस नामक शान्त जानवर को ज़िन्दा रखना है तो उसे हर प्रकार के हमलावर जानवर के सामने खामोश रहना चाहिए।'

हर प्रकार के हमलावर जानवर 'भैंस का कट्या' कहानी में भी हैं जिसमें सभी मारने वाले अपने ओहदे और पद के अनुसार वार करेंगे। सवाल है यह शान्त जानवर भैंस क्या है अपने प्रतीकार्थ में। विद्यासागर नौटियाल की कहानियों में प्रेमचन्द, अमरकान्त, शेखर जोशी, हृदयेश की भाँति यानी अभिधा में कथा कहने वालों की

तरह पात्र प्रतीक बनकर व्यापक अर्थ खोलने लगते हैं। मेरे विचार से शान्त जानवर रूपसा की जिजीविषा है। यह भी नहीं भूलना चाहिए कि इसी जीवनेच्छा में पति के लौटने की आशा भी विद्यमान है। रूपसा की जीवनेच्छा में भैंस का ज़िन्दा रहना उसका जीवित रहना है, उसके जीवित रहने में पति का जीवित रहना और फ़ौज से लौटना है। रूपसा कहानी के अन्त में पतरौल का बिस्तर बन जाती है:

'पतरौल का दूसरा हाथ घास के गट्ठर में बँधी डोरी को खोलने के लिए लपका।

'उस डोरी को मत खोलो' रूपसा ने कातर विनय की।

अच्छा उस डोरी को नहीं खोलूँगा।

तब पतरौल का हाथ अपने कमर की ओर गया। वहाँ एक डोर खुली। उसके खुलते ही घास का गट्ठर बँधा बँधाया रह गया लेकिन घसियारिन ज़मीन पर खुलकर बिछ गयी जैसे कोई बिस्तर बिछता है, नर्म लेकिन तपता हुआ बिस्तर।'

रूपसा अगर पतरौल का बिस्तर न बने तो भैंस ज़िन्दा न रहेगी। रूपसा का ज़िन्दा रहना भी संदिग्ध हो जायेगा था फिर भैंस-विहीन होकर ज़िन्दा रहने के लिए उसे सिर्फ़ पतरौल का नहीं, पता नहीं कितने लोगों का बिस्तर बनना पड़ेगा। और अगर वह ज़िन्दा रही तभी बक्से में सहेजकर रखी हुई सुन्दर रजाई खुलेगी। पतरौल के बिस्तर में और उसके पति के बिस्तर में एक सम्बन्ध है।

रूपसा के साथ जो कुछ घटित होता है, उससे वह इतना अलग है कि अलगाव (एलियेनेशन) का सटीक पात्र है। घटनाएँ अनिवार्य हैं। यह अनिवार्यता ही बाहर से उसे इतना सहज और तैयार बनाती है। लेकिन अन्दर से उसके मन में एक तर्क-जाल है। वह दूरदर्शी और समझदार भी है। निर्धन श्रमिक नारी की दूरदर्शिता और समझदारी। जिजीविषा भी संवेदना है। इस जटिल और संश्लिष्ट संवेदना ने ही उसे इतना संवेदनहीन बनाया है। संवेदनहीनता उसकी संवेदना को प्रगाढ़ बनाती और सुरक्षित रखती है। पतरौल का बिस्तर बनकर वह अपने पति के बिस्तर को सुरक्षित रखती है। यह समझ है जिसके बिना संवेदना छद्म अवास्तविक और ढोंग बन जाती है। जो अनिवार्य है वह अनैतिक नहीं हो सकता। पत्नी से बलात्कार होने पर पत्नी का परित्याग कोई संवेदनाहीन, बेसमझ अतः अमानवीय व्यक्ति ही कर सकता है।

रूपसा के साथ घटी हुई घटना घासवालियों के साथ असामान्य नहीं। ऐसा होता है। लेकिन कहानी में इसे चित्रित करना साहस और प्रतिबद्धता का काम था। प्रेमचन्द यह कहानी नहीं लिख सकते थे। आर्थिक दुरवस्था के साथ नारी-शरीर का शोषण तो वे समझते थे। घासवाली कहानी से यह साफ़ है किन्तु शरीर-शोषण का अंश वे प्रायः बचा जाते हैं। 'सेवासदन' की सुमन कोठे पर तो बैठ जाती है, किन्तु उसके शरीर-विक्रय का कोई प्रसंग नहीं है। प्रेमचन्द आर्थिक दुरवस्था की दारुणता तो पत्नी की प्रसव-पीड़ा में भी आलू चुराकर खाने की सीमा तक कर सकते हैं, किन्तु सेक्स-चित्रण में आदर्शवादी मर्यादा का पालन करते हैं। वे अमरकान्त के 'हत्यारे'

या नौटियाल की 'घास' जैसी स्थिति नहीं प्रस्तुत करते।

साहित्य में नारी आदर्श प्रायः सरलीकृत ढंग से चित्रित किया जाता है। दाम्पत्य-प्रेम को आर्थिक स्थितियों और श्रमिकों के मनोविकारों से रहित करके। विद्यासागर नौटियाल ने रूपसा के चरित्र में जो दुर्घटना दिखायी है वह उसकी चारित्रिक शिथिलता नहीं चारित्रिक दृढ़ता का व्यंजक है। ऐसी ज़िम्मेदार निष्ठा की तुलना में जड़ पातिव्रत्य कहीं नहीं ठहरता। 'घास' पढ़कर मुझे सीता का तेजस्वी चरित्र याद आया जो राम से कहती है—मेरे शरीर की रक्षा का भार तुमने लिया था तुम उसे नहीं उठा पाये। रावण मुझे हर ले गया। अपने हृदय की रक्षा का भार मैंने लिया था उस पर रावण का कभी अधिकार नहीं हो पाया। अगर आर्थिक विषमता को रावण मानें—जैसा कि तुलसीदास ने माना है—दारिद दसानन कह कर, तो रूपसा रूपी सीता के हृदय पर उसके फ़ौजी पति का ही अधिकार रहा है, इस कहानी में फ़ौजी की पत्नी रूपसा, ज़िम्मेदार गृहस्थिन रूपसा और आर्थिक विषमता से ग्रस्त श्रमिक रूपसा तीनों की समतोल टक्कर है जिससे अनिवार्यता की मार से ग्रस्त किन्तु उदास नैतिकता निर्मित हुई है।

इस कहानी में वन की सजीवता रेखांकित की गयी है। वन का मानवीकरण है। घासवालियाँ वन में स्वतन्त्र होती हैं। उनके मुक्त सौन्दर्य को नगर नहीं देख पाता। सीमाएँ, रूढ़ियाँ, आर्थिक मज़बूरी नगरवासियों को उनके मुक्त सौन्दर्य का स्वाद लेने के अयोग्य बना देती है। वन उनका सौन्दर्य भोग सकता है; क्योंकि वह उन्हें पराधीनता से, रूढ़ियों से, मुक्त कर देता है, आर्थिक विषमता को विस्मृत करा देता है। वन रूढ़िमुक्त सहज मनुष्य है, उसे पतरौल न समझिए।

बाघ, भालू का वर्णन घास काटनेवालियों की यातना के प्रतीक भी हैं; वे पशु तो हैं ही, पशु से ज़्यादा मनुष्य और मानव-समाज के जंगल के भी जीव हैं। बाघ छोटे से पत्ते में भी छिप जाता है, अचानक वार करता है। मानव जंगल की रौनक ऐसे ही नर व्याघ्रों से है। भालू की कथा कहानी में लोकवार्ता का संश्लेष करती है जो घास काटनेवालियों के बोध और व्यवहार की संगति में है। लेकिन भालू की वार्ता में करुणा की भी व्यंजना है। भालू यौन-सुख से वंचित है, वह नारी को उठा ले जाता है, मार नहीं डालता। उसके भरण-पोषण की ज़िम्मेदारी उठाता है। पारिवारिक बनता है, नारी समान शक्तिशाली हो जाती है उसके सम्पर्क में। वह द्वार के शिला खंड को हटा कर स्वतन्त्र हो जाती है। हूक नारी-वंचित भालू के रुदन में है। सम्भवतः घास काटनेवालियों में प्रचलित इस लोकवार्ता का उपयोग नौटियाल ने कहानी में यथार्थ का रंग भरने के लिए—वन को सजीव करने के लिए किया है, किन्तु इस लोकवार्ता में अनेकार्थता एवं प्रतीकार्थता की सम्भावनाएँ हैं। यौन-सुख से वंचित मनुष्य की यातना भी यातना है, घर न बसा पाने की यातना, अर्धांगिनी के अभाव में अपूर्ण रह जाने की यातना। पुरुष के जीवन में नारी के महत्त्व की व्यंजना। कहानी

के अन्त में रूपसा बिस्तर जैसे बिछती है नर्म लेकिन तपता हुआ। यह तपता हुआ मुझे भटकाता है, पता नहीं क्या सोचने की ओर ले जाता है।

इसी तरह प्रेमचन्द की कहानी का अन्तिम अंश—मुलिया गद्गद कंठ से (चैनसिंह से) बोली—*यहीं तुमने मेरी बाँह पकड़ी थी उसी बाँह गहे की लाज तो निभा रहे हो।*

मुलिया यह सब उस आदमी से कह रही है जिसका हाथ उसने झटक दिया था। मेरी समझ में नहीं आता कि पत्नी पति के अलावा और किसी से बाँह गहने की बात कर सकती है। प्रेमचन्द ने मर्यादा में ही सही पत्नी का एक और रूप उद्घाटित किया है जो जड़ आदर्शवादी पतिव्रता रूप से भिन्न है। उदात्त है।

दोनों घास काटनेवालियों का ऐसा अनेकार्थी जीवन्त रूप श्रमिक होने के कारण सम्भव हुआ है।

हमारी लड़ाई का यथार्थ : रमाकान्त

रमाकान्त कथाकार तो थे ही, कथा-साहित्य के अथक पाठक भी थे। कम्युनिस्ट पार्टी की सक्रियता से विरत होने के बाद तो उनकी सबसे ज़्यादा सक्रियता कथा-साहित्य को पढ़ना ही था। ताल्स्ताय और प्रेमचन्द उनके प्रिय कथाकार थे। देश-विदेश के सभी रंगों का कथा-साहित्य उन्होंने पढ़ रखा था। वे कथा-साहित्य की श्रेष्ठ आलोचना कर सकते थे लेकिन वे कथा-सर्जन में ही लगे रहे। यह अच्छा हुआ। कुछ आलोचना लिखते तो वह उत्तम कोटि की होती। 'ज़िन्दगी भर का झूठ' में संकलित कहानियों के विषय में उन्होंने लिखा है :

'कुछ कहानियाँ लिख और छप जाने के बरसों के बाद भी बोर नहीं करतीं। ये मेरी 60 से 65 तक की कहानियाँ हैं। पर अब तक इन्होंने मुझे बोर नहीं किया, तो आपको भी नहीं कर पाएँगी।'

रमाकान्त द्वारा अपनी ही कहानियों पर की गयी यह टिप्पणी एक समर्थ आलोचक द्वारा की गयी एक समर्थ कहानीकार की रचनाओं पर टिप्पणी है। बोर न कर पाने की क्षमता का रहस्य क्या है?

कुछ लेखकों को पढ़ते समय आप निरन्तर महसूस करते हैं कि आप कहानी नहीं, उन्हें पढ़ रहे हैं। प्रेमचन्द, यशपाल, अमरकान्त, भीष्म साहनी, शेखर जोशी जैसों को पढ़ते समय आप कहानीकार नहीं, जीवन की कहानी पढ़ रहे होते हैं। जीवन कभी बोर नहीं करता। जिन्हें जीवन बोर करता है, उनकी पाठकीय क्षमता संदिग्ध है। रमाकान्त इसी समानता के कारण प्रेमचन्द की परम्परा में आते हैं।

लेकिन प्रेमचन्द की परम्परा पर अलग से बात करने की ज़रूरत है। कुछ लोग तो प्रेमचन्द की परम्परा में गिने जाने को पिछड़ापन मानते हैं। ये लोग नयेपन के इतिहास-विरोधी अनुभववादी आग्रह के शिकार हैं। एक ओर ऐतिहासिक विकास को छलाँग कर पीछे छोड़ देने की ज़िद, तो दूसरी ओर नयी लेबल से विभूषित होकर बाज़ार में आने की ललक। नयी कविता, नयी कहानी, अकविता आदि के लेबल इसी प्रवृत्ति के द्योतक थे।

इसके झंडाबरदार अभूतपूर्वता पर ज़्यादा ज़ोर देते थे, ऐतिहासिक निरन्तरता की तरफ़ बहुत कम। इस दृष्टि से नयी कविता और नयी कहानी दोनों—पर पुनर्विचार की ज़रूरत है।

नयी कहानी में नयापन निर्मल वर्मा में ढूँढ़ा गया; भीष्म साहनी, अमरकान्त, शेखर जोशी, विद्यासागर नौटियाल में नहीं या बहुत कम। नयी कहानी का भांडा उलट दिया रेणु की लोकप्रियता ने। निमल वर्मा से बिल्कुल विपरीत दिशा। मोहकता, मुग्धता निर्मल और रेणु दोनों के यहाँ है लेकिन अलग-अलग तरह से। नयापन किसी-न-किसी मात्रा में सभी नये कहानीकारों के यहाँ है लेकिन उनमें मौजूद नयापन किस प्रकार का है, इसकी पड़ताल नहीं हुई। भीष्म साहनी, अमरकान्त, शेखर जोशी, मोहन राकेश के नयेपन और निर्मल वर्मा के नयेपन में क्या अन्तर है? इस पर विचार की ज़रूरत थी।

बात यहीं तक नहीं रही। बहुत कुछ यही बात नयी कविता के बारे में भी हुई। नयी कविता के प्रसंग में नामवर जी ने जितना सन्दर्भवान अज्ञेय, रघुवीर सहाय (अन्तिम दौर के लगभग जनवादी प्रगतिशील रघुवीर सहाय नहीं, उसके पूर्व के), श्रीकान्त वर्मा, धूमिल, राजकमल चौधरी आदि को माना है; नागार्जुन, केदारनाथ अग्रवाल, त्रिलोचन, शमशेर को नहीं। नामवर जी के मुक्तिबोध लगभग श्रीकान्त वर्मा, अशोक वाजपेयी, विष्णु खरे के मुक्तिबोध हैं; बिल्कुल वही नहीं, करीब-करीब उन्हीं लोगों के। हिन्दी आलोचना में एक मनोरंजक घटना हुई। डॉ. रामविलास शर्मा ने डॉ. नामवर सिंह, श्रीकान्त वर्मा, अशोक वाजपेयी के मुक्तिबोध को ही प्रतिनिधि मुक्तिबोध मानकर, उन पर हमला किया। वार तो खाली जाना ही था। नामवर जी ने मुक्तिबोध की कविता 'अँधेरे में' की जो व्याख्या की है, उसका प्रवर्तक महत्त्व है निर्मल वर्मा के 'परिन्दे' की व्याख्या के ही समान है। दिक़्क़त यह है कि नामवर जी की 'अँधेरे में' और 'परिन्दे' की व्याख्या में अन्तर कम रह गया है।

यह भी सच है कि नामवर जी एक ओर प्रगतिशीलता के विरोधियों से लड़ रहे थे, दूसरी ओर उनका असर भी ग्रहण कर रहे थे। अक्सर कहते थे—विरोधी की आँखें बाली (सुग्रीव का भाई) की तरह होती हैं। उसके सामने लड़ने जाते हो तो वह आधी ताक़त खींच लेता है।

'नयी कहानी' और 'नयी कविता' में ग़रीबी, बेरोज़गारी आदि का, मज़दूर का, किसान का चित्रण कम क्यों हो गया? नागार्जुन, त्रिलोचन, मुक्तिबोध के यहाँ तो कम नहीं हुआ। मुक्तिबोध के इस पक्ष को कम आलोकित किया गया। भारत के सामाजिक यथार्थ में तो आर्थिक विषमता कम नहीं हुई। एक लपेट और। बाद में धूमिल ने सामाजिक यथार्थ पर बल देकर अकविता से मुक्ति दिलायी और अन्ततोगत्वा नागार्जुन, त्रिलोचन फिर प्रतिष्ठित हुए। रामविलास जी भी पुनर्प्रतिष्ठित हुए।

लेकिन इसमें परसाई, रमाकान्त, हृदयेश, इसराइल जैसे कहानीकार (इन

कहानीकारों की सूची लम्बी होगी। उदाहरण के लिए मुझे 'छिलई रोड' के रचनाकार धर्मेन्द्र गुप्त की याद आ रही है।) उपेक्षित हुए।

रमाकान्त नामवर जी के अथक प्रशंसक थे। उन्हें 'जनयुग' में नामवर जी लाये थे। लेकिन वे नामवर जी की कहानी-आलोचना की आलोचना भी करते थे। रमाकान्त बहुत सुलझे व्यक्ति और रचनाकार थे। वे नामवर जी की आलोचना इस कारण नहीं करते रहे होंगे कि डॉ. साहब ने रमाकान्त के कथा-साहित्य पर लिखा नहीं है। नामवर जी की तरफ़ से कहा जाना उचित है कि आखिरकार कोई आलोचक अपने सभी प्रिय रचनाकारों पर लिख तो नहीं सकता। खैर!

रमाकान्त अपनी कथा-रचनाओं में निम्न मध्यवर्ग, निम्नवर्ग, दलित-शोषित के साथ अडिग खड़े हैं। चिन्तन में, पत्रकारिता में, जीवन में भी। इस दृष्टि से वे अटूट रचनाकार हैं एवं अटूट मानव भी।

रमाकान्त की कहानियाँ पढ़ते समय लगता है कि उनमें अपने चिन्तन एवं रचनाधर्मिता को लेकर अगाध आत्मविश्वास है। नयी कहानियाँ के शीर्ष चर्चित कहानीकारों की तर्ज पर वह कहानियाँ लिख सकते थे। उनकी एकाधिक कहानियाँ पढ़ते समय ऐसे कहानीकारों की याद आती है। रमाकान्त उनकी ज़मीन पर कहानियाँ लिखकर बताते हैं। मानो यह साबित करते हैं कि तुम्हारे विकल्प का सही इस्तेमाल प्रगतिशील लेखन में कैसे हो सकता है—मतलब कि तुम्हें ऐसी कहानियाँ लिखनी चाहिए, वैसी नहीं जैसा कि तुम लिखते हो। 'उसकी लड़ाई' कहानी में ब्योरे ऐसे दिये जाते हैं जैसे कि जीवन की तहों में प्रवेश करने वाले तथाकथित सूक्ष्मदर्शी कहानीकार देते हैं। उन कहानीकारों को जो प्रगतिशील कहानीकारों पर आरोप लगाते हैं कि ये चौखटे में बँधकर लिखते हैं, भौतिक आवश्यकताओं को ही रेखांकित करते हैं, मनोजगत की गहराइयों में नहीं उतरते, रमाकान्त जवाब देते हैं। रमाकान्त शिल्प उन्हीं का उठाते हैं लेकिन विभिन्न वर्णनों को परस्पर ऐसा साँटते हैं कि भौतिक-स्थितियों की निर्धारकता व्यंजित हो जाती है।

'उसकी लड़ाई' में बिना चेहरे वाला एक दुश्मन है। वह कहानी में नायक की दुनिया में सर्वत्र मौजूद है। पकड़ में नहीं आता। कहानी उसकी खोज करने की प्रक्रिया है। यह खोज वैचारिकता और विचारधारा के बग़ैर नहीं की जा सकती। कहानी में निहायत तटस्थ ढंग से सम्बन्धों की मार्मिकता व्यंजित की गयी है। कठोर जीवन-स्थितियों ने सम्बन्धों को सुखा दिया है। वे रसहीन जैसी हो गयी हैं। सब कुछ एकरस, उबाऊ, यान्त्रिक हो गया है। वही समय पर आना, दरवाज़ा खुला रहना, सबेरे का अख़बार नाम को पढ़ना, पत्नी का खाना लाना। कहीं कोई ताज़गी उल्लास नहीं, पारिवारिक सम्बन्ध जीवित है। ऐसा चित्रण जो पारिवारिक सम्बन्धों में शुष्कप्रायः पारिवारिक स्थितियों में दबी हुई पारिवारिकता इन विपरीत स्थितियों में शुष्कप्रायता को सीमान्त तटस्थता में व्यक्त करे और उसके जीवित रहने यानी

बचे रहने को भी :

'खाली बिस्तर उसे फिर निमन्त्रित करने लगता है। वह उस पर चला जाता है और अब सोने की हिम्मत नहीं करता। वह अधलेटी मुद्रा में उस पर बैठ जाता है। पलकें नींद को बुलावा देती रहती हैं, पर तभी उसकी पत्नी चाय लेकर आ जाती है।

'वह चाय के लिए हाथ तक नहीं बढ़ाता। ऐसा नहीं कि उसे चाय पसन्द नहीं है। एक यही सुबह की चाह उसे पसन्द है। इसके बाद वह दिन भर चाय पीता है। पर वह होती है सिर्फ़ एक आदत की मज़बूरी जिसे वह किसी बेकार कर्त्तव्य की तरह पूरी करता है। ज़रूरत सिर्फ़ इस सुबह की चाय की होती है। लेकिन इतने पर भी वह चाय के लिए हाथ तक नहीं बढ़ाता। यह होता है पत्नी के पति प्रेम का एक प्रदर्शन। पत्नी इसे समझती है। उसे यह सोचना अच्छा लगता है कि उसकी मदद के बग़ैर उसका काम नहीं चल सकता और हल्की झल्लाहट के साथ केतली से चाय ढालकर उसकी ओर बढ़ा देती है। और फिर जितनी प्यालियाँ चाय वह पीता है उतनी बार यही करती है। अपने हाथों से वह चाय तभी लेता है जब वह नाराज़ होता है।' पति-पत्नी के सम्बन्धों का ऐसा सहज एवं मार्मिक चित्रण मैंने कहीं नहीं पढ़ा है। ऊपर से सूखे सम्बन्ध के अन्तर में दाम्पत्य सरसता की हरीतिमा—'उसकी लड़ाई' की विश्वसनीयता इस बात में है कि कहानी चुपचाय सामाजिक व्यवस्था के रेशे-रेशे में व्याप्त भ्रष्टाचार में सूख रहे मानवीय सम्बन्धों का चित्रण करके ठहर नहीं जाती। जबकि नयी कहानी के अधिकांश चर्चित कहानीकार यही करते हैं और यही उनका योगदान माना जाता है। यह कहानी सम्बन्धों की बाहरी शुष्कता के बावजूद अदृष्ट छटपटाती हुई विवश, लेकिन आग्रही सरसता की उपस्थिति भी व्यंजित करती है। 'उसकी लड़ाई' का नायक विजयी नहीं होता। वह राशन वाले कर्मचारी, पुलिस के दारोग़ा और अख़बारनवीस के सामने अपमानित, प्रभावहीन है।

किन्तु उसकी पराजय ट्रेजिक, अतः उदास है। कहानी ख़त्म करते हैं तो अहसास यह होता है कि लड़ाई जारी है। रमाकान्त यह साबित करते हैं कि कथ्य और शिल्प की माँग है कि कहानी-रचना इस लड़ाई की निरन्तरता और संगत निष्कर्ष तक पहुँचे। रमाकान्त अपने समकालीन अनेक कहानीकारों की कमियाँ बताकर उन्हें सही करते हैं अपनी क़हानियों के द्वारा।

इस दृष्टि से, 'कार्लो हब्शी का सन्दूक' विशेष विचारणीय है। मुझे 'कार्लो हब्शी का सन्दूक' पढ़ते हुए निर्मल वर्मा याद आते हैं। क्यों? एक तो इस कहानी की शैली मुझे निर्मल की शैली की याद दिलाती है।

'हम तुम्हें कालों भी कह सकते हैं... जो पहाड़ों में बना एक बौद्ध मन्दिर है। या तुम्हें काली माँ भी कहा जा सकता है जो हमारी एक देवी का नाम है...'

कार्ल और ज़ोर से हँस पड़ता।

'तुम यह भी कह सकते हो। अगर तुम्हारे देवी-देवता नाराज़ न हों तो तुम

जो चाहो कह सकते हो। वैसे मैंने सुना है तुम्हारे ज़्यादातर देवी-देवता काले थे।'

निर्मल वर्मा के संवाद पढ़कर ऐसा लगता है मानो वे मूल अंग्रेज़ी के हिन्दी अनुवाद हों। 'सकने' क्रिया का इस्तेमाल खूब होता है। 'तुम' का भी। विदेशी वातावरण पैदा करने के लिए यह ठीक भी है।

कार्लो हब्शी का एक और संवाद देखिए—

'नहीं, आज मैं अकेले हूँ।' उसने कहा' 'तुम बैठ क्यों नहीं जाते। वे आज अपनी कक्षाओं में हैं या कहीं और गये होंगे। वे होते तब भी तुम्हारे साथ बैठ सकते थे।...लेकिन तुम भी आज अकेले ही हो।'

'तुम', 'सकते', 'वे', ही नहीं वाक्य-गठन में अनुवाद-रस छलक रहा है। मुझे यह निर्मल वर्मा की शैली की याद दिलाती है।

अब संगीत।

'कैसेट पर बहुत तेज़ गति का संगीत बजने लगा था। जोरा मेरा मग फिर भर लाई थी।'

'इसे दक्षिण अफ्रीका में डैण्डर स्ट्राम कहते हैं'—कार्ल ने कहा।

'क्या इस ड्रिंक को'

'नहीं, नहीं इस संगीत को'

लेकिन निर्मल वर्मा की यह शैली निर्मल वर्मा की संवेदना को, उनकी अपर्याप्तता को उजागर करती है। क्या कारण है कि निर्मल इंग्लैण्ड पर लिखते हैं, चेकोस्लोवाकिया पर लिखते हैं; अफ्रीका पर नहीं लिखते। उनके विदेशी-प्रेम में हब्शी नीग्रो क्यों नहीं? 'कार्लो हब्शी का सन्दूक' में संगीत है, किन्तु यहाँ ख़ामोशी में तवे से फूल पत्तियाँ नहीं उग रही हैं। थंडर स्ट्राम निकल रहा है। यहाँ संगीत तेज़ है, ज़ोर से बज रहा है। यह काला विदेश है। निर्मल के यहाँ जिस तरह पहाड़ में पहाड़ का जीवन नहीं, पहाड़ी फूल नहीं, उसी तरह विदेश में हब्शी नहीं, सिर्फ़ गोरे!

रमाकान्त का विदेश-प्रेम निर्मल वर्मा के विदेश-प्रेम से भिन्न है। संगीत भिन्न है। ड्रिंक भिन्न है। रमाकान्त का देश-विदेश अन्तःसम्बद्ध है—दलित, अभावग्रस्त, संघर्ष से। निर्मल का भी अन्तःसम्बद्ध है—कुलीनवाद से, अभिजात्य से, मार्क्सवाद विरोध से।

अच्छा कहानीकार समकालीन कहानीकारों का शिक्षक होता है अगर समकालीन कहानीकारों में ग्रहण-क्षमता हो।

रमाकान्त के यहाँ जीवन-स्थितियाँ गहरे जाकर पात्रों में, मनोविकारों या शारीरिक विकारों में रूपान्तरित होती हैं। वे अपने मूल रूप से इतनी दूर और परिवर्तित दिखलाई पड़ती है कि यकायक उनके स्रोत हो पहचानना मुश्किल होता है। थोड़ा और परिवर्तित होकर प्रतीक या फ़ैंटेसी हो सकती थीं। लेकिन रमाकान्त के यहाँ वे मनःस्थिति और शरीर-प्रभावों तक ही रहती है। दूर जाकर परिवर्तित होने से

प्रभाव में वांछित व्याप्ति आ जाती है। पाठक उनके मूल स्रोत को पहचान लेने पर जीवन-स्थितियों की विषमता की धार को हृदयंगम कर लेता है। इस तरह रमाकान्त की कहानियों में विषम जीवन-स्थितियों की स्थूलता नहीं, पात्रों के मन पर पड़ने वाले प्रभाव सामने आते हैं। रमाकान्त कथाकार के रूप में अपनी जीवन-आस्था एवं साहित्यिक सिद्धान्तों को रचनाओं में उतार सकते हैं। वे प्रेमचन्द, यशपाल, अमरकान्त, शानी, भीष्म साहनी, शेखर जोशी की शैली यानी अभिधा शैली के रचनाकार है। वे फ़ैंटेसी, प्रतीक, जादुई शिल्प आदि का प्रयोग नहीं करते। वे मानो जानते हैं कि उत्तम कथा-साहित्य के लिए यही सहज कथन की शैली ही उपयोगी है। यथार्थ असीम एवं अखंड है उसे जीवनानुभव से पहचान कर शब्द-बद्ध करना ही रचना की सार्थकता है।

रमाकान्त की कहानियों में विचार और विश्वास वास्तविक जीवन से उभरते हैं। विसंगति या विडम्बना का अहसास स्वतन्त्रता की सामाजिक दृष्टि की भूमि पर होता है। यह अहसास रमाकान्त के यहाँ निम्न-मध्यवर्गीय, निम्नवर्गीय पात्रों की जीवन-स्थितियों से होता है। नारी स्वतन्त्रता जैसी उदात्त कल्पना जो रमाकान्त के यहाँ है, कम कथाकारों के यहाँ मिलेगी।

निम्न मध्यवर्गीय या निम्नवर्गीय जीवन-स्थिति की वास्तविकता रमाकान्त के कथा-साहित्य का अकाट्य तर्क है। उनकी कहानियों में घटनाओं को उस यथार्थ स्थिति की अनुकूलता में आना पड़ता है। यथार्थ स्थिति ही उनकी नैतिकता भी है। 'ज़िन्दगी भर का झूठ' में राधे बाबू अनुभवी दुनियादार क्लर्क हैं। विपिन नया रंगरूट। विपिन प्रेमी है। उसकी प्रेमिका को गर्भ रह जाता है। राधे बाबू को जब इस बात का पता चलता है तब वे विपिन को अपनी दुनियादार राय देते हैं कि 'बेवकूफ़ी मत कर बैठना—शादी के चक्कर में मत पड़ जाता।' यानी प्रेमिका को गर्भवती कर के छोड़ देना उनकी दुनियादार नैतिकता है। ज़िन्दगी भर के अनुभवों ने उन्हें यही सिखाया है। ज़िन्दगी भर का दुनियादार अनुभव ज़िन्दगी का झूठ है।

लेकिन जब घर आकर उन्हें अपनी अविवाहित लड़की के घर देर से लौटने का ख़याल आता है, तब वे हड़बड़ा कर विपिन को ठीक राय देने के लिए उतावले हो जाते हैं। वे अपनी समस्या से दूसरे की समस्या को समझ पाते हैं। परस्पर-सम्बन्धता सामाजिक समझ और नैतिकता पैदा करती है।

इस संकलन की अति मार्मिक कहानी 'बन्द दरवाज़ा और काली छायाएँ' है। रूढ़िग्रस्त समाज में यों तो सभी वर्गों में नारी की स्थिति दयनीय होती है, किन्तु मध्य और निम्नमध्यवर्ग में नारी, विशेषतः लड़कियों को जानबूझकर घुटन का अभ्यस्त बनाया जाता है। रमाकान्त ने अतीव कौशल से स्थितियों की ऐसी योजना की है जो जितनी ही सामान्य एवं सहज है, उतनी ही मार्मिक भी। किशोरी लड़की का शरीर और शरीर से ज़्यादा मन सहज, उदार और सौन्दर्य का स्वागत करने के लिए

सन्नद्ध होता है। यहाँ निश्छलता, मानवीयता, पवित्रता और सौन्दर्य-चेतना सब एक साथ व्यक्तित्व में उदित होते हैं। ट्रेन की यात्रा में मुसीबत में फँसे दो निरीह युवक डिब्बे में आ जाते हैं। दीदी (बड़ी लड़की) उनमें से बीमार लड़के की देखभाल कर देती है और धीरे-धीरे लड़के का बुखार कम हो जाता है। यह निहायत मानवीय और नेक काम है जिस पर किसी अभिभावक को प्रसन्न एवं सन्तुष्ट होना चाहिए था। दीदी लड़का होती तो शायद ऐसा होता भी। लेकिन वे लड़की थीं इसलिए उन्हें माँ ने घर आने पर अकेले में बहुत डाँटा और न जाने क्या-क्या कहा था।

कहानी बहुत चुपके से किशोरी मन की व्यथा व्यक्त करती है। बिल्कुल उसी सहमी, एकान्त शिल्प में जिसमें सयानी समझदार लड़की अपने मन की बात छुपाती है। कहानी का अन्त किसी निर्णायक घटना—मोड़ से नहीं होता। मर्माहत कोई घटना नहीं। घटना माँ की डाँट है। माँ की मर्माहत करने वाली डाँट भी इकट्ठा नहीं है। वह माँ सामाजिक भय से खुद कितना मर्माहत होगी। यह न देखना माँ के साथ अन्याय होगा। सामाजिक रूढ़ियाँ और यौन कुंठाओं से ग्रस्त हमारा सड़ा-गला समाज किशोर पवित्रता से कितनी क्रूरता बरत रहा है। यह कहानी कोई प्रेम-कहानी नहीं है। प्रेम-कहानी होती तो यह इतनी मार्मिक न होती। समझदार सयानी लड़की का सामाजिक दृष्टि से किया नेक काम भी कितना असह्य है, यह हमारी सामाजिक रुग्णता की क्रूर विडम्बना ही है। रमाकान्त की कहानियों में समझ और वैचारिकता का गम्भीर आग्रह होता है, किन्तु यह आग्रह उनकी शैली या वर्णन-चित्रण में कहीं नहीं दिखलाई पड़ता। कहानियाँ वास्तविक जीवन-स्थितियों की सहज सरणि में ढलती हैं। इसलिए उनकी कहानियों में असहज प्रगतिशीलता नहीं है। अभाव से व्यथित-आहत पात्र यातना को मानो चुपचाप सँभाले रहते हैं। उनके संकल्पवान पात्र भी गर्जन-तर्जन नहीं करते। मानो खुद रमाकान्त की अपनी यातना को गम्भीरता से सँभाले रखने वाली सहजता पात्रों में संक्रमित हो गयी हो।

और इस सहजता में कहानी में ऐसे सुदीर्घ और जटिल अवकाश (स्पेस) बनते हैं जहाँ मनःस्थितियों का संश्लेष निर्मित होता है। पाठक और समीक्षक ऐसे स्थलों को पहचान कर रमाकान्त की क्षमता में विश्वास करते हैं।

शेखर जोशी : कहा बापुरो इन्द्र!

शेखर जोशी को मैंने पहली बार देखा तो वे अमरकान्त के ही साथ थे। अनुमानतः 1956 या 57 की बात होगी। काशी विश्वविद्यालय में एम.ए. फ़ाइनल में रहा हूँगा या रिसर्च ज्वाइन करने की तैयारी में। मेरे मित्र थे अक्षोभ्येश्वरी प्रताप, जो बहुतों के मित्र थे। भारत के सीमावर्ती नेपाल क्षेत्र के समृद्ध ब्राह्मण जमींदार के घर के। एक मकान गोरखपुर—बेतियाहाता में। चलते-पुर्जे। बढ़-चढ़कर बोलने वाले। विजयमोहन सिंह के साथी। कहानियाँ लिखते थे। साहित्यकारों से मेल-जोल बढ़ाने में माहिर। कालान्तर में दूरदर्शन में उच्च पदाधिकारी—शायद समाचार सम्पादक हो गये थे। तब यानी विद्यार्थी जीवन में बिड़ला हॉस्टल में रहते थे। उन्हीं के कमरे में अमरकान्त और शेखर जोशी मिले। अक्षोभ्येश्वरी प्रताप ही मुझे भैरव जी—भैरव प्रसाद गुप्त के घर भी ले गये थे। इन दोनों का नाम मैंने सुन रखा था। अक्षोभ्येश्वरी ने रोब जमाते हुए कहा कि इलाहाबाद के मशहूर साहित्यकारों से उनका रब्त-जब्त है, मुझसे कहा—ये हैं शेखर जोशी और ये हैं अमरकान्त। मिलिए। कल रात को मेरे कमरे में ही थे। मेरे ऊपर यथोचित प्रभाव पड़ा। शेखर जोशी बिल्कुल किशोर लगते थे। देखनउस। नाज़ुक सुन्दर। अच्छे अमरकान्त भी लगते थे, वे किशोर नहीं युवक लगते थे। मुझे याद है, मैंने कहा—अमरकान्त की कहानी पढ़ी है और शेखर जोशी की फोटो पत्रिका में देखी है। अमरकान्त ने चुटकी ली। हँसते रहे। मैंने ग़ौर किया कि शेखर जोशी इस पर दब कर शर्माए नहीं, सहज बने रहे। मुझे लगा कि यह बाहर से देखनउस किशोर अन्दर से मज़बूत हैं।

इलाहाबाद मैं बहुत जाता था। 1956 में मेरी शादी इलाहाबाद में ही हुई। सबसे ज़्यादा भेंट मार्कण्डेय से होती थी, क्योंकि मिंटो रोड मेरी ससुराल से बहुत नज़दीक थी। एक बार मार्कण्डेय ने बताया—हम लोग बैठे थे। बालकृष्ण राव आये। सब लोग उठ पड़े। शेखर बैठा रहा। मैंने चुपचाप नोट किया—यह भी अन्दर की मज़बूती की ही बात है। राव साहब ने ऐसा कुछ किया होगा, वरना शेखर किसी को सम्मान देने में कभी पीछे नहीं रहते। और सम्मान देना वही जानता है, जो अपमाननीय व्यक्तियों

का अपमान करना भी जानता हो। यह दृढ़ता महँगी है। कसाला करना पड़ता है। 'दाज्यू' की दृढ़ता उसकी वैचारिक एवं जातीय दृढ़ता है। जगदीश बाबू को देखते ही मदन खो जाता था। जगदीश बाबू के रौब-दाब से या टिप पाने के लिए नहीं। मदन को पता चला कि जगदीश बाबू डोटा लाग्यों गाँव के निकटवर्ती गाँव के रहने वाले हैं तो उसे इतनी खुशी हुई कि सँभालता न तो ट्रे उसके हाथों से छूट पड़ती। इसी को आत्मीयता कहते हैं। यह आत्मीयता तोड़ी जगदीश के 'बाबूपने' ने। वे इसे सँभाल नहीं पाये। उनमें वैसी आन्तरिक दृढ़ता नहीं थी। आत्मीयता का प्रतीक रिश्ता था—'दाज्यू' होना। जब उन्होंने 'दाज्यू' होने से इन्कार किया तो मदन की आत्मीयता अपने आप टूट गयी। तुम अगर दाज्यू नहीं तो मेरे कुछ नहीं हो सकते।

पात्र रचनाकारों के आत्मीय होते हैं। चारित्रिक दृढ़ता विवेक से आती है। विवेक सकर्मकता के बिना सार्थक नहीं होता।

शेखर की एक कहानी है 'हलवाहा'। विपत्ति के समय लोग अपनी गृहिणी से सलाह-मशविरा करते हैं लेकिन जीवानन्द का स्वभाव इसके ठीक विपरीत था। जितनी ज़्यादा विपत्ति उस पर पड़ती, वह अन्तर्मुखी होता जाता था। गृहिणी उसकी मनःस्थिति को समझ रही थी लेकिन कुछ कहने का साहस उसे नहीं होता था।

जीवानन्द ने गोठ में घुसकर अपने बैल को थपथपाया। बहुत दिनों बाद उसने इतने ध्यान से अपने इस पशु को देखा था। स्वयं जीवानन्द को आश्चर्य हुआ कि उसने गाय के अतिरिक्त और किसी पशु की ओर कभी इतना ध्यान ही नहीं दिया था। मालिक का दुलार पाकर खैरा जुगाली करता हुआ टुकुर-टुकुर उसे ताकने लगा, जैसे कह रहा हो—तुम जो कहो, मैं करने को तैयार हूँ।

बैल के बाद जीवानन्द गोठ की दीवार पर टँगे हल को देखता है। जीवानन्द ब्राह्मण है। ब्राह्मण हल नहीं पकड़ते। अवर्ण हलवाहे छोटे ब्राह्मण किसान जीवानन्द का मखौल उड़ाते हैं। कहानी में जीवानन्द को हल के बारे में सोचते, बहुत कुछ याद करते चित्रित किया गया है। जीवानन्द को निश्चय करना है कि वह खेत बेचकर छोटी किसानी से छुट्टी ले कि नहीं। खेत को बिकवाने के लिए दलाल उसे घेरे हैं।

फिर कहानी की घटना-सरणि में अवकाश (स्पेस) है। उसके मन में क्या चल रहा है, यह बिल्कुल नहीं बताया जाता। एक्शन भी नहीं वर्णित है। सिर्फ़ सूचना है। शेखर जोशी द्वारा दी गयी सूचना पढ़ने के पहले यह जान लेना ज़रूरी है कि बद्री प्रधान खेत खरीदने की ताक में रहने वाले छद्म हितैषी हैं और पदम जीवानन्द से बहाने बनाने वाला अवर्ण हलवाहा।

दूसरे दिन सुबह तड़के ही अपने आँगन के द्वार पर खड़े बद्री प्रधान ने एक नज़र नदी किनारे के अपने खेतों पर डाली। उनका हलवाहा अभी खेत में नहीं पहुँचा था लेकिन बगलवाले जीवानन्द के खेत में जुताई शुरू हो गयी थी। उन्हें यह सोचकर थोड़ी निराशा हुई कि जीवानन्द ने पदम को आखिर राजी कर ही लिया है।

बद्री प्रधान अपनी उत्सुकता नहीं रोक पाये। टहलते-टहलते नदी की ओर चले गये। जो कुछ उन्होंने देखा उसे देख कर उन्हें सहसा विश्वास नहीं हुआ और क्रोध, घृणा तथा ग्लानि के कारण उनका सारा शरीर काँपने लगा। कुलघातक जिबुआ स्वयं हल चला रहा था। फाल की टेढ़ी-मढ़ी लकीरें उसके नौसिखुआपन की गवाही दे रही थीं।

जीवानन्द के चरित्र में स्वाभिमान के साथ सांस्कृतिक शिष्टता है। स्थितियों का चुपचाप जायजा लेना—दुखों के दागों को तमगा न बनाना और करुणा की याचना न करना। अपने दुख में दूसरों को शरीक न करना, चुपचाप निर्णय लेना और उसे चुपचाप कार्यान्वित करना। शेखर जोशी की आन्तरिक दृढ़ता का उनकी सांस्कृतिक शिष्टता से गहरा सम्बन्ध है।

मैंने उन्हें उत्तेजित होते कभी नहीं देखा। शब्दों का अपव्यय करते—न वाचन में, न लेखन में देखा। कहते हैं कि सुन्दरता किसी तरह के 'अतिरिक्त' (सरप्लस) को सहन नहीं कर सकती। आवश्यकता से अधिक यानी बड़बोलापन उनमें है ही नहीं। यही उनकी सुन्दरता का कारण और रहस्य है। एक ख़ास तरह की सहज प्रसन्नता-मुदित भाव उनमें है, जो वस्तुतः बहुत महँगा सौदा है।

शेखर जोशी को नौकरी, पुरस्कार, सम्मान के लिए जुगाड़ करते किसी ने नहीं देखा। 109, लूकरगंज भैरव प्रसाद गुप्त का पता था। 100, लूकरगंज शेखर का। जब भैरव जी कुछ दिनों के लिए दिल्ली आ गये 'नयी कहानियाँ' का सम्पादन करने, तब 109 में शेखर जी आ गये। भैरव जी दिल्ली से वापस चले आये, तब शेखर फिर 100 लूकरगंज में लौट गये। दोनों किराये के मकान। शेखर जोशी ने अपना पता मुझे देते हुए कहा—भैरव जी का पता मालूम है न। 109, लूकरगंज। उसमें से फालतू अंश निकाल दो तो मेरा पता हो जायेगा। भैरव, मार्कण्डेय, शेखर और अमरकान्त में कितनी पटरी बैठती थी! इस चतुष्टयी ने हिन्दी कहानी का इतिहास रचा है। इस पर तो अलग से बातचीत होनी चाहिए। मैं भैरव जी के यहाँ जाता तो या तो शेखर वहाँ आ जाते या भैरव जी मुझे शेखर के यहाँ ले जाते। शेखर के यहाँ जाता तो वे अकसर मुझे अमरकान्त के यहाँ ले जाते। भैरव जी ने बेनीगंज में मकान बनवाया। वहाँ मुझे पहली बार शेखर ही ले गये। भैरव जी मुझसे नाराज़ हो गये थे। इसलिए मैं उनसे मिलने में हिचक रहा था। शेखर ने कहा, 'चलिए वे कुछ नहीं कहेंगे। आपके आने से वे खुश हो होंगे।' मैं भैरव जी के यहाँ गया और रूहअफ़ज़ा का शर्बत पीने को मिला।

भैरव जी जिससे नाराज़ होते थे उससे पानी तक नहीं पूछते थे। घर से भगा भी देते थे। एक बार मेरा ऐसा ही स्वागत हो चुका है उनके यहाँ। तब भी शेखर मुझे 109, लूकरगंज ले गये थे। भैरव जी ही मिले। हालचाल पूछा। लेकिन आध घंटा बीतने पर भी कुछ नहीं आया तो शेखर ने ही कहा, 'अरे भैरव जी, वे दिल्ली से आये हैं। कुछ पानी, चाय।' भैरव जी ने कहा, 'ये तुम्हारे यहाँ से पी आये होंगे।'

मैं उनके पुत्र बबुआ की शादी में नहीं गया था इसी से वे नाराज़ थे।

भैरव जी जब दिल्ली आये तो उनके रहने के लिए सी ब्लॉक, मॉडल टाउन में किराये के मकान की व्यवस्था हुई। शेखर दिल्ली आये तो हम और वे भैरव जी का घर ढूँढ़ने निकले। सी ब्लॉक तो पहुँच गये लेकिन मकान नम्बर शेखर को ठीक से नहीं याद था। फिर भी हम अनुमान से मकान ढूँढ़ते रहे। लगभग एक घंटे तक ढूँढ़ने पर भी मकान नहीं मिला। हम निराश होकर लौट पड़े। लौटते समय एक मकान को ग़ौर से देखने के बाद शेखर बोले, 'रुकिये-रुकिये, यही मकान भैरव जी का होगा।' दरवाज़े पर एक बहुत पुराने क़िस्म का ताला लगा था जिसमें कलछुल जैसी लम्बी चाभी डालकर उसे खोला जाता था। शेखर ने कहा, 'इस ताले को मैं पहचानता हूँ। यही 109, लूकरगंज में भी लगता था। भैरव जी वही ताला यहाँ ले आये हैं। नेम-प्लेट की ज़रूरत नहीं पड़ेगी। यह ताला तो नेम-प्लेट का भी काम करता है।'

शेखर जोशी कम बोलते हैं। मुस्कराते थोड़ा ज़्यादा हैं। जिस स्थिति में लोग 20-25 मिनट तक बोलें, उस स्थिति में शेखर सिर्फ़ कैंची मुस्कराहट से काम लेते हैं। जब वे मुस्कराएँ और साथ में चुटकी से राख झाड़कर सिगरेट का कश मारें तब समझ जाइये। (गनीमत है कि अब सिगरेट करीब-करीब छोड़ चुके हैं।) एक बार उनकी मुस्कराहट का फल भोग चुका हूँ। हुआ यों कि दूधनाथ सिंह ने मुझे कविता सुनाने के लिए घर पर निमन्त्रित किया। उन्होंने 'कृष्णकान्त' नामक कविता लिखी थी, सम्भवतः श्रीकान्त वर्मा पर। कहा कि वे भैरवजी के यहाँ से मुझे ले लेंगे। दूधनाथ जी को मैं वामपन्थी के रूप में नहीं जानता था। सो भैरव जी से उनका सम्पर्क देखकर मैंने सचमुच प्रसन्नतापूर्वक कहा—अच्छा, क्या आपने कोई वाम विचार की कविता लिखी है? लेकिन पता नहीं क्यों, शेखर वह सुनकर मुस्करा दिये। बस, मेरी अभिधा ने नया अर्थ ग्रहण कर लिया। बहरहाल, मुझे उस दिन दोपहर का भोजन तो नहीं मिला, एक लम्बा पत्र मिला आतिथेय का। अपनों से असहमति या क्षोभ प्रकट करने का तरीका है।

तब भैरव जी की अश्क से गहरी छनती थी। और शेखर तो भैरव मंडल के सनातन सदस्य। उपेन्द्रनाथ अश्क पर एक संस्मरणात्मक टाइप की पुस्तक निकली और जैसा कि होना ही था, अश्क के अनेक रंगीन चित्रों के साथ। शेखर उसमें लिखने का आग्रह नहीं टाल सकते थे। और शेखर ने अश्क पर लिखा। उनके लेख का शीर्षक अश्क की ही एक काव्य-पुस्तक से लिया गया था—'मैं चिरका चला'। अश्क की पंक्ति भी यही थी। अन्तर केवल 'चरका' और 'चिर का' में था।

यहाँ होठों की नहीं कलम की मुस्कान है।

शायद यह मेरे अपने कुटिल मन की लहर हो लेकिन मुझे 'वर्ष' में अमरकान्त पर लिखे गये लेख का शीर्षक भी कुछ ऐसा ही दिखलाई पड़ता है।

अमरकान्त होली पर 'जरि गइले एरी से कपार' गाते थे। यही शीर्षक शेखर

ने अमरकान्त के लेख का दिया है। मुझे लगता है—ऐसा तो नहीं कि भैरव मंडली अमरकान्त केन्द्रित 'वर्ष' की योजना से बहुत खुश नहीं थी। ख़ासतौर पर इसलिए कि उसे रवीन्द्र कालिया निकाल रहे थे। अमरकान्त पर शेखर कैसे न लिखें। लेकिन शीर्षक?

आशा करता हूँ कि मेरा यह अनुमान ग़लत है।

सो शेखर जोशी दिखनउस हैं, प्रतिबद्ध हैं। मित्र-वृती हैं, किन्तु सपाट नहीं हैं। काम भर के इलाहाबादी भी हैं और यह कि आप जो भी हों अपनी इच्छा से उन्हें चालित नहीं कर सकते—कांट बी टेकेन फार ग्रांटेड। चन्द्रकलाजी से मेरी इस विषय पर बात नहीं हुई है लेकिन मेरा ख़याल है कि सामान्यतः सन्तुलित शेखर कभी-कभी अपना घोर ज़िद्दी रूप भी प्रकट करते होंगे।

स्वातन्त्र्योत्तर भारत में मध्यवर्ग की सम्पत्ति में बढ़ोतरी हुई है। हममें से अधिकांश पहले से बेहतर आर्थिक स्थिति में हैं। इस बढ़ोतरी में हिस्सा सिर्फ़ तिकड़मियों, उठाईगीरों और अवसरवादियों को ही नहीं मिला है, सीधे-सादे ईमानदार लोगों को भी मिला है। निराला और मुक्तिबोध आज होते तो शायद उन्हें वैसी ज़िन्दगी जीने के लिए विवश न होना पड़ता। नागार्जुन, त्रिलोचन उपेक्षित ही नहीं रहे, उन्हें सम्मान-पुरस्कार भी मिले। लेकिन बढ़ोतरी के लुटेरों में और इनमें अन्तर है। अन्तर कहाँ और किस बात में है?

विचारधारा और प्रतिबद्धता के साथ उसकी आचार-संहिता होती है। विधिनिषेध होते हैं। एक बार उत्तरी कोरिया के दूतावास की ओर से दिये गये भोज में गया। भोज ओबेराय में था। वहाँ पीने की भी व्यवस्था थी। मैंने भी एक-दो जाम लिए। अगले दिन पार्टी की ब्रांच मीटिंग में मुझे बताया गया कि भाकपा की आचरण-संहिता में विदेशी दूतावासों के प्रीति भोज में शराब पीना निषिद्ध है। आम दुष्प्रचारकों की तरह मैं भी सोच रहा था कि पार्टी के लोग तो विदेशी दूतावासों में खूब शराब पीते हैं। सो प्रतिबद्धता की आचार-संहिता ज़रूर होती है। कला अपने उत्पादकों और प्रशंसकों को यह संहिता ज़रूर देती है। कह कर न देती हो किन्तु वह सामाजिक चेतना की जलवायु और मौसम में गन्ध की तरह रची-बसी रहती है। शेखर उन साहित्यकारों में हैं जो निहायत सहज एवं स्वाभाविक ढंग से साहित्य द्वारा दी गयी आचार-संहिता का पालन करते हैं। नहीं तो यारों ने—साहित्यकारों ने पिछले अनेक दशकों में क्या-क्या जुगाड़ नहीं किये हैं? 'अँधेरे में' के जुलूस बिम्ब में मन्त्री, उद्योगपति, सेना, पुलिस, गुंडे के साथ आलोचक, कविगण का होना यों ही नहीं। फ़ैंटेसी का यथार्थ आधार है। मुक्तिबोध ने चमचमाते प्रकाश में सुगंधित ईमान की बात की है। और शेखर जोशी की कहानी है 'बदबू'। यह बदबू कला की नैतिकता का प्रतीक है। जब तक इस बदबू का बोध है, तब तक साहित्यकार की अग्नि जीवित है। शोषक की पूँछ से बाँधने वाली रस्सी से अपने को काटकर अलग करने

की क्षमता की प्रतीक यह बदबू है।

देखने की बात यह है कि शेखर जोशी ने 'बदबू' कहानी लिखी तो उसके एहसास बोध को बनाये रखा। इसी को पूर्ण कलाकार होना कहा जाता है। अब यह न पूछिये कि इस एहसास को बनाये रखने के लिए क्या-क्या करना पड़ता है। और कहीं ज़्यादा ज़रूरी यह जानना है कि क्या-क्या नहीं करना पड़ता।

मध्यवर्गीय ईमानदार लेखक के मन में छोटी-छोटी सुविधा-इच्छाओं से उसके आदर्श का निरन्तर युद्ध होता है। स्वाधीन भारत में सुविधाएँ बढ़ी हैं, चारों तरफ़ बढ़ी हैं, उन्हें हथियाया गया है। जो लोग इन सुविधाओं को गाँजने में सफल हुए हैं, वे पदासीन हैं। उनके बंगलों में गाड़ियाँ हैं, कुत्ते हैं, बच्चे हैं जो या तो ड्रग्स के आदी हैं या अमेरिका में हैं, प्रेमिकाएँ हैं। पुस्तकों के लोकार्पण होते हैं, सेठों-मन्त्रियों की उपस्थिति में उनके सम्मान समारोह होते हैं। साक्षात्कार में पूछा जाता है—देश में सूखा है, साम्प्रदायिक दंगे हैं, आपकी क्या राय है तो वे मुँह बिचका देते हैं। कहते हैं, 'हम चुप रहेंगे। हमारी कृतियाँ देखो।'

होंगे ये कुछ लोगों के लिए ईर्ष्या के पात्र। इनसे ईर्ष्या वे करते होंगे जो इन्हीं की बिरादरी के किन्तु असफल लोग हैं। मौका पाते ही ये सब हथिया लेने की फ़िराक में रहते हैं। कहा भी है—

जहाँ आप पहुँचे छलाँगें लगा कर
वहाँ मैं भी पहुँचा मगर धीरे-धीरे।

शेखर जोशी जैसे लोग इन सफल लोगों पर मुँह बिचका कर हँसते हैं।

जो तुम्हारा अन्न है मेरे लिए विष है, और जो मेरा विष है वह तुम्हारा अन्न है।

यह सब लिखने से एक साहित्य नायक जैसे रोमानी संघर्ष-पुरुष का जो चित्र बनाता है, शेखर जोशी की मुद्राएँ बिल्कुल उससे भिन्न और विपरीत हैं। जिस संघर्ष पुरुषत्व की बात की जा रही है, वह उनके साहित्य और व्यक्तित्व की अन्तर्वस्तु है, रूपमुद्रा नहीं।

और यह रूपमुद्रा विहीनता प्रगतिशील जनवादी साहित्यकारों की विशेषता है। साहित्यिक मुद्राओं से रहित सहज व्यक्तित्व। आत्ममुग्धता और आत्मश्रृंगार से दूर। नागार्जुन, केदारनाथ अग्रवाल, त्रिलोचन, शमशेर, शील, भैरवप्रसाद गुप्त, अमरकान्त, हृदयेश, इजरायल आदि ऐसे ही हैं। शेखर भीड़ में अकेले नहीं हैं। उनके व्यक्तित्व और साहित्य में निजता भी हो यह अलग बात है। यह निजता महत्त्वपूर्ण है। नागार्जुन, केदारनाथ, त्रिलोचन, मुक्तिबोध, शमशेर सब प्रगतिशील हैं लेकिन इनकी कविताओं में निजता है। मुझे कबीर, तुलसी, सूर, मीरा याद आते हैं; निराला, प्रसाद, पन्त, महादेवी याद आते हैं—जो एक ही साहित्यिक आन्दोलन के थे, लेकिन उनके व्यक्तित्व और कृतित्व के तेवर अलग हैं।

शेखर की पटरी सबसे ज़्यादा अमरकान्त से बैठती है लेकिन उनकी कहानियों

के स्वर बिल्कुल अलग हैं। अमरकान्त निम्नमध्यवर्ग और निम्नवर्ग के काइयाँपन, निरीह मूर्खता के उद्घाटक हैं, तो शेखर उसी वर्ग की टूटती हुई आस्था को जैसे पात्र में निहित विवेक की शक्ति से जोड़ते हैं। इस जोड़ में रोमान, आदर्श कम; सामान्य भारतीय का विवेक और उसकी व्यावहारिक बुद्धि अधिक है। रोमानी पात्र असामान्य होते हैं। वे लाखों में एक होते हैं। लेकिन रोमान आदर्श असंख्य, सामान्य, न चमकने वाले व्यक्तियों में भी होता है। शेखर उनको प्रस्तुत करने वाले कथाकार हैं। ये पात्र संकटों से अपने ढंग से लड़ते हैं और उन्हें पार करने का रास्ता भी ढूँढ़ लेते हैं। शेखर की कहानियों में ये न चमकने वाले पात्र कृत्रिम चकाचौंध को मलिन कर देते हैं। यह निम्नमध्यवर्गीय और निम्नवर्गीय जीवन की सहजता और श्रम मूल्यों की खोज और स्थापना है—'डांगरी वाले', 'विडुआ' जैसी कहानियों में इसे देखा जा सकता है। शेखर के वृद्ध पात्र हिन्दी कथा-साहित्य में अनुपम हैं। स्वतन्त्रता के उपरान्त जिस द्रुति से जीवन और उसके सम्बन्ध बदले हैं, उसकी चोट व्यतीत हुए पात्र कैसे झेल रहे हैं—इसे शेखर जोशी से ज्यादा हिन्दी के किसी कथाकार ने नहीं समझा और चित्रित किया है।

गतकालिक सम्बन्धों में जी रहे पात्रों की पुराने सम्बन्धों-सन्दर्भों में फिर से जीने की छटपटाहट उनकी व्यथा को और मार्मिक बना देती है। उन्हें महाकाल के सामने असहाय खड़ा कर देती है। कहानीकार उस असहायता को अपनापा, सम्मान और करुणा देता है, जिसमें थोड़ा विनोद भी होता है। वृद्धजनों पर लिखी हुई शेखर की कहानियों में विभिन्न कोणों और बोधों के अनेकानेक संश्लेषण हैं। वे सब मिलकर इन कहानियों की अन्तर्वस्तु को जटिलता देते हैं और यह संश्लिष्टक जटिलता रूप की सहजता का आधार है। ऐसी कहानियाँ राजेन्द्र यादव जैसे भूतपूर्व कथाकार नहीं लिख सकते। लिख पाते तो शेखर जोशी को उचित से अधिक मूल्यांकित कहानीकार न कहते।

रचनाकार अपनी रचना में जीता है, अपने पात्रों में जीता है, एक सीमा तक। वह अपनी रचना से स्वतन्त्र नहीं होता। रचना में मुक्ति पाने का मतलब, रचना में मन-प्राण का वास करना होता है, यह सब छद्‌म रचनाकारों को छद्‌म लगता है लेकिन रचना केवल पाठकों को जीवन नहीं देती, अपने रचयिता को भी देती है।

मैंने शेखर को गम्भीर क्षुब्ध तो देखा है, दीन-हीन या ईर्ष्यादग्ध कभी नहीं देखा। छोटे-से-छोटा पुरस्कार मिल गया तो उसे चुपचाप ग्रहण कर लिया। दूसरों को बड़ा पुरस्कार, सम्मान, नाम मिला तो भी सहज, प्रसन्न, अविचलित। एक बेटी, दो बेटों, पत्नी और अनेक मित्रों, रिश्तेदारों को अपने लेखकीय, गैर लेखकीय अपनापे में समेटे शेखर जोशी किसी मित्र, रिश्तेदार, लेखक की किसी मामूली-सी घटना पर मनोयोगपूर्वक घंटों बातें कर सकते हैं। उनकी कोई रिश्तेदार मौसी हलुआ कैसे बनाती है, किसी के यहाँ रोटी में कोई ख़ास बात कैसे पैदा हो जाती है, कभी-कभार

समझा भी देंगे कि चूँकि बात कुमायूँ गढ़वाल की है, आप ठीक से नहीं समझ सकते।

मैं उनके घर बैठा बात कर रहा था कि एक लड़की नल से पानी भरते दिखलाई पड़ी। वह किसी से बात भी कर रही थी, पानी भी भर रही थी। शेखर लगभग एक घंटा मुझे बताते रहे कि इस दृश्य को अमरकान्त किस तरह लिखते। भैरव जी को पश्चिम बंगाल की सरकार ने कोई पुरस्कार दिया। वे अपने पोते को लेकर सम्मान ग्रहण करने गये। वहाँ का ब्योरा विस्तार से दिया।

नागार्जुन की एक प्रेमकथा का वर्णन मौका मिले तो उनसे ज़रूर सुनिए। नागार्जुन कमरे में हैं। ऊपर कमरे में युवक लेखक और प्रेमिका धमाचौकड़ी मचा रहे हैं। नागार्जुन कहते हैं—बेटी, मैं उपन्यास लिख रहा हूँ। फिर मार्कण्डेय के किस्से। लेकिन सभी में मित्रों के प्रति कोई द्वेष नहीं, दुराव नहीं। ईर्ष्या तो उनके पास फटकी ही नहीं। मैं उनकी इस चारित्रिक विशेषता, दृढ़ता से अभिभूत रहता हूँ। सोचता हूँ आन्तरिक तौर पर इस आदमी में बहुत आत्मविश्वास होगा। यानी इसे अपने समाज और साहित्य परम्परा पर विश्वास होगा, जिससे जुड़ा है—कहा बापुरो इन्द्र!

साम्प्रदायिकता का अर्थ : स्वयं प्रकाश की कहानियाँ

स्वयं प्रकाश की कहानियों में उन बातों को खोज होनी चाहिए जो उनको इतना अच्छा कहानीकार बनाती हैं। कहानीकार का और कहानी का अपना नेपथ्य होता है। कई लोग इस नेपथ्य को उपेक्षणीय मानते हैं—उपेक्षणीय ही नहीं, रचना-विश्लेषण के लिए हानिकारक मानते हैं। हमें यह नेपथ्य रचना को समझने के लिए उपयोगी लगता है। शायद, स्वयं प्रकाश की कहानियों पर बात करने के लिए यह इसलिए ज़रूरी है कि उनकी कहानियाँ ही ऐसी हैं, उनका रचना-विधान ही ऐसा है कि नेपथ्य दस्तक देता रहता है। रचना आखिरकार यथार्थ-वस्तु पर खड़ा किया गया भाव-बोध का रूप है—स्वयं प्रकाश की कहानियाँ, इस कल्पित रूप को तोड़-मोड़ कर बीच-बीच में यथार्थ-वस्तु की ओर दौड़ती हैं। रचना-विधान छल है, उस छल को स्वयं प्रकाश यथार्थ के आग्रह से रह-रह कर चिटका देते हैं। कथ्य को छल रूप में न समो पाने की बेचैनी सभी रचनाकारों को नहीं नसीब होती। यह या तो मध्यकालीन सन्त कवियों में था या प्रगतिशील रचनाकारों में है। बहुत हाल में इसका अराजक रूप उत्तर-आधुनिकता के नाम पर कथाकारों के यहाँ दिखलाई पड़ता है। लेकिन वह छल को चिटकाता नहीं, उसे और सजाता है। सिर्फ़ कहानियों की बात नहीं; निराला, मुक्तिबोध, नागार्जुन जैसे कवियों के यहाँ तो यह मिलेगी ही—यह हमारे ऐतिहासिक दौर की विसंगति ही है जो राजनीति में सबसे ज़्यादा प्रकट होती है और संस्कृति रूपों में छिपकर। संस्कृति-कर्मी और राजनीतिक तत्त्वतः इसी बिन्दु पर मिलते हैं। राजनीति की कसौटी पर—राजनीति की उस संवेदना की कसौटी पर, जो इतिहास का संचालन करती है, संस्कृति रूपों को अन्ततः इसीलिए कसा जाना हम उचित ही नहीं आवश्यक भी समझते हैं। युग-बोध या इतिहास-बोध भी अखंड है, वह विविध संस्कृति-कर्मों में विभाजित है, किन्तु उसकी दिशाएँ या लक्ष्य अलग-अलग नहीं। हम तो राजनीति को संस्कृति का ही एक रूप समझते हैं। वह प्रत्येक मानवीय चेष्टा जो *ऐसा नहीं, ऐसा होना चाहिए* की प्रेरणा से होता है, संस्कृति है। राजनीति एवं साहित्य के सम्बन्ध को हम इसी तरह देखना उचित समझते हैं। स्वयं प्रकाश की

कहानियाँ संस्कृति-विवेक, पुष्ट संस्कृति-विवेक से लिखी गयी कहानियाँ हैं। विवेक के साथ-साथ ब्योरों का इतना सूक्ष्म पर्यवेक्षण अन्य समकालीन प्रगतिशील कहानीकारों के यहाँ भी कम मिलेगा। वे जीवन-रस में डूबने वाले एवं जीवन-विषमता से क्षुब्ध रचनाकार हैं। मैं स्वयं प्रकाश की पिछली जीवन-यात्रा से परिचित नहीं हूँ लेकिन उनकी कहानियाँ पढ़कर मुझे लगता है कि उन्होंने अच्छे पापड़ बेले हैं और उसी की प्रक्रिया में जीवन को विविध रूपों में देखा है, सीखा भी काफ़ी है। वे ऐसी अनेक तकनीकी (साहित्यिक नहीं, ज़िन्दगी के अन्य क्षेत्रों से सम्बन्धित) महारत से वाकिफ़ हैं, जिनसे प्रायः रचनाकार अपरिचित रहते हैं। भौतिक विज्ञान, फ़िल्म, थियेटर आदि के साथ-साथ उर्दू की विश्वसनीय जानकारी। मुस्लिम समाज को नज़दीक से देखा है। मुस्लिम मित्रों की गहरी आत्मीयता अर्जित की है और उन्हें आत्मीयता दी है। वे कहानी सिर्फ़ पर्याप्त राजनीतिक, सामाजिक, पात्रों की वैयक्तिक मानसिक समझ के साथ रचते हैं और एक सक्रिय, राजनीतिक वामपन्थी एक्टिविस्ट के तेवर से रचते हैं। यह नेपथ्य है। यह बहुत ज़रूरी और निर्णायक होता है। यह समझ और इसी से उपजी संवेदना एक निर्ममता देती है; व्यंग्य देती, करुणा और वह विक्षोभ भी जो कभी आत्मग्लानि और कभी आशा से भर देती है और शिल्प को भी चिटका देती है। शिल्प की यह प्रवृत्ति अन्यत्र भी मिलती है, किन्तु स्वयं प्रकाश जैसी नहीं। संवेदन को एक और आयाम देती है जो सिर्फ़ शिल्प का खेल नहीं। वह वस्तु को, पाठक का आत्मीय, विश्वसनीय और सहज बनाती है यानी उसे निजी अनुभव में शामिल करती है।

कहानीकार के एक्टिविस्ट की भूमिका क्या है। पार्टीशन की प्रायः हर कहानी में वाचक कहानी के साम्प्रदायिकता के संकट से ग्रस्त पात्र का सहायक, सहचर है। वह उस पात्र के साथ खुद भी कई बार हमले का शिकार होता है। मतलब यह कि मैं (वाचक) सिर्फ़ द्रष्टा नहीं, वह भोक्ता भी है। इसीलिए स्वयं प्रकाश की कहानियाँ अपराध-बोध से लगभग मुक्त कहानियाँ हैं। हम जानते हैं कि अधिकांश अपराध-बोध तो *करुणा के दृश्यों से हाथ मुँह मोड़ गये* की अभिव्यक्ति है, कभी-कभी फ़ैशन भी। पार्टीशन की कहानियों में साम्प्रदायिकता का रूप अन्यों की साम्प्रदायिकता से अलग और भिन्न है। वह सिर्फ़ हिन्दू-मुसलमान तक सीमित नहीं। उसकी काया और उसका व्यवहार कहीं अधिक विशाल और व्यापक है। वह लगभग घट-घट का व्यापक वहम है—कहीं निर्गुण, कहीं सगुण। निर्गुण सगुण हो जाता है और सगुण मौका देखकर निर्गुण।

सक्रियता—संवेदन सकर्मकता समझ का विस्तार करती है। शायद इसी समझ-विस्तार के कारण स्वयं प्रकाश साम्प्रदायिकता को हिन्दू-मुसलमान सम्बन्धों तक ही सीमित नहीं रखते वे दलितों और सिखों को भी इसमें शामिल करते हैं। मुसलमानों की साम्प्रदायिकता का चित्र भी खींचते हैं। दलित और सिखों के प्रति

सवर्ण दृष्टिकोण को साम्प्रदायिकता में शायद और किसी ने शामिल नहीं किया है। दलित के प्रति अब तक सवर्ण साम्प्रदायिकता एकतरफ़ा थी। अब दोतरफ़ा हो चली है। इन कहानियों का सजीव अंश वह है जहाँ वाचक साम्प्रदायिक ताक़तों से मोर्चा लेता है। उन चेष्टाओं के ब्योरे, डिटेल्स समाजैतिहासिक चित्र हैं। ये चित्र, घटना-चित्र भरपूर नाटकीय हैं। ब्रेख़्त ने इतिहास को सच्चा नाटक कहा था। ये अंश हमारे इतिहास के सच्चे नाट्यांश हैं। सक्रियता का अनुभव हैं।

'मैं चुप हो गया। मैं सोचने लगा 'लड़ना' कहने-सुनने में कितना अच्छा शब्द लगता है। करने में आसान नहीं होता।'

आसान नहीं होता की समझ करने से आती है। प्रगतिशील, जनवादी, परिवर्तनकामी लेखकों और विचारकों का ध्यान बाज़ारवाद, भूमंडलीकरण, उपभोक्ता साम्राज्यवाद के साथ इस बात पर भी जाना चाहिए कि संघर्ष, उत्साह, करुणा जैसे शब्दों को इतना ठंडा किन लोगों ने बना दिया है। लड़ाई न करने वाले, लड़ाई को आसान समझते हैं, सिर्फ़ शब्दों का इस्तेमाल करते हैं। लड़ाई करें तो समझें कि लड़ाई आसान नहीं होती। लड़ाई करने वालों की लड़ाई और केवल शब्द-प्रयोग की लड़ाई में अन्तर होता है। सच्ची बात तो यह है कि हिन्दी में ऐसी कहानियाँ बहुत कम हैं जहाँ पात्र कहानी में ही सही लड़ाई करते हों। जीवन की बात छोड़िए अब साहित्य में भी लड़ाई करने वाले पात्रों के दिन नहीं रहे। इतना कि जो लोग जीवन में लड़ रहे हैं उन्हें भी साहित्य में चिचित्र नहीं किया जाता। साहित्यिक सत्ताएँ भी जनता— लड़ने वाली जनता को बर्खास्त करती हैं। उस मोर्चे को भी ऐसे लाते हैं कि वह साहित्यिक रूढ़ि बन जाता है।

स्वयं प्रकाश कहानियों में इस अर्थ में एक्टिविस्ट हैं। जीवन्त सकर्मक रचनाकार।

'इनका ज़माना' में दलित पात्र का नाम केवलराम है। *'इनका ज़माना'* की व्यंजना आप खूब समझते हैं। अब इनका ज़माना आ गया है। इनकी चाँदी है। और कलजुग आ गया है।

केवलराम ऐसे दलित नहीं जिनको हम राजनीतिक, साहित्यिक मंचों पर देखते हैं। वे हरिजन तो नहीं लेकिन दलित-जन हैं।

वे एकलव्य के कृशकाय काले कुचैले वंशज हैं। सब कुछ को निश्चल सहने वाले। जैसे गर्दन पर छुरी का स्पर्श होते ही बकरी निश्चेष्ट हो जाती है, वैसे ही केवलराम स्थितिप्रज्ञ है। विषम-जीवन की सनातनता और शाश्वतता के अनुकूल आचरण करने वाले—उनका बोलना और सोचना है—*यह सब तो चलता ही रहता है।*

दलितों के कई स्तर हैं—दलित नेता, साहित्यकार। फिर दलित जनों में वे लोग जिनके बच्चे किसी तरह थोड़ा-बहुत पढ़ने का अवसर पा जाते हैं। केवलराम उन्हीं सौभाग्यशाली लोगों में से थे। ऐसे दलित छात्रों का एक छात्रावास था—समाज कल्याण छात्रावास।

'देखने पर मंज़र अंग्रेज़ों द्वारा अबन्डन की गयी काल-कोठरियों जैसा या युद्ध बन्दियों की बैरकों के खँडहरों जैसा या किसी उजड़े हुए शरणार्थी कैम्प जैसा था। खंडों से बनी भीतों के गुफ़ानुमा कमरों पर असबसटस की छतें पड़ी थीं। नल-बिजली की कोशिश पाँच साल से चल रही थी और पाँच साल और चलेगी। लड़के दूर एक कुएँ से पानी खींचकर लाते थे। बरामदे में नहा लेते थे। कमरे के एक कोने में लकड़ियाँ जलाकर चूल्हे पर खाना बना लेते थे। माँगे-ताँगे का धान गाँव से ले आते थे। धुएँ और अँधेरे में काले हो चुके उन कमरों में सामाजिक ज्ञान या बीज गणित की मैली-कुचैली पुस्तकें बाशिन्दों की तरह पड़ी रहती थीं। दीवारों पर कीलें गाड़कर लड़के अपनी इकलौती पोशाकें टाँग देते थे और नंगे बदन पर खादी भंडार के तौलिए गमछे लपेटे या पट्टेदार जाँघिए पहने बाहर बैठे हँसी मजाक करते रहते थे—बीड़ियाँ पीते रहते थे'—इस तरह के आँखों देखे विवरण जो जानकारी के साथ-साथ उत्कृष्ट कलात्मक क्षमता भी बन जाते हैं, स्वयं प्रकाश की प्रायः प्रत्येक कहानी में (वक्तृता-गुण) हैं। रेटेरिक को आजकल अच्छा नहीं माना जाता। वैसे यह गुण आया है स्वाधीनता आन्दोलन के प्रभाव से। सच यह कि रेटेरिक आन्दोलनात्मक रचना-मानसिकता की प्रवृत्ति और क्षमता है। प्रगतिशीलता वस्तुतः स्वातन्त्र्योत्तर भारत के स्वाधीनता आन्दोलन की प्रवृत्ति है। जिस घटना दृश्य या स्थिति से रचनाकार आकृष्ट होता है, जहाँ वह क्षुब्ध होता है, उसके विवरण-चित्र की रेखाएँ उसके मानस में उभरती हैं, उनमें मनोवेग होता है। रचनाकार का मनोवेग रचनात्मक ऊर्जा है जो रेटेरिक के कौशल में पर्यवसित होता है—एक विवरण चित्र और। सब्जी मंडी में सब्जी उगाने वाले किसान की अपनी फसल की उपज बेचने का विवरण चित्र— *'सड़े हुए फलों-भाजियों की कीचड़ में टखने-टखने पाँव घुसाकर अपने टोकरे लिए खड़े रहो, अपनी लकड़ी से मरखने साँडों को हकालते रहो, हर मुनीम-दलाल ऐरे-गैरे को अपने टोकरों का माल सूँघने-चखने-मसलते-मसोसते-मार ले जाते देखते रहो, बोली मुनीम की न समझ में आने वाली चिल्लाहट पर भी कान लगाये रहो और अपनी सब्जी बिक जाये तो समय पर उसका संकेत न समझ पाने और पाल लदान के लिए जल्दी न करने के लिए रोज़ उसकी गालियाँ भी खाओ।'*

गद्य वाक्यों में इतनी क्रिया-बहुल, संयुक्त क्रियाओं का उपयोग-प्रयोग और कहीं नहीं दिखता। ऐसे चित्रों की व्यंजनाएँ हैं, अर्थ-प्रभाव हैं। एक रूसी कथाकार ने घोड़े का ऐसा वर्णन किया कि एक रचनाकार पाठक को लगा कि लेखक पिछले जन्म में ज़रूर घोड़ा था। बिना घोड़ा हुए वह घोड़े के बारे में इतना कैसे जान सकता था। उपर्युक्त वर्णन पढ़कर लगेगा कि स्वयं प्रकाश सब्जीमंडी में सब्जी बेच चुके हैं। यह विश्वसनीयता बहुत बड़ी गांरटी है पाठकीय रुचि को जाग्रत करने में। सिर्फ़ यही क्षमता कहानी को सफल नहीं बनाती लेकिन इसके बग़ैर बाकी सब नम्बर दो का है। रचना स्थितियों की कल्पना कम और उसका संयोजन ज़्यादा है। स्वयं प्रकाश की

कहानियाँ समकालीन जीवन की धार झेलती हैं। इसका सबसे बड़ा लक्षण कहानियों का रिपोर्ताज जैसा होना है। मैं यहाँ उस पर बहस तो नहीं कर सकता लेकिन मुझे बराबर लगता है कि रिपोर्ताज में समकालीन जीवन-साहित्य की सबसे सशक्त विधा की सम्भावना है। संयुक्त क्रिया बहुलता स्थिति-सन्दर्भों से सम्पन्न पात्र की क्रियाओं का अन्तःसम्बन्धित चित्र खींचती है—एक क्रिया खतम नहीं हुई दूसरी करनी पड़ी—एक दूसरी में धँसी हुई अनेक क्रियाओं का संश्लिष्ट चित्र एक सक्रिय बिम्ब।

रेटेरिक इसकी ज़रूरत है—साधन-कौशल है। कहानीकार की तरफ़ से यह विवरण व्यंग्य-पूर्ण है। लेकिन व्यंग्य ऐसा जो सुमेरसिंह (सब्जी बेचने वाले किसान पुत्र) की साँसत का बयान करता है। और सिर्फ़ उसी की साँसत का नहीं, उस जैसे अन्य का भी। इसीलिए यह हास्य नहीं। स्थिति अन्ततः क्षोभ पेदा करती है, विनोद नहीं।

साम्प्रदायिकता पर हिन्दी में अनेक कहानियाँ लिखी गयी हैं। उर्दू में कहीं ज़्यादा और कहीं बेहतर कहानियाँ लिखी गयी हैं। मंटो की 'टोबा टेकसिंह' तो कालजयी कहानी है। यह साम्प्रदायिकता पर लिखे गये कई उपन्यासों से अधिक प्रभावशाली हैं। हिन्दी में इस तरह का भी अच्छा साहित्य पंजाबी हिन्दी लेखकों यशपाल, अज्ञेय, भीष्म साहनी, कृष्णा सोबती ने लिखा है। एक अच्छी कहानी बिहारी खेतिहर मज़दूरों की हत्या पर 'भैया एक्सप्रेस' अरुण प्रकाश ने लिखी है। वे बिहार के हैं। स्वयं प्रकाश की इन कहानियों की विशेषता है कि वे साम्प्रदायिकता पर लिखी इकहरी कहानियाँ नहीं हैं। ज़्यादातर लेखक साम्प्रदायिकता को हिन्दू-मुस्लिम समस्या के ही रूप में देखते हैं। मैं नहीं जानता कि उर्दू में या हिन्दी में शिया-सुन्नी फसाद पर कोई कहानी या कथा-रचना है। दलित समस्या पर लिखने वाले तो समस्या को और भी इकहरी बनाकर प्रस्तुत करते हैं और नारी-समस्या पर भी यही स्थिति है। व्यापकता और अन्तस्सम्बन्धता क्षीण होने से रचना में गहराई नहीं होती। वे कहानियाँ कर्त्तव्य पूरा करने के लिए या आक्रोश व्यक्त करने के लिए लिखी मालूम पड़ती हैं। कहानी न लिखी जाती तो कर्त्तव्य से मुक्त न होते—ऐसा भाव। साम्प्रदायिकता भी एक परस्पर सम्बद्ध समाज-ऐतिहासिक समस्या है। उससे ग्रस्त और उससे पीड़ित पात्र भी 'नदी के द्वीप' हैं। उनके मित्र-शत्रु, भाई-बहन, बीवी-बच्चे, प्रेमी-प्रेमिकाएँ हैं; उनमें भी दुविधा, हिचक, संकल्प है। साम्प्रदायिक उन्माद सिर्फ़ पात्र को नहीं; बल्कि एक समूह को शिकार बनाता है, उसके मन, व्यवसाय, रोजी, रोटी, रिश्तों आदि को। स्वयं प्रकाश ने शायद पहली बार हिन्दी कहानी में साम्प्रदायिकता को व्यापक सामाजिक सन्दर्भ दिया है, यह भी समझ का—पर्यवेक्षण का और विक्षोभ-ग्रस्त मानसिकता की रचनात्मक छटपटाहट का परिणाम है। ब्योरों का—डिटेल्स का यह संश्लेषण समय-संवेदन का परिणाम है। पाकिस्तान में रिश्ता तय कर चुकने वाले मिस्त्री जुमैदीन के लिए पाकिस्तान-हिन्दुस्तान की लड़ाई का क्या मतलब होता है! इसी देश में इस्लामाबाद पर तिरंगा फहराने वाले बहुसंख्यकों के ही देशवासी

मुसलमान के लिए—

‘जुमैदीन ने सोचा अब ब्लैक आउट हो जायेगा और रात का कमठा चलना बन्द हो जायेगा। दूसरा ख़याल ये आया कि मस्ज़िद के गिर्द सीआईडी लग जायेगी और लाउड स्पीकर की अजानें बन्द हो जायेंगी। तीसरा यह कि मिलने वाले, रोज के मुलाकाती, मुसलमानों के अलावा हर आदमी उन्हें शक की निगाह से देखने लगेगा, मानो हमला, पाकिस्तान ने नहीं, जुमैदीन ने ही किया हो। या जुमैदीन ने पाकिस्तान से हमला करवा दिया हो। अब वह जिधर से निकलेंगे बड़ी बेबाकी और बेहूदगी से लोग उन्हें घूरेंगे और फुसफुसायेंगे। उनके हगने-मूतने तक पर कड़ी नज़र रखी जायेगी। अच्छे कपड़े पहनकर बाज़ार से निकलना दुश्वार हो जायेगा। और अपनी वफ़ादारी का सबूत देने के लिए जगह-जगह झख मारकर इसी गोरमेंट की तारीफ़ भी करनी पड़ेगी, जिससे वे ज़रा भी खुश नहीं हैं। चौथा ख़याल ये आया कि जिन-जिन से उधार ले रखा है, कहीं से भी, कैसे भी चुकाना पड़ेगा। कइयों को खामखा सलाम भी ठोकना पड़ेगा और उन वकील साहब के घर जाकर लेटरीन बाथरूम के पलस्तर का काम भी कर आना पड़ेगा, जो मज़दूरी का पैसा भी नहीं देंगे। वरना मुसलमान—वरना मुसलमान—चाहे उसके घर रोटी भी न हो—एक तेज़ टार्च ज़रूर रखता है, जो पाकिस्तानी हवाई जहाज़ों को घोर अँधेरे में भी पहचान कर जला देता है और उन्हें दावत देता है कि आओ, और मेरे घर पर मेरे बाल-बच्चों पर बम डाल जाओ।’ (हमला)

ब्लैक आउट में मुसलमान होना (भारत में) क्या होता है। इस विषय पर शानी ने दो कहानियाँ लिखी हैं। दोनों का शीर्षक ‘युद्ध’ है। ऊपर टार्च से पाकिस्तानी हवाई जहाज़ों को रोशनी दिखाने का जो उल्लेख है। जहाँ वह दोनों में से एक कहानी में घटना-वर्णित है। यह उस जगह प्रायः होता था जहाँ हिन्दुओं की बस्ती में एक या एकाध मुस्लिम घर थे। 1965 में ऐसी घटना माडल टाउन, दिल्ली में मेरे एक मुस्लिम दोस्त नसीम अन्सारी के साथ भी हुई थी। वे दिल्ली विश्वविद्यालय में अर्थशास्त्र के विभाग में काम करते थे। पड़ोसी हिन्दुओं को शक था कि उनके घर में ट्रांसमीटर है जिससे वे पाकिस्तानी हमलावरों को ख़बर भेजते हैं। जुमैदीन मिस्त्री है, काम बन्द हो जायेगा, मुसलमान है चारों तरफ़ लोग शक करेंगे। अकारण। वह अपने मुस्लिम होने को नहीं नकार सकता। और शक वे करेंगे जो कल तक उसके साथ उठते-बैठते थे। इसका घातक प्रभाव उसकी रोजी-रोटी पर पड़ेगा। उसकी अनगिनत परेशानियाँ किस तरह एक दूसरी से जुड़ी हैं। मूल कारण ही मुसलमान होना। जो सच है। एक सच कितनी परेशानियों, विपत्तियों का जनक है। इसे कहानीकार स्वयं प्रकाश ने समझा है। यह समझ उनके संवेदन का साधन है यह साधन कैसे मिलता है?

एक क्षमता होती है—परकाय प्रवेश। अन्य व्यक्ति के मन को उसकी काया में जाकर समझ लेना, वैसा ही हो जाने की क्षमता। लेकिन यह अन्य व्यक्ति एक और

समाज का है। मुसलमान और हिन्दू, सिख, ईसाई, दलित, स्त्री, पुरुष—एक ही राष्ट्र, भारत के—समाजवादी सेकुलर जनतन्त्र के; किन्तु इनमें से प्रत्येक का अलग समाज भी है हिन्दू समाज, मुस्लिम समाज, दलित समाज, नारी, समाज पुरुष समाज। इसलिए हमारे यहाँ रचनाकार के पास परकाय प्रवेश का मतलब होता है—पर समाज प्रवेश। उसके पास पर समाज प्रवेश की क्षमता न हो तो परकाय प्रवेश व्यर्थ बेसमय होगा।

बेसमय का संवेदन निरर्थक या अनर्थक होता है। कई हिन्दुत्ववादी या जेहादी रचनाकार भी हैं। उनके पास पर समाज प्रवेश की क्षमता नहीं होती। वे हिन्दू या मुसलमान की तरह ही सोच सकते हैं। अतः वे जनतान्त्रिक नहीं हो सकते। जो जनतान्त्रिक नहीं हो सकते थे रचनाकार नहीं हो सकते। रचनाकार नहीं तो पाठक भी नहीं हो सकते। रचनाकार पाठक को रचनाकार बनाकर ही प्रभावित करती है। साहित्य का जनतन्त्र राजनीतिक जनतन्त्र से थोड़ा अलग ही होता है। राजनीतिक जनतन्त्र में बहुमत की सत्ता होती है। अल्पमत प्रतिपक्षी होता है। साहित्यिक जनतन्त्र में एक व्यक्ति की मानसिकता भी मूल्यवान होती है। साहित्य अल्पमत या व्यक्ति यातना का भी चित्रण निष्ठा के साथ करता है। कभी-कभी ऐसा भी हो सकता है कि कोई व्यक्ति, यातना या अल्पमत की मानसिकता बहुमत से अधिक संवेदनशील, ऐतिहासिक या मूल्यवान हो। और भी, साहित्य में निजता का इतना मूल्य है कि सामाजिक बोध भी निजी संवेदना में पर्सवसित होकर अभिव्यक्त होता है।

स्वयं प्रकाश परकाय प्रवेश के साथ पर समाज प्रवेश भी कर सकते हैं। उनकी धर्मनिरपेक्ष, जनतान्त्रिक और समाजवादी नागरिकता रचनाकार के रूप में रचनात्मक संवेदन की धार अपना लेती है।

स्वयं प्रकाश समस्याओं की गहराई और जटिलताओं में जाकर उन्हें समझते हैं। समस्याओं को समझने का ठीक रास्ता उन समस्याओं से जूझना है। इसी से समझ पैदा होती है और यह समझ समाधान का रास्ता सुझाती है। बुद्ध, ईसा, मार्क्स, गाँधी, लेनिन, माओ, हो ची मिन्ह इसीलिए युगप्रवर्तक विचारक सिद्धान्तकार हैं; क्योंकि उन्होंने समस्याओं पर सिर्फ़ आत्ममन्थन नहीं किया, उनसे जूझे भी। स्वयं प्रकाश के पात्र समस्याओं से जूझते हैं। इसलिए कहानी के अन्त में आशा का स्वर आरोपित नहीं लगता, रचनातन्त्र में से उभरता है। इन कहानियों में कहानी का मैं और रचनाकार दोनों इतने आत्मीय हो गये हैं कि ये कहानियाँ संस्मरण और रिपोर्ताज लगती हैं।

उनकी एक कहानी है 'नयी यात्रा'। मैंने ऐसी प्रेम कहानी दूसरी नहीं पढ़ी है। ऐसी भरपूर प्रेम कहानी, साहसपूर्ण और अकुंठ। जीवन-राग से रंजित। हिन्दी में एक ऐसी प्रेम कहानी तो मिली जो रोमांटिक है और जिसकी नायिका प्रेमी को शरीर सुख भी देती है। शरीर सुख की आध्यामिकता इतने हल्के संकेत से प्रकट कर पाना मुश्किल काम है—

'अमला उठकर भीतर चली गयी। फिर कॉफ़ी बना लायी। भीतर ले गयी। अपने साथ सुला लिया। वह सब दे दिया जो बरसों से एक समर्थ पुरुष को भटका रहा था। दो आमलेट बनाकर पोलिथीन की थैली में बाँध पालित के ओवरकोट की जेब में डाल दिये। और चलते समय दोनों ठंडी हथेलियों में पालित का चेहरा भरकर उसका माथा चूम लिया।'

प्रेम की सार्थकता का यह लिरिकल नहीं किसी महाकाव्य का उल्लास पर्व ज्ञात होता है। फ़ैंटेसी भी हो तो भी कितनी यथार्थ वेदना से रची-बसी है। वान गॉग पर आधारित उपन्यास 'लस्ट फॉर लाइफ़' में माया ऐसा सुख चित्रकार को देती है।

और यह उल्लास क्षण जीवन की नयी राह दिखाता है। इतना ध्यान रहे कि यह आदर्शवाद नहीं है—आदर्श का यथार्थ है। वह जीवन से इतना रस नहीं निचोड़ सकता है जो उसे पाकर नहीं माया पर चल सके। 'नयी यात्रा'—आदर्श का अनुभव आस्वाद पाकर फिर से जूझने की यथार्थपरक कहानी है। यह प्रेमचन्द के आदर्शोन्मुख यथार्थ की नहीं समकालीन भाव-बोध के यथार्थोन्मुख आदर्श की कहानी है।

'उल्टा पहाड़' प्रतीक है उस रचनाकार का जो सफलता के शिखर को सामान्य जीवन की ज़मीन से काट लेता है। जन-जीवन से कटकर शायर का अस्तित्व कितना हास्यास्पद और निरर्थक हो जाता है! शायरी, शोहरत जीवन का पर्याय नहीं है। शायरी का रस शब्द-बद्ध जीवन का रस है। स्रोत से अलग हो जाने पर वह खुद-ब-खुद सूख जाता है। इसे शायर की विविध जीवन-घटनाओं को गुम्फित करके व्यंजित किया गया है। कहानी में व्यंग्य की ऐसी धार है जो सिर्फ़ परसाई के यहाँ ही दिखलाई पड़ती है। यह धार बिना समझ के नहीं आती। स्वयं प्रकाश परसाई मंडल के रचनाकार हैं। समझ से लैस संवेदना वाले गद्यकार हैं। स्वयं प्रकाश की कहानियों के गद्य पर लोगों का ध्यान नहीं गया है। वे कहानीकार तो हैं ही—उनकी कहानियों का गद्य भी स्पृहणीय है। कहते हैं न कि अच्छा विचारक ही अच्छा गद्य लिख सकता है। पार्टीशन की कहानियाँ साम्प्रदायिकता विषयक हैं। लेकिन साम्प्रदायिकता को इस तरह फिर कहा जाये, कि इतनी समझदारी के साथ—कम लोगों ने देखा होगा। साम्प्रदायिकता के अनेक रूप हैं। वह हमारे जीवन-आचरण में जगह-जगह घुसी है और प्रकट हो जाती है। दलित समस्या भी मूलतः साम्प्रदायिक समस्या है। यह ब्राह्मण-ब्राह्मण, कायस्थ-कायस्थ, अग्रवाल-अग्रवाल यहाँ तक कि सुन्नी-शिया और बोहरा-कादयानी सम्प्रदायों में विभक्त है। इस साम्प्रदायिकता ने भारत का विभाजन कराया। वह प्रक्रिया समाप्त नहीं हुई है। अभी भी चल रही है। भारत में और पाकिस्तान में भी। नेहरू युग के बाद वह और अधिक क्रूर हो गयी है। संकीर्णता और अन्धविश्वास कितने क्रूर हो सकते हैं यह 1984 के सिख-विरोधी दंगों में दिखलाई पड़ा। लोग कहते हैं तात्कालिक विषयों पर अच्छी रचना नहीं हो पाती। उन्हें स्वयं प्रकाश की कहानी 'क्या तुमने कभी कोई सरदार भिखारी देखा'

पढ़नी चाहिए। कहानी का ताना-बाना ऐसा है कि 1984 के नवम्बर की यह घटना स्वातन्त्र्योत्तर भारत के भय का प्रतीक बन गयी है। यह भय नागरिकों की स्वार्थपरता, साम्प्रदायिक उन्माद और सामूहिक कायरता पर आधारित है। सामाजिक एवं मानवीय मूल्यों का विघटन, नवयुवकों की बेरोज़गारी और फिर इसके साथ-साथ वह उभरता हुआ समुदाय जो विदेशी लाभ-लोभ में तेज़ी से अपनी संस्कृति से अलग हो रहा है, जो विशिष्टतावादी और वास्तविक पृथकतावादी है—इन सबसे विवरण-संकेत इस कहानी में हैं। यह विवरण-संश्लेषण 1984 के दंगे का वस्तुगत एवं ऐतिहासिक आधार भी प्रस्तुत करता है जिसके बिना देश में ऐसे दंगों का होना असम्भव था।

स्वार्थपरकता जिस अलगाव की मानसिकता पैदा करती है उसके बिना साम्प्रदायिक दंगे नहीं हो सकते। एक ही डिब्बे में सिन्धी अलग; विदेश में रहनेवाला, अपनी बेटी के साथ बैठकर शराब पीने वाला, एक नवयुवक के हवाले अपनी बेटी को कर देने वाला बाप—और जो अपनी इन हरकतों से अपने को देशवासियों से अधिक सुसंस्कृत समझता है अलग। प्लेटफार्म पर तमाशा देखने वाली भीड़ अलग। नवम्बर के दंगे, रामदास की हत्या, बाबरी मस्जिद का ध्वंस—ऐसी घटनाएँ ऐसे ही वातावरण में सम्भव हैं। गणेश जी दूध भी इसी वातावरण में पी सकते हैं।

'हमारे सामने की बर्थ पर एक सरदार जी थे। बूढ़े और फटेहाल। कोई सत्तर साल की उमर और बीमार। एक निहायत पुराने होल्डाल को खोल कर उस पर चुपचाप चित लेटे थे। पगड़ी बदहाल और बेहद घिसी हुई, मलेशिया की मुची हुई पतलून से निकलते दो मरियल काले पाँव। उन्होंने हमारी तरफ़ देखा तक नहीं। हमारी बच्ची ने किलकारियाँ मारीं, हाथ-पाँव उछाले, अंडे की तरह गोल मुँह बनाकर बाबा! बाबा! कहा—उन्होंने बच्चों की तरफ़ देखा तक नहीं।

कुछ देर बाद जब डिब्बे के और लोग अपनी मशगूलियत में थे—मैं लैट्रीन में बन्द हो जाता हूँ अचानक सरदार जी ने कहा।'

बच्चे की किलकारी भरने, कई बार बाबा-बाबा कहकर बुलाने के बावजूद चुप्पी और इस अचानक बोल पड़ने *मैं लैट्रीन में बन्द हो जाता हूँ के बीच स्वातन्त्र्योत्तर भारत के नरक की भय-यातना है। यातना—जो मृत्यु की अकेली बड़ी बहन है। इतिहास के हमारे दौर में एक व्यक्ति की यह भय-यातना कितने लोगों की कितनी मानवीय और अमानवीय मानसिकता और आचरणों का फल है। कई बार प्रयुक्त अन्तस्सम्बन्धता शब्द का यही आशय है।*

वाचक ने आश्वासन दिया था—*यहाँ कुछ नहीं होगा।* तो वह अपनी मैली चादर ओढ़ कर आँख मूँदकर चित लेट गये। सरदारजी पूरी कहानी में इसके बाद कहानी के अन्त में चार-पाँच छोटे-छोटे वाक्य बोलते हैं। अपनी यातना—दुख-दर्द की कोई बात नहीं, न कराह न आँसू। पत्थर! जैसे अमानवीय लोगों का हृदय वैसे ही सरदार जी का भी हृदय। वैसी ही जड़ वाणी।

आदमियों की भीड़ आती है, चली जाती है, फिर आती है। आदमियों की भीड़ का आसन्न ख़तरा—यह आशंका कि वह आ जायेंगे, भय का मुख्य कारण है। कायर छोकरे, गुंडों की भीड़, लाठी, डंडा, पेट्रोल, चाकू, दियासलाई लिए डिब्बे में घुसती है। वे पूरी बर्थ पर हैं। जब भीड़ सरदार-सरदार ढूँढ़ रही होती है तब उनकी क्या मनःस्थिति होती होगी। शारीरिक दृष्टि से आघात सहने से कहीं अधिक कष्टकर।

भीड़ ने जब उनको मारना शुरू किया। तब भी *इतने लोगों के सामूहिक हमले के सामने खड़ा वह अकेला निहत्था बूढ़ा और बीमार आदमी फटी आवाज़ में आ ऽऽ आऽऽ चिल्ला रहा था।*

'सरदारजी की दाढ़ी छितरी हुई थी और बाल बिखरे हुए थे। ऊपर की बर्थ के कोने में वह गर्दन लटकाये बैठे थे और हाँफ रहे थे। उनके सिर पर जो थोड़े बहुत बाल थे वे गुच्छा-गुच्छा ख़ून में भीगे हुए थे। कपाल ख़ून से तर था। दाढ़ी-मूँछों से ख़ून इस तरह टपक रहा था जैसे अभी ख़ून में नहा कर आये हों। भौंहें ख़ून से सनी हुई थीं और नाक की नोक पर ख़ून की एक बूँद लटक रही थी। बाँहों पर, छाती पर, शरीर के किसी हिस्से पर कोई जगह ऐसी न थी जो लाल न हो और जहाँ मार के निशान न हों।'

एक चित्र में पीला क्राइस्ट—स्वयं प्रकाश ने *सरदार क्राइस्ट* का शब्द-चित्र बनाया है। मेरे प्रिय मित्र नित्यानंद तिवारी कहते हैं कि *कथानक कल्पित नहीं होता।* यह *सरदार क्राइस्ट* देखा हुआ है। यथार्थ है। हमारे देश के हमारे दौर की सामूहिक कायरता, सामूहिक भय और राष्ट्रीय लज्जा या निर्लज्जता का वास्तविक चित्र जो किसी कहानी के पात्र का नहीं, कहानी जिस यथार्थ की छाया होती है उस जीवन का दृश्य है। चित्र नहीं दृश्य।

सरदार क्राइस्ट हमने ठीक कहा। उतना ही शान्त संयत। प्रभु। इन्हें क्षमा करना, ये नहीं जानते कि ये क्या कर रहे हैं की मुद्रा।

'सरदार की आँख में एक भी आँसू न था।...न आँसू, न बदहवासी, न हताशा। मानो बस यह हुआ हो कि उँगली किसी भारी पत्थर के नीचे आ गयी हो।

और अन्ततोगत्वा सरदार जी बोले तो न शरीर पर पड़े आघातों की बात, न कोई शिकायत, न उलाहना, न किसी को गालियाँ, न कराह।'

लोग चाहे जितने क्रूर हों, जानमाल की हिफ़ाजत करने वाले थानेवालों जैसे क्रूर नहीं हो सकते, ऐसा है स्वातन्त्र्योत्तर भारत का भय।

'सरदारजी ने ज़मीन की तरफ़ देखते हुए अपनी करारी आवाज़ में बड़ी मुश्किल से कहा—*जब जैसे पहुँच जाएँगे, पहुँच जाएँगे। बिलासपुर ही तो जाना है। सुबह तो आ ही जायेगा। आप तो मुझे बस चा-चू के पैसे दे दो। बिलासपुर में वापस कर दूँगा फिर जो होगा देखेंगे।'*

यह है सरदार भिखारी—सिर्फ़ चाय के पैसे की भीख—भीख नहीं उधार।

बिलासपुर में वापस कर देगा।

कहते हैं ट्रैजेडी मानवीय-गरिमा की व्यंजना करती है इसलिए उदास होती है। मनुष्य अपने से बड़ी अमानवीय शक्ति से टकराता है, असफल होता है किन्तु पराजित नहीं होता। अपने से बड़ी अमानवीय शक्ति से टकराना, हार जाना किन्तु पराजित न होना यदि यह ट्रैजेडी एवं औदात्य है तो यह कहानी करुण ट्रैजेडी है—यहाँ नायक दैवी शक्तियों से नहीं, कायर और कमीनों, भूखों और असंस्कृत हरामखोरों से पिटता है। लेकिन अपनी जातीय चारित्रिक दृढ़ता नहीं गँवाता। वह भीख नहीं माँगता, उधार लेता है और सिर्फ़ चाय के पैसे। इस घोर शारीरिक-मानसिक यातना के बावजूद वह सरदारी नहीं छोड़ता। सरदार के भीख माँगने में दूसरों के दान से कहीं अधिक स्वाभिमान है।

दलित-कहानियाँ

दलित-चेतना अब दलित-शक्ति बन गयी है। उत्तर प्रदेश में मायावती सरकार बनने के बाद इस बात को प्रमाणित करने की ज़रूरत नहीं। बसपा जीत से ज़्यादा महत्त्वपूर्ण वह राजनीति है जिसके सहारे दलित-चेतना, दलित-साहित्य बन गयी। यह अलग से एक ज़रूरी और ऐतिहासिक दृष्टि से महत्त्वपूर्ण मुद्दा है बहस का। वर्ग और वर्ण की लगभग एकता की बात इतिहासकार और चिंतक मानते हैं। इस तर्क से सवर्ण और दलित की एकजुटता का नारा प्रगतिशील वामपन्थी दलों को देना चाहिए था। जो हो, यह काम मायावती की पार्टी ने किया तो उसे प्रगतिशील ही कहा जायेगा। इतिहास की प्रगतिशील ताक़तें पार्टियों का मुँह नहीं ताका करतीं। और यह बात भी दबी ज़बान से तो कही जा सकती है कि मार्क्सवाद पार्टीवाद नहीं है। पार्टी ठीक नीति पर है तो वह सामाजिक परिवर्तन का साधन बनती है और इस बात की भी कोई गारंटी नहीं कि वामपंथी पार्टियों की हमारे देश में नीतियाँ सदैव ठीक होंगी। खैर! यह लम्बी बहस होगी। बड़ी बात यह है कि दलित-चेतना दलित- शक्ति बन गयी है। वामपंथी दलों ने इसका स्वागत किया है और यह महान ऐतिहासिक परिवर्तन हमारे सामने घटित हो रहा है। इसका प्रभाव दलित-साहित्य पर भी पड़ेगा? पड़ना चाहिए।

हिन्दी में दलित-कहानी का वह प्रारम्भिक दौर ख़त्म हो रहा है जब वह सिर्फ़ आक्रामक भी। यह आक्रामकता ऐतिहासिक अभिव्यक्ति थी देश में दलित साक्षर हो रहे थे, अब वे स्थितियों को समझने लगे थे। उन्हें वर्ण-व्यवस्था की दयनीयता और सवर्णों के क्रूर घृणास्पद व्यवहार का बोध अतः घृणास्पदता का बोध हो रहा था और उसकी अभिव्यक्ति रचनाओं और आलोचना में हो रही थी। यह वाजिब और समझ में आने लायक बात थी। ऐतिहासिक स्थिति का बोध कराने वाली बात थी। लेकिन चेतना के शक्ति में रूपान्तरित होने पर ज़िम्मेदारियाँ भी तो हैं। अब सवर्ण अगर दलित-शक्ति से कुछ आशा रखें तो क्या यह गलत होगा?

दिल्ली में रिलायंस की ऐसी दुकानें खुल रही हैं जिसमें साग-सब्जी बेची जा

रही हैं। इससे सब्ज़ी, फलों की रेहड़ी लगाने वाले बेरोज़गार हो रहे हैं, जो बेरोज़गार हो रहे हैं उनमें सब नहीं तो खासी संख्या दलितों की है। दिल्ली कॉमनवेल्थ खेलों की तैयारी में अपने को सजा रही है, पेरिस बन रही है। नागार्जुन की क्लासिक काव्यपंक्ति—'आओ रानी हम ढोएँगे पालकी' नये सन्दर्भ में बेइख्तियार प्रासंगिक हो रही है। रिक्शे कई क्षेत्रों में बन्द किये जा रहे हैं और वे भी बेरोज़गार हो रहे हैं। उनमें से अधिकांश दलित और मुस्लिम हैं—शायद दलित मुस्लिम हैं। उनका दिल्ली में गुजारा मुश्किल हो रहा है। वे लौटकर अपने-अपने उद्योगविहीन क्षेत्रों में जाएँगे तो और भी भूखों मरेंगे।

रिलायंस की दुकानों पर राँची और इन्दौर में जनता हमले कर रही है। ये हमले दिल्ली में नहीं हो रहे। क्या दिल्ली के लोग अधिक शान्तिप्रिय हैं? नहीं, दिल्ली के लोगों की जेबें ज़्यादा भरी हैं, वे इकट्ठा होकर कम सोचते हैं। जो हो, मुद्दा यह है कि दलित आन्दोलन को इन सबसे सरोकार रखना चाहिए या नहीं? और क्या दलित-साहित्य कोई ऐसा वर्जनशील साहित्यान्दोलन बना रहेगा कि वह नयी समस्याओं को अपनी चेतना-परिधि से बहिष्कृत करता रहेगा? एक पूरी दुनिया दलित-चेतना और शक्ति को नियन्त्रित कर रही है। चेतना के शक्ति में रूपान्तरित होने के व्यावहारिक निहितार्थ हैं।

और इस नयी दुनिया के सरोकारों को स्वीकार करने की प्रवृत्ति दलित लेखक में पहले से मौजूद है। कहानी में इन प्रवृत्तियों के रचनात्मक रूप क्या हैं? विचारधारा का ग़ैर रचनात्मक आग्रह दृष्टि को एकाग्रही बनाकर गति और व्यापकता से वंचित कर देता है। कोई स्थिति पृथक नहीं होती। वह पृथक होकर विकसित भी नहीं हो सकती। हर स्थिति अपने कल्ले और टूसे दसों दिशाओं में फेंकती है। अगर हम एक ही दिशा की ओर देखें तो वह संकीर्णता होगी। यानी वह स्थिति को सम्भावना से रहित कर देना होगा। यह ग़ैर रचनात्मक प्रवृत्ति सदाशयी रचनाकारों के यहाँ अक्सर दिखलाई पड़ती है। प्रगतिशील रचनाकारों में यह प्रवृत्ति कम नहीं। और दलित रचनाकारों के यहाँ भी। प्रगतिशील रचनाकारों के यहाँ वह अक्सर अतिरिक्त आशा और उल्लास के साथ दिखलाई पड़ती थी और दलित रचनाकारों के यहाँ प्रायः घृणा नफ़रत के साथ। इसका रूप रचनात्मक दृष्टि से हानिकर कैसे होता है इसे हम, अवसर आने पर आगे देखेंगे। अभी हम दलित कहानियों में उस सकारात्मक प्रवृत्ति पर विचार करेंगे जो सक्षम रचनाकारों के यहाँ दिखलाई पड़ती है।

सामाजिक और रचनात्मक दोनों ज़िम्मेदारियाँ आन्तरिक उपज होती हैं। रिलायंस द्वारा सब्जी की दुकानें खोलने के मुद्दे से ही यह सूत्र समझा जा सकता है। रिलायंस की दुकानें अपने आप में कोई सामाजिक समस्या नहीं हैं। वे खुद समस्या नहीं हैं, लेकिन समस्या पैदा करती हैं। इन दुकानों की वजह से दिल्ली में बिहारी और पुरबिया रेहड़ी वाले बेरोज़गार हो रहे हैं। रेहड़ीवालों का बेरोज़गार होना समाज की

आन्तरिक समस्या है। ओमप्रकाश वाल्मीकि की कहानी 'सलाम' में, सलाम एक समस्या बना गयी है। पहले 'सलाम' समस्या नहीं थी। खुद कहानी के नायक हरीश को लड़की का पिता समझाता है, दामाद हो या नयी नवेली दुल्हन 'सलाम' के लिए घर-घर जाने का रिवाज है, जो हमने नहीं पुरखों ने बनाया था जिसे इस तरह छोड़ देना ठीक नहीं है। गाँव में जाना है, दस जगहें हैं। जुम्मन ने ज़ोर देकर कहा—यहाँ का रिवाज हरीश को कैसा लगता है। लेखक के शब्दों में—'हरीश ने जब-जब भी किसी दूल्हे या दुल्हन को इस तरह दरवाज़े-दरवाज़े घूमते देखा, उसे लगता था जैसे स्वाभिमान को चिन्दी-चिन्दी करके बिखेरा जा रहा था। बड़े मज़े के साथ घूमता दूल्हा निरीह जीव दिखलाई पड़ता था।' हरीश दलित होते हुए भी उपेक्षित था। उसमें दलित-चेतना थी। वह दूसरों की तरह अछूत और हरिजन नहीं था। इतिहास ने उसे वहाँ लाकर खड़ा कर दिया है, जहाँ वह 'सलाम' जैसे रीति-रिवाज से आहत और असहिष्णु होने की क्षमता रख सकता है। वह भारतीय समाज का एक ऐसा पात्र है जो एक कहानी के पात्र से अधिक भारतीय समाज की द्रुत गति से रूपान्तरित होती हुई प्रक्रिया-गाथा का ऐतिहासिक पात्र है। उसकी दुल्हन का जो वर्णन किया गया है, उसको देखें तो दलितों की सामाजिक परिवर्तन की प्रक्रिया आप देख सकते हैं।

हरीश के ससुर जुम्मन ऋषिकेश में सरकारी कर्मचारी थे। परिवार गाँव में रहता था। पारम्परिक जीवन था। गाँव के कई परिवारों में साफ़-सफ़ाई का काम हरीश की सास करती थी। जुम्मन की बड़ी लड़की बाप के साथ ऋषिकेश में ही रहती थी। सरकारी मकान थे। आस-पड़ोस की देखा-देखी जुम्मन ने उसे भी स्कूल भेज दिया। देखते-देखते उसने हाई स्कूल की परीक्षी पास कर ली थी। साथ ही उसमें सुघड़ता भी आ गयी थी। अच्छा परिवेश पाकर उसमें बदलाव आ गया था। गाँव भर की लड़कियों से अलग दिखायी पड़ती थी। वैसे इस गाँव की वह पहली लड़की थी जिसने हाई स्कूल पास किया था।

समस्याओं का स्वरूप भी द्वन्द्वात्मक होता है। वे भी विधेयात्मक और निषेधात्मक होती हैं। 'सलाम' की समस्या ऐतिहासिक विकास से सामने आयी है। वह आन्तरिक है, उसका सम्बन्ध समाज (और इस कहानी के भी) के आन्तरिक गठन से है। चेतना का काम हर हालत में क्षुब्ध होना और क्षुब्ध करना नहीं हो सकता। चेतना का लक्षण है कि वह रीति से ग्रस्त नहीं होती। ओमप्रकाश वाल्मिकि की इस कहानी में दलित-समस्या का समाधान गाली-गलौज़, मार-पीट, पुलिस थाने के अमानवीय दृश्य से नहीं होता। बल्लू राघड़ लड़की के पिता जुम्मन को डाँटता है, 'तभी तो कहूँ—जातकों, (बच्चों) कू स्कूल न भेजा करो। स्कूल जाके कौण-सा इन्हें बालिस्टर बनना है। ऊपर से इनके दिमाग चढ़ जांगे। यो न घर के रहेंगे न घाट के। गाँव की नाक तो तूने पहले ही कटवा दी जो लौंडिया कू दसवीं पास करवा दी। क्या ज़रूरत थी लड़की कू पढ़ाने की। गाँव की हवा बिगाड़ रहा है तू। इ तेरा जँवाई

'सलाम' पे जाने से मना कर रहा है। ...उसे समझा दे.... 'सलाम' के लिए जल्दी जावे.... बल्लू ने फैसला सुनाया।'

इसके उत्तर में लड़की का पिता जुम्मन गिड़गिड़ाकर रिरियाहट भरे शब्दों में कहता है, 'चौधरी जी मेरी लाज रख लो, मैं तो थारा गुलाम हूँ। मेरा तो जीना मरना सब कुछ थारी ही गेल है। जो कहोगे, करूँगा। बस घर की बेटी कू विदा हो जाणे दो। मैं थारे पाँव में नाक रगड़ूँ।' यह संवाद सवर्ण समाज की क्रूरता और असहिष्णुता का द्योतक है और दलितों की चिर अभ्यस्त मानसिक गुलामी का। इस संवाद में आधुनिकता-बोध कहाँ है? वह है और कहानी की पात्र-योजना में है। मत भूलिये कि ये पात्र पुरानी पीढ़ी के हैं। ये वर्ण-विभक्त सामाजिक संरचना के प्रवक्ता पात्र हैं जो सिर्फ़ बोल सकते हैं। कहानी की घटना-सरणि पर अपना प्रभाव नहीं डाल सकते। उनकी इस अशक्त वाग्मिता में दलित-चेतना झाँक रही है। यह संवाद घटना-सरणि को रोकने में इतना असमर्थ है कि कहानी नायक हरीश इसकी सूचना भी नहीं देता। बल्लू के जाते ही कमल ने हरीश से पूछा, 'कौन था ये? इस तरह डरा-धमका क्यों रहा था?' यह सच है कि टीके की रस्म जल्दी-जल्दी निपटा ली गयी। रांघड़ों के रोला करने की आशंका बनी हुई थी, लेकिन उस आशंका को कहानी के घटना-जगत में निपटाया जा सकता है। इस दृष्टि से कहानी में सलाम की समस्या का यह समाधान दलित-चेतना के शक्ति बनने और न बनने के द्वन्द्वात्मक मिलन-बिन्दु पर स्थित है। यह संकट भी स्वागत-योग्य है और दलित-चेतना के विकास और उत्कर्ष का व्यंजक है। निःसन्देह दलित का विकास नये और अभूतपूर्व जोखिमों को भी निमन्त्रित करता है इसीलिए हम देखते हैं कि एक ओर दलित-चेतना दलित शक्ति बन गयी है और दूसरी ओर दलितों पर नये-नये अत्याचार होते जा रहे हैं। कहानी में बल्लू के जाने पर भी, 'सभी भय से सहम गये थे।' दलितों का भय से सहमना भी वास्तविक है, शक्तिकरण के साथ-साथ।

ओमप्रकाश वाल्मीकि में स्थितियों को अपने अन्तर में तपाकर-पिघलाकर पुनः रूपान्तरित करने की क्षमता है। यह सर्जनात्मक क्षमता सादृश्य-विधान में प्रकट होती है—कविता, निबन्ध, आलोचना, कथा-साहित्य सब में—और यह सर्जनात्मक क्षमता का सर्वाधिक विश्वसनीय लक्षण और प्रमाण है, क्योंकि यह रचनाकार की सृष्टि होती है स्थिति के समानान्तर। इस क्षमता के लिए सूक्ष्म विवरणों का पर्यवेक्षण बहुत ज़रूरी है। जिसे 'डिटेल्स' कहते हैं वह रचना की प्राण-शिराएँ हैं। 'डिटेल्स' अंकन में ढाँचे का आन्तरिक अनुपात निर्मित-व्यंजित होता है। डिटेल्स की भूमिका देखनी हो तो वानगॉग की कालजयी पेंटिंग 'आलू खाने वाले', पोटैटोईटर्स और सत्यजीत राय की 'पाथेर पांचाली' देखिए। ग़ालिब (पत्र-साहित्य), निराला, प्रेमचन्द, परसाई और रेणु में डिटेल्स की महिमा देखिए। विष्णु खरे की कम-से-कम एक कविता—टाइपिंग का टेस्ट देने वाली कविता में डिटेल्स मार्मिकता पैदा करते हैं। ओमप्रकाश वाल्मीकि को

डिटेल्स की क्षमता अर्जित करनी है। वह इस कहानी में दिखलाई पड़ती है। अन्य अधिकांश दलित साहित्यकार (हिन्दी के) संवेदना की सच्चाई पर ज़्यादा भरोसा करते हुए आतुरता के शिकार होते हैं, वे जल्दी में दौड़ते हैं। रचना गति और यति के मेल से होती है। दलित-चेतना के अद्वितीय प्रेरक कबीरदास इसी को नाद और बिन्दु का मेल कहते हैं। सादृश्य-विधान डिटेल्स-पर्यवेक्षण की भूमि पर उभरता है। डिटेल्स में विवरण का घनीभूत रूप सादृश्य विधान है, इसमें धैर्य दरकार है—सर्जक और सामाजिक दोनों के लिए—

'खड़ंजे पर फिसलन थी। नालियों में बहते पानी से बचते-बचते वह गली के मुहाने पर एक खुली और रेतीली जगह पर आ गया। सामने ही सड़क के पार एक छप्परनुमा दुकान थी, जिसमें एक किनारे पर भट्ठी बनी थी। भट्ठी के साथ ही एक चबूतरा भी था जिस पर खोके में पान-बीड़ी, ज़र्दा, तम्बाकू की थैलियाँ रखी थीं। साथ ही दो-तीन बदरंग से डिब्बे रखे थे। भट्ठी में सुलगते कोयलों से गहरा काला धुआँ निकल रहा था जिसका कसैलापन उसने अपने फेफड़ों में महसूस किया। दीवार पर किसी सिने तारिका का अर्द्धनग्न कैलेंडर टँगा था, जो धूल और धुएँ के हमलों से मटमैला हो गया था।

भट्ठी के पास ही एल्यूमिनियम की एक बड़ी-सी केतली रखी थी, जिसका रंग स्याह काला पड़ गया था। कुछ काँच के मटमैले गिलास, कप, प्लेटें और शीशे के एक जार में कुछ बिस्कुट पड़े थे। भगौना बाहर से काला और भीतर से भूरा, मटमैला दिखाई पड़ रहा था। आसपास मक्खियों के झुंड भिनभिना रहे थे।

चबूतरे पर ही एक जर्जर-सा बूढ़ा आदमी मैले चीकट कपड़ों में उकड़ँ बैठा बीड़ी पी रहा था। उसके हाथों-पैरों की नसें उभरी हुई थीं, जैसे किसी ने शरीर का माँस उतारकर त्वचा हड्डियों से चिपका दी हो।' (सलाम)।

उत्तर-आधुनिकता के अनेक विमर्शों में दलित विमर्श भी है, लेकिन उत्तर-आधुनिकता अनिवार्य को बिखेरना है, बिखेरने को पुनः एकजुट करना नहीं। यानी सभी विमर्श अपने-अपने रास्त चलें, मिलकर कोई रास्ता न ढूँढ़ें। मिलकर रास्ता ढूँढ़ेंगे तो ताक़त बढ़ेगी, समझौता करना पड़ेगा। इसीलिए उत्तर-आधुनिकता कुल मिलाकर यथास्थिति कायम रखती है, यथास्थिति से तीव्र क्षोभ 'उत्पन्न करे तो उसे तोड़ने का रास्ता ढूँढ़ने के लिए कृतसंकल्प हो। उसके अन्तर में कुछ भी न बदल पाने या बदलाव की व्यर्थता का पराजय-बोध है। इस पराजय-बोध और यथास्थिति की समानता को अवकाश भोगी बुद्धिजीवी स्वीकार करता है और उसे साहित्य में महिमामंडित भी करता है। वह जन-उल्लास में अपने उल्लास को मिला नहीं सकता। दलित-साहित्य इस विषय में अलग है। भारत के सामाजिक परिवर्तन ने दलित-चेतना को दलित-शक्ति में विकसित किया है। साहित्य में दलित-उल्लास एक ऐतिहासिक स्वप्न के यथार्थ होने का उल्लास है। दलित-साहित्य में हमें एक

ऐसा स्वप्नलोक दिखलाई पड़ता है जो स्वाधीनता आन्दोलन में रचित साहित्य में दिखलाई पड़ता है। सच बात तो यह है कि स्वाधीनता-संग्राम में रचित साहित्य का एक आयाम दलित-उत्कर्ष का स्वप्न भी था। यह अब स्वप्निल नहीं, यथार्थ है और भविष्य की आशा में स्वप्निल भी है। दलित-साहित्य अपनी आशा और यथार्थ-स्वप्निलता में आज के आत्मग्रस्त, समाज-परांङमुख कुलीनतावादी और उसी आधुनिकता-ग्रस्त साहित्य से अलग, विपरीत एवं जीवनोन्मुख है। दम घुटती स्थिति को छोड़कर हौसला देने वाला यह भारत के वर्णविहीन भविष्य का उल्लास बिम्ब—

'शादी की सारी चहल-पहल पल भर में सन्नाटे में सिमटकर बदल गयी थी। इस सन्नाटे का शोर कमल उपाध्याय को बेचैन कर रहा था, उसका दम घुट रहा था। उसने हरीश की ओर देखा। हरीश की आँखों में आत्मविश्वास और स्वाभिमान के उगते सूरज की चमक दिखाई पड़ रही थी। दोनों ने एक-दूसरे का हाथ गर्मजोशी से दबाया। आँखों ही आँखों में एक-दूसरे को आश्वस्त किया। नीम के पेड़ पर हरी नर्म पत्तियाँ हिल रहीं थीं, मानो हौसला दे रही थीं।'

कमल उपाध्याय और हरीश दलित ने गर्मजोशी से एक-दूसरे से हाथ मिलाया तो आँखों में आत्मविश्वास और उगते हुए सूरज की चमक दिखलाई पड़ी। आश्वस्त करता हुआ भविष्य नीम की हरी कोपलों में गतिमय हो गया। यह कहानी उत्तर प्रदेश के 2007 के चुनाव से पहले लिखी गयी है। क्या आज भी साहित्य राजनीति को मशाल दिखा सकता है? प्रेमचन्द का साहित्य ही नहीं उनका चिन्तन भी कालजयी है। और उसे दलित-साहित्य सिद्ध कर रहा है। उत्तर-आधुनिकतावादी मित्र और राजेन्द्र यादव कृपया ध्यान दें।

साहित्य का जनतन्त्र राजनीतिक जनतन्त्र से भिन्न होता है। साहित्य के जनतन्त्र में सत्ता पक्ष और विपक्ष का विभाजन नहीं होता। मैं साहित्य में अमानवीय या महाजनी सत्ता की नहीं, साहित्यिकसत्ता की बात कर रहा हूँ। पक्ष में ही विपक्ष देख लिया जाता है। जो विश्लेषण निर्ममता विरोधी पक्ष के लिए होती है वही अपने पक्ष के लिए भी। वर्णाश्रम व्यवस्था या ब्राह्मणवाद सिर्फ़ सवर्णों में नहीं—वह वर्णाश्रम व्यवस्था से पीड़ित दलित समुदायों में भी है। वर्णाश्रम व्यवस्था के विरोधी दलित-चेतना का उत्तरदायित्व है कि वह इसकी भी खोज करके इसका विरोध करे। यह काम आसान नहीं, जितना ही मुश्किल यह काम है उतना ही ज़रूरी है। इसकी अनदेखी का मतलब है दलित-चेतना के पेट में ही दलित-विरोधी चेतना का पालन-पोषण। इसका दुर्भाग्यपूर्ण स्वर दिखलाई भी पड़ने लगा है। दलित-साहित्यकारों के बीच भी व्यापक दलित समाज के उपसमुदायों के गुट बन जाने की आशंका होने लगी है। ऐसी स्थिति में ओमप्रकाश वाल्मीकि की इस कहानी का अन्तिम अंश हिन्दी कहानी की सामाजिक चेतना का दुर्लभ ऐतिहासिक दस्तावेज़ है। दलित समाज का उत्कर्ष एक ओर उगते सूरज की तरह हौसला देता है' नीम की कोमल हरी पत्तियों के

व्यंजक बिम्ब से नये युग के आगमन की सूचना देता है, वहीं भावी पीढ़ी का ही एक दस-बारह वर्ष का दलित बालक मुसलमान के हाथ का बना मीट नहीं खाता। अछूत से बना दलित अछूत प्रथा का मानो पुनरुत्थान कर रहा है। वस्तुतः वह पुनरुत्थान नहीं कर रहा है। वह गतकालिक व्यवस्था का अवशेष है। पुरानेपन और नयेपन का निर्णय अन्ततः उम्र के आधार पर बनी पीढ़ियों से नहीं होता।

कहानी आगाह करती है कि दलित-चेतना की लड़ाई अन्दर और बाहर दोनों तरफ़ है। पक्ष और विपक्ष दोनों में नयी चेतना का काम नये संस्कार बनाने का है। नया सौन्दर्यबोध और नया आस्वाद निर्मित करने का है।

सूरजपाल चौहान की कहानी 'अहल्या' दलित समाज की नयी पीढ़ी के कशमकश या आत्मसंघर्ष की कहानी है जिसे 'सलाम' के साथ रखकर देखा जा सकता है। दलित-उत्कर्ष ने दलित समाज के सामने नयी समस्याएँ, चुनौतियाँ रख दी हैं। ये समस्याएँ विकासशील, नये युग में प्रवेश करते हुए दलित समाज की स्वागत-योग्य विधेयात्मक स्थितियों की उपज हैं। वे दलित समाज की प्रगति का लक्षण और प्रमाण हैं। एक कदम आगे बढ़ने से कुछ ज़मीन छूट जाती है और कुछ मिट्टी और धूल तो खिसक जाती ही है। सूरजपाल चौहान ने इस द्वन्द्व का ज़मीनी और आँखों देखा चित्र खींचा है। चौहान की इस कहानी की विशेषता यह है कि यह कहानी की रूप-विधा में लिखी गयी रचना रिपोर्ताज का प्रभाव छोड़ती है। इस रिपोर्ताज प्रभाव को मैं इस कहानी की बहुत बड़ी शक्ति मानता हूँ। रिपोर्ताज जैसा प्रभाव पैदा करने की शक्ति हिन्दी में शायद सिर्फ़ परसाई की कहानियों में है या निराला की 'देवी' जैसी कहानी में।

'अहल्या' कहानी की घटना भी नयी उभरती पीढ़ी दलित लड़की और उसकी सास की मानसिकताओं के द्वन्द्व पर आधारित है। बहू पढ़ी है। वह मैला कमाने नहीं जाना चाहती। सास उसे उस काम में ढकेल कर लगाती है। नयी शिक्षिता बहू को मैला और जूठन से उबकाई आती है, सास को वह पारम्परिक और आमदनी का ज़रिया लगता है। नयी बहू के लिए मैला कमाने, जूठन खाने वाली परम्परा असह्य है, सास को स्वीकार। यह कहानी दलित और सवर्ण के द्वन्द्व की नहीं दलित और दलित के ऐतिहासिक द्वन्द्व यानी उस द्वन्द्व की है जिसे इतिहास ने घटित किया है। अधिकांश दलित लेखक अपना जौहर सवर्ण समाज के प्रति घृणा का चित्रण करने में ही दिखाते हैं। इनसे अलग सूरजपाल चौहान ने ऐसी एकाध कहानियाँ और लिखी हैं।

सूरजपाल चौहान दलित-उत्कर्ष से उपजी एक और समस्या का चित्र खींचते हैं। अगर आप दलित-समस्या का अध्ययन किताबों को पढ़कर ही करते हैं तो उधर ध्यान नहीं जायेगा। मैला कमाना ग़लत काम है, लेकिन बेरोज़गारी से अच्छा है। दलित भी सामान्यतः सफ़ाई का काम नहीं छोड़ना चाहते, बल्कि उसे पाने की कोशिश करते हैं। अन्ततः वर्ण जाकर अपनी समस्या का समाधान वर्ग में ढूँढ़ता है—बेरोज़गारी की

समस्या में। यही हाल बाल श्रमिकों का है। बाल श्रमिक अमानवीय प्रथा है। प्रथा नहीं ज़रूरत है, लेकिन बाल श्रमिक अपने परिवार की आर्थिक सहायता करते हैं। केवल योजना बनाने वाले समस्याओं के मूल में जा ही नहीं सकते। इसलिए सूरजपाल की इस कहानी में उभारा गया द्वन्द्व केवल मानसिक, काल्पनिक या भावनात्मक नहीं, वह वास्तविक है। कहानी के अन्त में नयी शिक्षिता बहू मैला कमाने जाती है, उसकी पोशाक पर विष्ठा का छींटा पड़ता है। उसे उबकाई आती है। मैला है और उस मैले की छींट यानी अहसास उस लड़की को है। यह अहसास-बोध ही कहानी की उपलब्धि है। बहुत पहले शेखर जोशी ने एक कहानी लिखी थी—'बदबू'। उस बदबू का अहसास ही हमारी ऐतिहासिक-सामाजिक चेतना का प्रमाण है। समय बदलता है, चरित्र बदलते हैं लेकिन विसंगतियों की प्रवृत्ति जल्दी नहीं समाप्त होती। बड़ी रचनाएँ इसी अर्थ में कालजयी होती हैं।

दलित-साहित्य हिन्दी साहित्य का विशिष्ट, इस समय सबसे महत्त्वपूर्ण घटक है। दलित जीवन पर सवर्ण लेखक भी लिखते आये हैं, दलित लेखकों से शायद पहले से (यह बात विवादास्पद हो सकती है और इसकी सफ़ाई की जा सकती है)। दलित जीवन विविधतापूर्ण और बहुआयामी है, उसके अन्तर्विरोध हैं। इस समय दलित-साहित्य में सवर्ण-शोषण का जो रूप सबसे ज़्यादा दिखलाई पड़ता है, उसका कारण प्रबुद्ध दलित-चेतना से लैस लेखकों का उस दीर्घकालीन चोट और अपमान को ना भूल पाना है। दलित लेखकों को इसे भूलने की जल्दी न हो यह तो समझ में आने वाली बात है, लेकिन दलित-जीवन के जो अन्य पहलू हैं, उन पर भी उनका ध्यान देना ज़रूरी है। कुछ दिन पहले हिन्दी के यशस्वी कहानीकार हृदयेश ने एक कहानी 'मनु' लिखी थी। उसमें सत्यनारायण कथा बाँचने से पैसा न मिलने की परेशानी और वर्णाश्रम व्यवस्था से चिपके रहने वाले एक ब्राह्मणवादी ब्राह्मण पात्र की व्यथा अंकित की गयी थी। कहानी का अन्त मुझे नहीं जँचा था लेकिन कहानी मुझे बहुत अच्छी लगी थी। आज सोचता हूँ तो मुझे वह कहानी दलित कहानी ही लगती है— पारम्परिक रूढ़ अर्थ में नहीं, गतिशील अर्थ में। साहित्य का जनतन्त्र राजनीतिक जनतन्त्र से भिन्न होता है, वह अल्पसंख्यक के विचारों को हराता है, उसका अपमान नहीं करता। साहित्य का जनतन्त्र हर प्रकार की, हर व्यक्ति की पीड़ा की चिन्ता करता है। ब्राह्मण आज भी यदि ब्राह्मणवादी व्यवस्था से चिपका रहकर मुसीबत में पड़े तो वह हास्यास्पद होगा। उसकी पीड़ा प्रगतिशील नहीं होगी, लेकिन साहित्य उसकी पीड़ा का चित्रण करेगा। उसकी हास्यास्पद व्यथा को भी ऐतिहासिक बनाकर उससे पाठक के मन में संवेदना पैदा करेगा। ट्रैजिक और पैथेटिक में यही अन्तर होता है। होरी की यातना ट्रैजिक है, पं. सत्यनारायण की पैथेटिक।

पुराना घर

इधर तीन ऐसी कहानियाँ पढ़ीं जो पुराने मकान को लेकर लिखी गयी हैं। बिल्कुल हाल में शेखर जोशी की 'पुराना घर', थोड़ा पहले अवधेश प्रीत की 'अली मंज़िल' और काफ़ी पहले अखिलेश की कहानी 'जलडमरूमध्य' जिसमें एक क़दीमी मकान तोड़ा, लूटा जाता है। 'जलमडरूमध्य' लम्बी कहानी है। इसकी चर्चा भी काफ़ी हो चुकी है। 'जलमडरूमध्य' मुझे भी बहुत चर्चनीय कहानी लगती है। अखिलेश से मैं कई बार उसकी अच्छाइयों और गड़बड़ियों के बारे में बात कर चुका हूँ।

पुराने मकान को लेकर समकालीन रचनाकारों ने कैसी कहानियाँ लिखी हैं, इस पर विचार करना दिलचस्प होना चाहिए। प्रेमचन्द ने कहानी लिखी 'घासवाली' और विद्यासागर नौटियाल की कहानी है 'घास'। एक बार मिलाकर देखा तो भूगोल और इतिहास के भिन्न प्राणियों की कहानी में पात्रों की समानता भी नज़र आयी।

तीनों कहानियों में पुराने मकान को लेकर बेहद ललक और लगाव है। मकान उस बीते हुए के स्मारक हैं जिसे हम अब पा नहीं सकते। जो उसमें कभी रहे थे, उनके मन में स्मृति-दंश है। मकान है, मकान वाले नहीं हैं, और स्मृति का प्रतीक मकान भी बदल रहा है, टूट रहा है या तोड़ा-लूटा जा रहा है। अवधेश प्रीत और अखिलेश की कहानी में इसका दंश बहुत तीव्र है। इन पंक्तियों को लिखते समय मेरे सामने 'जलडमरूमध्य' का पाठ नहीं है। मिलेगा तो उस पर कभी अलग से लिखूँगा। मेरी शिकायत यह है कि उत्कृष्ट समकालीन स्थिति और विचार-बीज को अखिलेश ने शिल्प के लवाजमात से पाटकर गड़बड़ा दिया है। फिर भी वह पुराना मकान—अपनी दीर्घकालिकता और विस्तार में हमारी जातीय संस्कृति का प्रतीक तो बनता ही है जिसे हमारी आँखों के सामने अपसंस्कृति क्षत-विक्षत कर रही है। उस मकान को तोड़ने का दृश्य—बाबरी मस्ज़िद पर हथौड़ा चलने के दृश्य का प्रतीक बन जाता है और क़ैफी आज़मी की इस पंक्ति का भी—

घर न जलता तो इन्हें रात में पहचानता कौन?

शेखर जोशी की कहानी का नाम 'पुराना घर' है। मकान नहीं घर। 'घ' ऐसी

ध्वनि है जो उर्दू ग़जल के बहुत अनुकूल नहीं, फिर भी ग़ालिब ने अपना मकान नहीं घर कहा तो मकान और घर में कोई फ़र्क तो है ही—

घर हमारा न रोते तो भी वीरां होता

या

आज ही घर में बोरिया न हुआ

'पुराना घर' के डॉक्टर साहब दिल्ली में रहते हैं। नया मकान है। बचपन कहानी के शहर में बीता था। कुछ दिनों के लिए बचपन के शहर में आये हैं। बचपन को देखने की लालसा है। लालसा तीव्र है, पत्नी को पुराने घर को देखने में कोई दिलचस्पी नहीं। हाँ, बड़ी बहन (दीदी) को है। पुराने दिनों में—ख़ास तौर पर बचपन में लौटने की इच्छा। स्मृति की लीला। स्मृति ऐसा दर्पण है कि दिखलाई साफ़ पड़ता है लेकिन वह पकड़ में नहीं आता। दर्पण में और अतीत में जाकर वास्तविकता कितना बिखर जाती है, निमन्त्रण देती हुई किन्तु आप देखते और दंश झेलते रहिए। तो उसी बचपन की स्मृति से प्रेरित और आतुर डॉ. साहब उनकी दीदी और पत्नी शहर के मुहल्ले में अपना पुराना घर ढूँढ़ने पहुँचते हैं।

पुराना कैसे बदल जाता है? पुराना रहता तो पुराना ही है, किन्तु उसका परिवेश बदल जाता है। गोया भूगोल का इतिहास बदल जाता है और फिर पुराने को देखकर भी पुराने की याद आती है। निरन्तर परिवर्तमान् उसे छेड़ता रहता है।

अपना पुराना घर ढूँढ़ने वाले डॉक्टर को 'ज़्यादा नहीं भटकना पड़ा। वे लोग अपने लक्ष्य से अधिक दूरी पर नहीं थे, लेकिन इस वर्षों में उस स्थान का भूगोल बहुत कुछ बदल गया था। व्यास मास्साब के मकान के बाहर जो खुला मैदान था उसमें कई नयी इमारतें उठ खड़ी हुईं थीं और वह मकान उनकी ओट में चला गया था। वहाँ अब खुला मैदान न रह जाने के कारण गाड़ी को विपरीत दिशा की ओर मोड़ने की समस्या डॉक्टर के लिए प्रमुख हो गयी थी।'

किसी रूपाकार का प्रभाव हमारे मन में जिस बिम्ब के माध्यम से पड़ा है, उसमें थोड़ा भी परिवर्तन हो, प्रभाव वही नहीं रह जाता, वह खंडित हो जाता है। अवधेश प्रीत की कहानी 'अली मंज़िल' में परिवर्तन कराने से सलीम मियाँ की उदासी अकथनीय हो जाती है। ख़ैर, वह भौगोलिक बदलाव इतिहास या काल की उपस्थिति को दर्ज करता है।

डॉक्टर को अपना पुराना घर मिल जाता है। नये गृहपति निहायत शरीफ़ हैं। डॉ. व्यास मास्साब के पुत्र थे और नये गृहपति व्यास मास्साब के शिष्य। दोनों परिवारों में अपनापा—भाईचारा हो गया। दोनों अतीत की टीस के साथ-साथ मन में नये अपनापे के जुड़ने से पैदा होने वाला हुलास भी लेकर विदा हुए। दिल्ली पहुँचते-पहुँचते शाम हो गयी।

यह टीस और हुलास सच है। यह भद्र लोक का सच है। यह ऐसा दुख है जो

अवसाद है, विषाद है। 'पुराना घर' का एक और आयाम है कहानी में जो भद्रलोक का अवसाद-विषाद नहीं। जो निम्नवर्ग का दुख है। दुख कम है, यथार्थ और रोज़मर्रा ज़्यादा है। निम्न वर्ग और उनके बाल-बच्चों को जो अपमान और कष्ट निरन्तर भोगना पड़ता है वह उनकी दिनचर्या है। शेखर जोशी ने दोनों को आमने-सामने रखकर उनकी स्थिति को रेखांकित किया है।

डॉक्टर सपरिवार शाम को दिल्ली पहुँचे तो बंगले में माली मौजूद नहीं था। वह थोड़ी देर बाद आया। यह पूरे परिवार का मूड खराब करने के लिए काफ़ी था। ऊपर से अचानक डॉक्टर की नज़र कोर्ट के परिसर में खड़े एक घने नीम के नीचे पहुँची और उसने कड़ककर आवाज़ दी—'कौन हो तुम लोग? वे लोग फट-पुराने कपड़े पहने, रूखे बालों वाले सहमे हुए चार बच्चे थे। एक तीन-चार वर्ष आयु का और शेष तीनों पाँच से सात वर्ष की आयु के रहे होंगे। सबसे बड़ी लड़की थी। शेष तीनों लड़के। सबसे छोटे बच्चे को छोड़कर अन्य तीनों के चेहरे पर डर की छाया स्पष्ट दिखाई दे रही थी।'

रघुवीर सहाय ने लिखा था—'प्रिय पाठको! ये प्रतीक नहीं मेरे बच्चे हैं।' ये रघुवीर सहाय, और हमारे आपके नहीं, निम्नवर्गीय मेहनतकश माँ-बाप के बच्चे हैं। ऐसे बच्चों की संख्या पाठकों, रचनाकारों और आलोचकों के बच्चों से कही ज़्यादा है। फटे-पुराने कपड़े पहने, रूखे बालों वाले तीन वर्ष से लेकर सात वर्ष की आयु के चार बच्चे। सबसे बड़ी बच्ची—उनकी अभिभाविका जैसे—और आखिरी लेकिन सबसे ख़ास बात—'सहमे हुई', कहानी में घटित होता हुआ हमारे महादेश का सर्वाधिक दृष्टिगोचर जीवन-बिम्ब। (यह अलग बात है कि ऐसे जीवन-बिम्ब पर अधिकतर कहानीकारों की नज़र कम पड़ती है।)

शेखर जोशी ने लिखा है सबसे छोटे बच्चे को छोड़कर अन्य तीनों के चेहरे पर डर की छाया स्पष्ट दिखाई दे रही थी। सबसे छोटा तीन-चार वर्ष का था जो सिर्फ़ रोना या मस्त होना जानता होगा—निराला ने लिख बताया है—'रोग-शोक में भी हँसता है शैशव सुकुमार।' वह अभी डरने-सहमने की उम्र में नहीं पहुँचा था। उसका न सहमना उसके भाई-बहनों के सहमने को और तीव्र बना रहा है—पाठक के भाव-बोध में।

बच्चों को पात्र बनाकर कहानी लिखना प्रेमचन्द को आता था। उनके बाल-पात्रों पर बहुत कम काम हुआ है। इस दृष्टि से प्रेमचन्द के बाद मुझे शेखर जोशी का नाम याद आता है। लेकिन शेखर जोशी का कहानी-शिल्प प्रेमचन्द के बहुत समान होते हुए भी पर्याप्त अलग है। शेखर स्थितियों और घटनाओं के बीच स्पेस बहुत छोड़ते हैं। इतना कि आप ध्यान न दें तो कथानक सपाट लगने लगता है। वे रेटरिक से बहुत परहेज करते हैं। वे कहानी में कला-प्रयोग की अपेक्षा अभिधा में जीवन की जटिलता को समाने का प्रयास करते हैं। अपनी बात स्पष्ट करने के लिए मैं उनकी

कहानी 'हलवाहा' से एक प्रसंग उद्धृत करना चाहूँगा।

जीवानन्द की ज़मीन बिकने जा रही है। सामने दो रास्ते हैं, ज़मीन बेच दो या खुद हलवाहा बन जाओ। ब्राह्मण-संस्कार हलवाहा बनने से रोकता है। द्वन्द्व यातनामय है। जीवानन्द गाय की सेवा करते थे, खैरा बैल की नहीं। लेकिन ऐसे में वे खैरा के पास गये, उसकी पीठ थपथपाई। मालिक का दुलार पाकर खैरा जुगाली करता हुआ मालिक को टुकुर-टुकुर ताकने लगा। बैल का दुलार पाकर मालिक की ओर टुकुर-टुकुर ताकना—भाव की अथाह गहराई का बिम्ब है। जो बोल नहीं सकते, या जिनको बोलने की हिम्मत नहीं है, उनकी बात को व्यंजित कर पाना सच्चे रचनाकारों के ही बस की बात है। प्रेमचन्द ऐसे पात्रों से भरपूर संवाद करते हैं, वे प्रायः प्रतीक भी होते हैं। रेणु के यहाँ बैलों की देह-भाषा नहीं दिखलाई पड़ती। मानुष-पात्र उनके बारे में बताते हैं। शेखर रूप भर का वर्णन करते हैं। स्थितियों का ताना-बाना बहुत कुछ संप्रेषित कर देता है। जीवानन्द ने बैल को थपथपाया, बैल टुकुर-टुकुर ताकने लगा। फिर इसके बाद द्वन्द्व या मानसिक कशमकश का कोई विवरण-वर्णन नहीं। यह मौन संकल्प का है। हमें व्यक्ति के चरित्र का वास्तविक पता उसके क्रिया-कलाप से चलता है। शेखर के पात्र अपना चरित्र संवाद, वार्तालाप से नहीं अपने कर्म से उद्घाटित करते हैं। शिल्प भी हम आखिरकार जीवन से ही ग्रहण करते हैं।

जीवानन्द सिर झुकाकर घर के अन्दर घुस गया और हाथ-पैर धोकर सन्ध्या करने लगा और दूसरे दिन सुबह ज़मीन बिकवाने को आतुर बद्री प्रधान ने देखा—जिबुआ (जीवानन्द) स्वयं हल चला रहा था। फाल की टेढ़ी-मेढ़ी लकीरें उसके नौसिखिएपन की गवाही दे रही थीं।

'नौसिखिएपन की गवाही' जीवानन्द के द्वन्द्व और संकल्प की गवाही में जुड़ जाती है।

जैसे वाचन में या अच्छी कविता पढ़ने में आप उपयुक्त स्थल पर बलाघात या स्वर में लोच न पहचानें तो भाव पकड़ में नहीं आयेगा वैसे ही आप कहानी में उपयुक्त स्थल (बाँस के पोर की तरह) को नज़रअन्दाज़ कर गये तो कहानी का आस्वाद नहीं पाएँगे। राजेन्द्र यादव ने लिखा है कि कहानीकार शेखर जोशी को ओवर एस्टीमेट किया गया है!

सो सहमे हुए बच्चों के इस प्रवेश के साथ कहानी द्वन्द्व की निर्मिति शुरू कर देती है।

रौबदार मूँछों वाला ड्राइवर तहकीकात करता है—'सच-सच बतलाना नहीं तो पुलिस को पकड़ा देंगे, चोरी करने आये थे?'

ग़रीब के बच्चों पर पहला स्वाभाविक शक भद्रलोक का—चोरी करने आये थे। आजकल शहतूत भी नहीं हैं। लेकिन बन्द दरवाजे से अन्दर कैसे आ गये? फाटक के नीचे से ज़मीन में लेटकर, पेट के बल। डॉक्टर ने आदेश दिया—'चलो फाटक

के नीचे से निकलकर दिखाओ।'

इस डाट-डपट के दृश्य में बाल-स्वभाव और उनकी चेष्टाओं का भी वर्णन-विवरण अपने आप पाठक को मिल रहा है। सबसे छोटे बच्चे का यह चेष्टा-चित्रण–

'सबसे छोटा लड़का फाटक के पास पहुँचकर डॉक्टर का आदेश पालन करने के लिए फाटक के नीचे औधे मुँह लेट गया और फिर अपने शरीर को आगे सरका कर दूसरी ओर निकल गया। वह अपने हाथ-पैरों की धूल-झाड़कर प्रदर्शन कर चुकने की मुद्रा में घर की ओर मुँह कर दो-एक क्षण खड़ा रहा और फिर एकाएक सिर पर पैर रखकर भाग लिया।'

छोटे बच्चे आज़ाद होते और शहतूत फला होता तो तोड़ते। यह उनकी स्वाभाविक क्रीड़ा होती। घर में फाटक के नीचे लेट कर भी वे क्रीड़ापूर्वक ही दाखिल हुए। छोटा लड़का धूल झाड़कर मौका पाते भाग निकला। यह बिम्ब पहले सहमे बिम्ब का विकास है। कहानी का ऐसा डिटेल है जो कथानक को गति देता है। ऐसे डिटेल्स रचना को विश्वसनीय और आत्मीय बनाते हैं। किन्तु ऐसे डिटेल्स देना, ख़ासतौर पर बाल चेष्टाओं का, काफ़ी मुश्किल काम है। छोटा लड़का क्यों भाग निकला? कई कारण हो सकते हैं। मुक्ति के लिए, या माँ-बाप को ख़बर देने के इस मौके कोवह चूका नहीं। माँ-बाप तक किसी ख़बर को पहुँचाने की ललक छोटे बच्चे में अपने बड़े सहोदरों से ज़्यादा होती है। और छोटा लड़का करता भी यही है। वह कहानी के अन्तिम अंशों में अपने माँ-बाप को लेकर लौटता भी है।

बच्चों का बाप गुस्से में चूर डॉक्टर और उनकी पत्नी (मैडम) क़ो बताता है–'ठंडे दिमाग से हमारी अर्ज सुन लें सरकार। आपने हमें नहीं पहचाना। हम राजगीर हैं। यह कोठी हमीं ने बनायी है। आप तो कभी-कभार आते थे। हमारा वास्ता आपसे कभी नहीं रहा। हम ठेकेदार के आदमी थे। उस नीम के नीचे हमारी कच्ची कोठरी थी। ये बच्चे यहीं पले-बढ़े हैं... हमारा कोई ठौर-ठिकाना नहीं अम्माँ जी, आज यहाँ तो कल वहाँ........ ये छोटी अपणा पुराणा घर दिखाणे भाइयों को लेकर यहाँ आ मरी। बड़ी सयाणी बनती है।'

और फिर पाठक के मन में भद्रलोक के 'पुराना घर' और राजगीर के बच्चों के 'पुराणा घर' का अन्तर चमक उठता है। डाक्टर साहब और राजगीर के बच्चे दोनों को अपना पुराना घर देखने की लालसा थी। राजगीर ने ही डॉक्टर का घर बनाया था। बच्चे वहीं नीम के पेड़ के नीचे रहते थे। लेकिन उनका अपने पुराने घर में आना चोरी समझा जाता है। व्यास मास्साब के लड़कों को पुराने घर में अपनापा मिलता है, लोग भाव-भीनी विदाई देते हैं और बनाने वाले मिस्त्री के बच्चों को डराया-धमकाया जाता है, वे रोते-सबक्कते हैं।

उन बच्चों ने नीम के पेड़ की नीचेवाली झोंपड़ी में कोई झूला भी टाँग रखा था–लड़के को उसकी याद आती है और वह कहता है–'ऐ दिदिया ऊ हमार झूला

भी तोड़ दिये हैं।'

लेकिन 'पुराना घर' के निवासी तोड़ते हैं अपने उपयोग के लिए। सयाणी लड़की ने बताया 'न रे रस्सी ऊपर पेड़ पर समेटकर रखे हैं। हम देखे थे।'

कहानी ठेठ वर्ग-भावना पर आधारित है। वर्ग विभक्त समाज की विसंगतियाँ जोर-शोर से ही नहीं प्रकट होतीं। धीमी आवाज़ में और उद्घाटक स्थितियों की योजना से रचना ज़्यादा प्रभावशाली होती है। शेखर ने यह कहानी साहित्य अकादमी द्वारा आयोजित प्रेमचन्द समारोह में पढ़ी थी। कहानी पाठ के बीच एकाधिक बार सभा हॉल तालियों से गूँज उठा। श्रोताओं की रुचि ठीक स्थल पर मार्मिकता ग्रहण कर लेती थी।

शेखर जोशी की कहानियों की सबसे बड़ी खूबी उनकी निरलंकृति है। सबसे कम बिम्ब, उपमा और प्रतीक का या अल्प चर्चित शिल्प—पूर्व दीप्ति आदि का उपयोग-प्रयोग वे करते हैं। पात्र, उनकी स्थितियाँ और उनका आचरण—जैसी चीज़ें मिलकर उनकी कहानियाँ बनती हैं। उनके पात्र अगर स्मरणीय हैं तो अपनी चारित्रिक विशेषताओं के कारण। उनमें कोई असामान्य या असाधारण गुण नहीं। इतनी मुद्रा-विहीन मार्मिक स्थितियों की योजना—जैसे कुछ हुआ नहीं, किस और कथाकार के यहाँ मिलती हैं—मैं नहीं कह सकता। मनःस्थितियाँ, यानी भावों का प्रकाशन वे अनुभावों के द्वारा कम करते हैं। उनके पात्र देह भाषा का भी उपयोग कम से कम करते हैं। ज़्यादातर वे अपनी प्रतिक्रिया या तो अवसरानुकूल भाषा या आचरण से प्रकट करते हैं। शेखर के यहाँ संवादात्मकता और नाट्यात्मकता जैसे है ही नहीं। द्रष्टा लेखकीय कथन है और पात्रों की चेष्टाएँ हैं। शिल्प के केवल अनिवार्य उपकरणों से ही वे इतने यशस्वी कहानीकार क्यों हैं, यानी कहानियाँ उत्कृष्ट क्यों हैं, यह आलोचक के लिए उलझन पैदा करता है। इसका शेखर को लाभ भी हुआ है और उन्हें हानि भी उठानी पड़ती है। वे चमकते नहीं, उनके प्रयोग और शिल्प की चर्चा नहीं होती। फिर पाठक को कहानियाँ कैसे 'क्लिक' करती हैं?

पात्रों का ऐसा परिचय देने—ऐसा नक़्शा खीचने में उस्ताद हैं कि उसकी आन्तरिकता का पता चला जाये। 'पुराना घर' में डॉक्टर का परिचय—

'उस पुराने शहर की सँकरी गली में गाड़ी को आगे ले जाने में ड्राइवर झिझक रहा था। यह बात डॉक्टर ने भाँप ली थी। उसका झिझकना स्वाभाविक था, क्योंकि कार अपेक्षाकृत लम्बी थी और मात्र एक सप्ताह पहले खरीदी गयी थी....डॉक्टर के स्वर में आत्मविश्वास झलक रहा था....केवल आत्मविश्वास ही नहीं उसके स्वर में एक आतुरता भी थी। उसने पत्नी से कहा—ज़्यादा देर यहाँ नहीं बैठेंगे। बस दो मिनट में उस घर को देखकर लौट चलेंगे।'

डॉक्टर—एक सप्ताह पहले खरीदी गयी चमचमाती लम्बी कार। स्वर में आत्मविश्वास के साथ आतुरता। ड्राइवर को भाँपने वाला और पत्नी की जल्दबाज़ी

को भी भाँपने वाला उसे भी आश्वस्त करके रखने वाला। यानी डॉक्टर कमाऊ, चाक-चौबन्द, चुस्त, दुनियादार, सफल शरीफ़, भद्रजन। डॉक्टर का बाह्य परिचय उसके व्यक्तित्व को उद्‌घाटित करता है। जबकि डॉक्टर के स्वभाव, दुनियादारी के बारे में कुछ नहीं कहा गया है।

कहानी में दीदी और पत्नी हैं। दीदी बहुत कम बोलती हैं। वे खुद भी पुराने घर को देखने की इच्छुक हैं। वे इतनी जल्दी में नहीं हैं। लेकिन बहुत कम बोलती हैं। घर में देर तक रुकने की इच्छा तो बिल्कुल नहीं प्रकट करतीं। राजगीर के बच्चों से अपेक्षाकृत सहृदयतापूर्वक व्यवहार करती हैं—वे पत्नी के सामने देवी-सी लगती हैं। जानती हैं कि घर उनके भाई का है लेकिन वर्चस्व भाभी का है। यह बात कहानीकार ने कही नहीं है।

डॉक्टर की पत्नी—पति और घर पर अधिकार रखने वाली महिला है। वह भाँपनेवाली स्थितियों को सँभालने में चतुर है। 'पुराना घर' में उसकी कोई दिलचस्पी नहीं। उसे इस बात का ख़तरा हमेशा लगा रहता है ये घर में देर तक न रुक जायें। काम जल्दी-जल्दी निपट जाये। घर पर उसका अधिकार ज़्यादा है तो स्वभाव में तद्‌नुकूल कड़क भी है जो राजगीर के बच्चों के साथ व्यवहार में प्रकट होती है।

डॉक्टर परिवार की यह कहानी दूर तक बेहद सपाट, सँभली हुई चलती है। जैसे कोई ख़ास बात नहीं है, न होनी है। आश्चर्य नहीं कि असंस्कारी पाठक कहे—आखिर है क्या कहानी में? लेकिन यह सारा सपाटपन ही विरोधी पक्ष, राजगीर के बच्चों के प्रसंग से टकराते ही, कहानी की उद्‌घाटक क्षमता का उपकरण बन जाता है। डॉक्टर-परिवार की भद्रलोकता में निहित टुच्चापन प्रकट हो जाता है और खुद अपने ही विरुद्ध खड़ा हो जाता है। और चमचमाती लम्बी कार, भाँपने की शक्ति, पत्नी को आश्वस्त रखने की होशियारी, पुराने घर के नये गृहपति से आत्मीयता, उनसे विदा-समय की टीस—सब एक-एक करके ध्वस्त धराशायी हो जाती हैं। सीधे रास्ते पर चलती हुई ज़िन्दगी में भी कितने घुमाव और चक्कर होते हैं। कहानीकार की मौलिक क्षमता उस सफल शराफत को, डॉक्टर की ही ज़िन्दगी के एक टुकड़े को सामने रख देने में है। द्वन्द्वात्मक भौतिकवाद कहता है एक हमेशा दो में विभाजित हो सकता है।

लेकिन विभाजित करना आना चाहिए और कहते हैं कि रचना का आधार कोई विसंगति होती है। रचनाकार या तो किसी विसंगति का चित्रण करे या उसे खोजे। 'अली मंज़िल' और भी पुराना घर है। अब उसमें चलेंगे।

पुराना घर: 'अली मंज़िल'

'अली मंज़िल' मंज़ूर अली के पुश्तैनी मकान का नाम है। कहानी का भी यही नाम है। कहानी में कोई पात्र—हिन्दू या मुसलमान—साम्प्रदायिक नहीं है। उनमें भाई-चारा है, पड़ोसी होने का सद्भाव और मैत्रीभाव है। फिर भी यह कहानी साम्प्रदायिकता की समस्या पर है। हमारे संस्कार, रहन-सहन का तरीका, हमें किस कदर जकड़ लेते हैं, संकीर्ण बना देते हैं—इसे अभिव्यक्त किया गया है। ये संस्कार हमारे मन में चोर की तरह छिपे रहते हैं और मौका पाते ही अचूक वार करते हैं। संस्कारों के अँधेरे में छिपे रहने वाली साम्प्रदायिक संकीर्णता पर ऐसी रोशनी साम्प्रदायिकता विरोधी कहानियों में नहीं डाली गयी थी। एक तरफ़ पात्रों में—यह संस्कार-जनित छिपी संकीर्णतागत-द्वेष है, दूसरी तरफ़ वृहत्तर सामाजिक सहभागिता भी है जिसकी एक मज़बूत पारम्परिक पहचान है और जिसे काटकर अलग कर देने से हमारी सामाजिक अस्मिता ही लुप्त हो जाती है। हम इस संकीर्णतागत-द्वेष के अँधेरे में खो जाते हैं, मानो हमारा अस्तित्व ही नहीं है। 'अली मंज़िल' हमारी सामाजिक, जातीय परम्परा और पहचान का प्रतीक है जो संस्कार-संकीर्णता से न सिर्फ़ टूटता है, बल्कि लुप्त होकर हमें अपने ही वतन में अजनबी बना देता है। इस ऐतिहासिक परिघटना को अवधेश प्रीत की यह कहानी कलात्मक संयम एवं कौशल से कहती है। साम्प्रदायिकता का एक नया रूप ढूँढ़कर, उसे पकड़कर पेश करती है। कहानी हमारी सामुदायिक कमज़ोरी और ताक़त के द्वन्द्व को पहचानती है और चित्रित करती है।

कहते हैं कि रचना किसी विसंगति की खोज, पहचान करती है, उसे प्रस्तुत करती है और सम्भव हो (रचनात्मक स्तर पर) तो उसका समाधान भी प्रस्तुत करती है। यह विसंगति, कोई सच होता है जिसे रचना पहली बार ढूँढ़कर सामने लाती है। ऐसा रचनात्मक सच सिर्फ़ रचना का नहीं होता वह साहित्य के बाहर समाज में रहता है। इसीलिए रचनात्मक साहित्य, समाजशास्त्रियों के भी काम का होता है। छोटी-बड़ी बातें परिणाम में छोटी नहीं होतीं। वे हमें औचक पकड़ती हैं, अँधेरे में। उनको पकड़कर अदालत में (पाठकों के सामने) पेश किया जाना, रचना की

सामाजिक ज़िम्मेदारी भी है। 'अली मंज़िल' अपनी रचनात्मक कुशलता के साथ-साथ यह ज़िम्मेदारी पूरी करती है। मंजूर अली को 'अली मंज़िल' बेचना पड़ा और उन्हें अपने बहन-बहनोई के पास पाकिस्तान जाना पड़ा। बेचना ही है तो किसी नेक बन्दे के हाथ बेचें। इस मामले में उन्हें दिक़्क़त नहीं हुई। जनाब मंजूर अली के मरहूम दोस्त रामप्रसाद के बेटे दयाल बाबू ख़बर पाते ही आ धमके। दयाल बाबू जनाब मंज़ूर अली की बाप की तरह इज़्ज़त करते थे। बगैर हील-हुज्जत के सौदा पक्का हो गया। जनाब मंज़ूर अली और दयाल बाबू के पारस्परिक स्नेह-सम्मान का अनुमान आप इस चित्र से कीजिए–

'रुखसती के दिन जिस वक्त जनाब मंज़ूर अली ने दयाल बाबू को 'अली मंज़िल' की चाभी सौंपी, उनका हाथ बुरी तरह थरथरा रहा था। आँखें पनीली हो आयी थीं। दयाल बाबू ने अपनी दोनों हथेलियों में जनाब मंज़ूर अली के झुर्रीदार हाथ को लेकर भींचा और उनका हाथ अपनी पीठ पर खींचकर आशीर्वाद लिया। फिर उन्हें सड़क तक विदा करने आये। खुर्शीद मियाँ के साथ उन्हें जाते हुए बड़ी देर तक देखते रहे। मकान की चाभी उनकी हथेली में भिंची रह गयी थी गोया जनाब मंज़ूर अली का काँपता वजूद हथेली में शेष रह गया हो।'

मोहल्ले का हाल यह है कि नये मकान में पहुँचते ही घनश्याम मिश्रा से परिचय हुआ। घनश्याम मिश्रा ने आसपास खड़े लोगों का दयाल बाबू से परिचय करा डाला–ये अनसारी साहब हैं, ये श्रीवास्तवजी, ये सिंह साहब और ये ख़ान साहब।

'मुस्कराहटों के आदान-प्रदान के साथ ही देखते-देखते चमत्कार हो गया था। वहाँ मौजूद कई लड़के-बच्चे सामान उतारने, ढोने-पहुँचाने में जुट गये थे। दयाल बाबू नहीं-नहीं करते रह गये थे लेकिन किसी ने एक न सुनी थी। उल्टे ख़ान साहब बोल पड़े थे–दयाल बाबू सभी घर के बच्चे हैं....हाथ बँटा देंगे तो काम जल्दी निबट जायेगा।'

मकान दयाल बाबू को इतना पसन्द था कि बीवी के साथ मकान में घुसे तो ठठाकर हँसे तो उनकी हँसी में पूरा मकान भी शामिल था।

नये मकान में सतनारायण-कथा हुई। नये पड़ोसियों को बुलाया गया। जनाब मंज़ूर अली के साथी दोस्त रमज़ान मियाँ ऊपर काम में हाथ बँटा रहे थे। ख़ासकर पड़ोसियों का स्वागत करने और उन्हें उचित जगह बैठाने की ज़िम्मेदारी उन्होंने ही सँभाल रखी थी।

सब कुछ मन चाहा था, यथेच्छ था। गड़बड़ी कहाँ पैदा हुई? यह जो रमज़ान मियाँ हैं वे कहानी के ताप व्यंजक पात्र हैं। कहानी के सबसे पारदर्शी पात्र। न ये मकान के मालिक हैं, न दयाल बाबू के कुछ लगते हैं, लेकिन स्थितियों की संवेदना को अपने व्यक्तित्व और अनुभावों में समेटते रहने वाले सामाजिक-ऐतिहासिक यातना के प्रतीक पात्र हैं।

रमज़ान मियाँ लगभग अज्ञात कुलशील हैं। खुलता नहीं हैं कि ये जनाब मंज़ूर अली के साथ उठने-बैठने वाले कम सम्पन्न दोस्त, मुसाहिब हैं या उनके घरेलू नौकर। उनके परिवार उनके घर के बारे में भी कुछ नहीं बताया गया है, बस वे घटना-स्थल पर आते हैं और ग़ायब हो जाते हैं। उनकी मौजूदगी और गायब हो जाने से कहानी में गम्भीर बदलाव आ जाता है—यह अलग बात है। वे कहानी की समस्त पाठकीय संवेदना के प्रतिनिधि पात्र हैं। कहानी से साम्प्रदायिक मनोविकारों और सामाजिक ऐतिहासिक यातना की जो वेदना उभरती है, रमज़ान मियाँ उससे आहत होने वाली चेतना के प्रतीक पात्र हैं। सेक्युलरिज़्म सिर्फ़ अवधारणा नहीं है, वह मानवीय संवेदना भी है। रमज़ान मियाँ उस अवधारणा से अपरिचित हैं जैसा कि आम ग़ैर बुद्धिजीवी होता है, किन्तु वे सेक्युलरिज़्म की संवेदना के आचरण-पात्र हैं।

तो गड़बड़ी कहाँ पैदा हुई?

सामान्यतः सवर्ण मध्यवर्गीय हिन्दू आजीवन धार्मिक संस्कारों के साथ जीता है। उसके नाम, दिनचर्या, व्यापार, शिक्षा, विवाह, मरण, उत्सव, शोक सब धार्मिक संस्कारों से जुड़े हैं। यहाँ तक कि भाषा, साहित्य और अन्य सांस्कृतिक रूप भी। और इस विषय में मुसलमान भी हिन्दू ही हैं। इन धार्मिक संस्कारों को साम्प्रदायिकता का लक्षण नहीं माना जा सकता। नहीं तो, आप गाँधी के रामराज्य को भी साम्प्रदायिक धारणा मानने लगेंगे। ग़ैर साम्प्रदायिक धर्म-भीरु हिन्दू-मुसलमान अपने-अपने संस्कारों में रहते हुए एक-दूसरे की धार्मिक जीवन-पद्धति को सहन करते हैं। सराहना भी कर सकते हैं। स्वाधीनता-आन्दोलन इसी आचरण और अनुशासन में लड़ा गया था। खुदीराम बोस गीता से प्रेरणा लेते थे, अशफ़ाकुल्ला क़ुरआन से। लेकिन अपनी जीवन-पद्धति के संस्कारों से छेड़छाड़ को सहन करना संस्कार-ग्रस्त लोगों के लिए सम्भव नहीं।

दयाल साहब जनाब मंज़ूर अली की इज़्ज़त करते थे। इज़्ज़त करते थे और अपने ढंग से ज़िन्दगी बसर करते थे। लेकिन जब अली मंज़िल दयाल साहब का यानी एक मध्यवर्गीय सवर्ण संस्कारी हिन्दू का अपना घर बन गया तब 'अली मंज़िल' नाम, उर्दू लिपि, इस्लामी स्थापत्य के मोटिफ़, सब खटकने लगे। खटकने के अहसास का चित्रण करने में अवधेश ने प्रशंसनीय कलात्मक संयम का परिचय दिया है। दयाल बाबू कहीं-न-कहीं जनाब मंज़ूर अली के सम्बन्धों से दबे रहते हुए भी इस खटकने को महसूस करते हैं। संस्कार रूह, रक्त में डूबे हैं। वे उनके आन्तरिक व्यक्तित्व की संरचना के घटक हैं। गहरा इतिहास-बोध ही उन्हें इस घटक से मुक्ति दिला सकता था। बहुत गहरा इतिहास-बोध दयाल साहब में नहीं है। उनकी पत्नी में और भी कम है। इसीलिए उनकी पत्नी में इन प्रतीकों के लिए मुखर खीझ है।

जो रक्त में गहरा डूबा है, वह बाहर कम निकलता है। मन में चुभन है। दयाल बाबू नये मुहल्ले में दूध लेने गये। रमज़ान मियाँ साथ थे। परिचय कराया साधो भाई, यह दयाल बाबू हैं, नये-नये आये हैं, इन्हें कल से दूध चाहिए।

कहाँ? वहीं 'अली मंज़िल' में? अपने ही प्रश्न का उत्तर देते साधो ने दयाल बाबू को गहरी उत्सुकता से देखा।

'गहरी उत्सुकता' की एकाधिक पर्तें हैं। 'रमज़ान मियाँ' के साथ रहने से ग्वाले ने अली मंज़िल का सन्धान पाया। अली मंज़िल से साहचर्य रमज़ान मियाँ का था, नये मालिक दयाल बाबू का नहीं। गहरी उत्सुक दृष्टि में यह प्रश्न और उत्तर कि अच्छा अब अली मंज़िल में यह रहते हैं। ज़ाहिर है कि साधो ग्वाले की निगाह में अली मंज़िल से बाबस्ता रमज़ान मियाँ थे, मालिक दयाल बाबू नहीं।

'हाँ हाँ वहीं। रमज़ान मियाँ की बजाय हड़बड़ाकर बोल पड़े दयाल बाबू। पता नहीं तो क्या उनके मन में चुभ गया।'

'रमज़ान मियाँ की बजाए' दयाल बाबू क्यों बोल पड़े? बताने की आतुरता थी कि अब 'अली मंज़िल' का सम्बन्ध मुझसे है, रमज़ान मियाँ से नहीं? तुम्हें यह प्रश्न मुझसे करना चाहिए था। हड़बड़ी इस आतुरता का अनुमान है।

'अली मंज़िल' का एक अतीत है। वह अतीत एक सच्चाई है। दयाल बाबू उस सच्चाई को मिटाना या झुठलाना चाहते हैं। सच्चाई को झुठलाने के लिए खुद बहुत झूठ बोलना पड़ता है। उस अतीत को स्वीकार न करने में ही संकीर्णता, साम्प्रदायिकता के बीज हैं जो दयाल बाबू व्यक्ति के साथ घटित होता है—हिन्दू-मुसलमान के बीच। 'अली मंज़िल' प्रतीकता में बाबरी मस्जिद में रूपान्तरित होकर संवेदनशील पाठक के सामने खड़ा हो जाता है। 'अली मंज़िल' के अतीत के कई रूप हैं—दयाल बाबू का सशंक, संकीर्ण—यानी इतिहास-बोध की क्षमता से रहित मन सबसे परेशान रहता है।

'अली मंजिल' का एक रूप उर्दू लिपि है, महाराब हैं, गुम्बद है।

'तेज़-तेज़ डग भरते वह जैसे ही अपने मकान के सामने पहुँचे तो अनायास ही आँखें छज्जे पर जा टिकीं—वहाँ उर्दू के बड़े-बड़े अक्षरों में कुछ लिखा हुआ था। मानो दीवार को खोद-खोदकर अक्षरों को उभारा गया हो। वह उर्दू पढ़ नहीं सकते थे, लेकिन उन्होंने अन्दाज़ा लगाया कि ज़रूर वहाँ 'अली मंज़िल' लिखा होगा।'

चुभन मन का चोर है। सामाजिक रूप से वे मंज़ूर अली और रमज़ान मियाँ से जुड़े हैं—मन का एक हिस्सा ऐसा है भी जो उनसे आत्मीयता का अनुभव करता है। लेकिन दूसरा संस्कार-संकीर्ण मन अली मंज़िल के नाम और उर्दू लिपि को हटाना चाहता है इसीलिए रमज़ान मियाँ जब क़रीब आ गये तो यह सोचकर कि रमज़ान मियाँ स्थिति भाँप न लें, दयाल बाबू तेजी से बरामदा पार कर अन्दर घुस गये।'

कहानीकार ने दयाल बाबू की आग्रही चुभन की व्यथा को उनके शब्दों में नहीं उनकी शारीरिक अनुभाव-चेष्टाओं में व्यक्त की है जो बहुत स्वाभाविक है। वह संकीर्णताग्रस्त चुभन अनायास है, मध्यवर्गीय रूढ़िग्रस्त हिन्दू मानसिकता की लहर है—दुर्निवार लहर जो दुस्साध्य रोग की तरह बाहर प्रकट नहीं होती, स्वास्थ्य को अन्दर ही अन्दर जर्जर कर देती है—उर्दू लिपि और अली मंज़िल का ख़याल आता

है तो दयाल बाबू कसकर सिर को फटका देते हैं मानो उन अक्षरों को फटक रहे हों, दाहिना हाथ ललाट पर चला जाता मानो वहाँ कुछ ऐसा महसूस हो रहा हो।

और इस सबका इलाज भी ढूँढ़ लिया गया। पत्नी ने उन्हें घूर कर देखा और मुस्करा कर कहा 'एक दिन कथा करा लिया जाय' यानी काँटे को काँटे से निकालने का उपक्रम शुरू हो गया।

कथा कराई गयी, राज मिस्त्री को बुलाकर अली मंज़िल का नाम तुड़वा कर 'दयाल भवन' नागरी लिपि में खुदवाया गया। मेहराबदार गुम्बदनुमा अलमारी को तुड़वाकर नये—ग़ैर इस्लामी कला में बनवाया गया, 'जानिमाज़' को तोड़कर समतल किया गया। रेहल (कुरान को पढ़ने के लिए लकड़ी का स्टैंड) हटा दिया गया—अली मंज़िल के सभी ग़ैर हिन्दू और अ-दयाल रूप मिटा दिये गये। ग़ैर मुस्लिम होकर ही दयाल अपने मकान के हिन्दू मालिक बने। 'अली मंज़िल' का शुद्धीकरण 'दयाल भवन' में हो गया। उर्दू का नागरी में।

लेकिन अतीत है कि छोड़ता नहीं। इतिहास को स्वीकार करके तो आप उसे अपने अनुकूल कर सकते हैं, वर्तमान में सक्रिय होने के लिए। लेकिन इतिहास को अस्वीकार करके आप केवल हवा में मुक्के मार सकते हैं। अमानवीय हो सकते हैं, हास्यास्पद हो सकते हैं, यथास्थितिवादी हो सकते हैं। लेकिन इसके पहले हम कहानी के उस पात्र के बारे में बात करें जो इस ऐतिहासिक विडम्बना की यातना झेल रहा है केवल अपनी मानवीय संवेदना के कारण। रमज़ान मियाँ की चर्चा हम पहले कर चुके हैं।

'अली मंज़िल' रमज़ान मियाँ का नहीं था। लेकिन उस घर का इतिहास और उसकी संस्कृति उनकी संवेदना का पर्याय है। वे बुढ़ापे में जनाब मंज़ूर अली के साथ थे। उनके साथ-साथ साये की तरह रहने वाले। जनाब मंज़ूर अली के जाने से उनके व्यक्तित्व का बहुत कुछ लुप्त हो गया था और सिर्फ़ अली मंज़िल ही रह गया था जिसकी याद के सहारे वे अपने को ज़िन्दा महसूस करते थे—रमज़ान मियाँ दयाल बाबू को अली मंज़िल के बारे में बताते हैं—हुज़ूर बड़े मियाँ को इस मकान से बेहद मुहब्बत थी। हर साल सफ़ाई कराते थे। मैं खुद हर रोज़ झाड़-पोंछ करता था। अली मंज़िल की तारीफ़ हुई तो रमज़ान मियाँ गर्व से फ़ूल गये, गोया मकान की नहीं उनकी तारीफ़ की गयी हो।

रमज़ान मियाँ का यह अपनापा दयाल परिवार को नहीं सुहाता। आख़िरकार रमज़ान मियाँ विधर्मी थे। और मकान अब दयाल परिवार का था। रमज़ान मियाँ जितना ही अपनापा दिखता हैं दयाल परिवार के मन की चुभन बढ़ती जाती है और जब दयाल साहब ने राज मिस्त्री की बात की तो रमज़ान मियाँ आशंका से सहम गये।

'क्या हुज़ूर कुछ जुड़वाना-तुड़वाना है क्या?' आँखें ही नहीं रमज़ान मियाँ की आवाज़ में भी हैरानी थी।

रमज़ान मियाँ अतीत को जस का तस रखना-देखना चाहते हैं। सो इतिहास विधाता का निर्मम प्रहार झेलते हैं। झेलते हैं लेकिन अपने अतीत का स्वप्न लिए जीवित रहते हैं। राज मिस्त्री तो ले आये, लेकिन फिर इसके बाद अली मंज़िल से दूर हो गये। तोड़-फोड़ देख नहीं सकते थे। राज मिस्त्री आया, वे नहीं आये। कुछ दिनों के बाद आये अली मंज़िल की सही शिनाख़्त के सिलसिले में।

रमज़ान मियाँ किसके प्रतीक हैं? भारत की साँझी, साँझी नहीं; संश्लिष्ट, अखंड संस्कृति के नष्ट होने की वेदना के प्रतीक।

रमज़ान मियाँ के बारे में अनुमान किया जा सकता है कि वे जनाब मज़ूर अली के यहाँ वर्षों से नौकरी करते थे। सब चले गये वे रह गये। अली मंज़िल के मालिक चले गये। वे रह गये। अली मंज़िल, दयाल भवन हो गया। वे रह गये। मलबे का मालिक। जब मलबा महल था, उसकी याद में संवेदित।

अली मंज़िल, बाबरी मस्जिद के साथ-साथ हमारा देश भी है। हिन्दुस्तान और पाकिस्तान दोनों का संयुक्त रूप जिसके टूटने-फूटने से रमज़ान मियाँ उद्विग्न होते हैं—इतना उद्विग्न कि टूटने-फूटने का हादसा देख नहीं पाते। वहाँ से अदृश्य हो जाते हैं—तो आप उन्हें किस रूप में देखेंगे। अली मंज़िल का मालिक? नहीं, सिर्फ़ उसका प्रेमी, सेवक, उसका अन्तिम संरक्षक। गाँधी जी याद आयेंगे। उनके साथ अनेक निःस्वार्थ देशभक्त याद आयेंगे।

रमज़ान मियाँ परिवर्तन को झेलते हैं। 1899 के बाद जब दिल्ली में बहुत तोड़-फोड़ चल रही थी, दिल्ली नयी बन रही थी, ग़ालिब यह शेर पढ़ते थे (शेर उनका नहीं हैं)—

एक गुज़रा ज़माना हैं हम लोग
याद रखना फ़साना हैं हम लोग

अनिवार, दुर्निवार परिवर्तन चक्र में मनचाहे अतीत को बनाये रखने की विवश चीख़।

रमज़ान मियाँ कोई प्रगतिशील विचारों के वाहक मात्र नहीं हैं, बल्कि उन्हें एक तरह से अतीतजीवी-यथास्थितिवादी पात्र कहा जा सकता है। किन्तु साहित्य उन्हें सहानुभूति देता है। साहित्य का जनतन्त्र केवल इतिहास की ही चिन्ता नहीं करता। वह इतिहास की दौड़ में पीछे रह जाने वाले की भी चिन्ता करता है। आस्कर वाइल्ड कहता था—जहाँ-जहाँ यातना है, वहाँ-वहाँ पवित्रता है।

और अतीत का सबकुछ यथास्थितिवादी और प्रतिगामी नहीं होता। कभी-कभी तो भविष्य दुःस्वप्न दिखाने लगता है, अतीत मनचाहा स्वप्न बन जाता है। हर दौर अपना भविष्य ही नहीं निर्मित करता, अपना अतीत भी निर्मित करता है, कहें कि अपना अतीत खोजता है।

रमज़ान मियाँ जिस अतीत की वेदना में व्याकुल हैं, वह पाकिस्तान बनने के पूर्व

के भारत का है जब साम्प्रदायिक ताक़तों के टकराव के कारण देश के टुकड़े नहीं हुए थे। जनाब मज़ूर अली की कहानी के शुरू में ही अपने अड़ोस-पड़ोस के लोगों से गहरी आत्मीयता रखने वाले व्यक्ति के रूप में पेश किया गया। वे पाकिस्तान जाना नहीं चाहते थे। व्यक्तिगत मज़बूरी में गये। पाकिस्तान जाने पर देशवासियों से छूट जाने की व्यथा उनके देशप्रेम को व्यक्त करती है। यह देशप्रेम कोई सजग विचारधारात्मक या किताबी नहीं, वह सहज जीवन की अनुभूति—लगभग जैविक सहजात मनोविकार है—और उनकी प्रकृति बन गया है। ऐसे लोगों का देशप्रेम ऐसा होता है! जहाँ संस्कृति प्रकृति बन गयी है। तुलसी के राम बैकुंठ के बारे में कहते हैं—अवधपुरी समप्रिय नहिं सोऊ।

मंज़ूर अली और रमज़ान मियाँ ऊपर-ऊपर से प्रगतिशील न लगें, किन्तु अन्ततः और अन्ततः वे हैं प्रगतिशील पात्र। वे साँझी संस्कृति को अपनी प्रकृति बना लेने वाले मुस्लिम देशभक्त पात्र हैं। अली मंज़िल को दयाल भवन बनाने वाले दयाल बाबू को साम्प्रदायिक कहना भी ज़्यादती होगी। वे साम्प्रदायिक नहीं, रूढ़ धार्मिकरूढ़ियों के संस्कार से ग्रस्त पात्र हैं। उस विषम समाज की देन हैं जिसमें एक ही देश के वासी धार्मिक समुदायों में बँटे हैं और जिनमें खान-पान, शादी-ब्याह, रीति-रिवाज बँटे-कटे हैं। अपने व्यावहारिक जीवन में दयाल बाबू के अनेक मुसलमान मित्र हैं।

वस्तुतः अवधेश प्रीत की इस कहानी की विशिष्टता इस विसंगति की रचनात्मक खोज में है कि हमारी सांस्कारिक संकीर्णता किस तरह चोर की तरह हमारे मन के अँधेरे में बसी रहती है और गाहे-बगाहे अपना सिर उठाकर हमें जकड़ लेती है। आगे बढ़कर कहें तो रोग को पहचानने वाली यह कहानी हमें इस रोग से सावधान रहने के लिए सतर्क-सजग करती है।

कहानी का अन्तिम अंश अली मंज़िल की महत्ता व्यक्त करता है। हमारी राष्ट्रीय-सांस्कृतिक महत्ता को अली मंज़िल की प्रतीकार्थता व्यक्त करती है।

जिस दिन तोडफ़ोड़ शुरू हुई उस दिन से रमज़ान मियाँ अली मंज़िल नहीं आये। उन्होंने अली मंज़िल को दयाल भवन में रूपान्तरित होते नहीं देखा। रमज़ान बिल्कुल खामोशी से कहानी के रंगमंच से ऐसा गायब होते हैं कि उनकी ग़ैर मौजूदगी कहानी पर छा जाती है। खुद दयाल बाबू के मन में इसकी टीस है।

हमारे अतीत में हमारा देश समाया है। तीनों कालखंडों में तीनों काल अविच्छिन्न रहते हैं। इसलिए आप देश के इतिहास में से—यों कहिए देश में से कोई अंश निकाल कर नहीं फेंक सकते। भारत विभाजित हो गया है। अब भारत और पाकिस्तान दो देश हैं किन्तु क्या खंडित देश में अखंडित देश नहीं है? चेतना समस्त बोध है। बाबरी मस्ज़िद, अफ़ग़ानिस्तान की बुद्धमूर्तियाँ तोड़ दी गयीं तो क्या वे अब नहीं हैं। ऐसी जगह स्थित हैं कि उन्हें तोड़ा नहीं जा सकता। पहले से ज़्यादा सुरक्षित और उजागर। यह मानव-चेतना का जादू है। अतीत शायद सबसे सुरक्षित जगह है, अमरलोक है।

इसी तरह अली मंज़िल मिटाये से मिटता नहीं। दयाल भवन होकर वह और सुरक्षित हो गया। इस मकान का अतीत उनके लाख चाहने के बावजूद उनका पीछा नहीं छोड़ रहा था। वह अजीब कसमसाहट से भर गये—अपने आप पर कोफ़्त हो गयी।

और दयाल बाबू हैं कि अली मंज़िल नाम से बेहाल हो जाते हैं, क्योंकि उनका आन्तरिक व्यक्तित्व ही विकलांग है। वे समस्त को धारण नहीं कर सकते। अली मंज़िल नाम लोगों की ज़ुबान पर है। जो लोगों की ज़ुबान पर है वे उसे सुनना नहीं चाहते।

कहते हैं कि अस्मिता की पहचान संकट में होती है। पाकिस्तान से जनाब मज़ूर अली का ख़त आया। दयाल बाबू के नाम। दयाल बाबू 'दयाल भवन' में रहते थे। 'दयाल भवन' सिर्फ़ खुदा हुआ शब्द योग था। अर्थ से हीन। सो दयाल बाबू का अता-पता ही नहीं चला डाकिये को। दयाल बाबू की पहचान के ज़ामिन (सेतु) बने रमज़ान मियाँ। वे ही डाकिये को दयाल बाबू के पास लाये—'हुज़ूर आपकी चिट्ठी आयी है। डाक बाबू आपका नाम पूछ-पूछकर भटक रहे थे....मैंने इन्हें बताया कि आप अली मंज़िल में रहते हैं। तब कहीं जाकर ये समझे।'

'खोए-खोए से दयाल बाबू ने लिफ़ाफ़े पर अंग्रेज़ी में लिखा पता पढ़ा—नाम, मुहल्ला, शहर सब सही था...लेकिन लिफ़ाफ़े पर कहीं भी 'अली मंज़िल' नहीं लिखा था। पता नहीं क्या तो चटक गया दयाल बाबू के भीतर।'

'अली मंज़िल' दयाल बाबू की भी पहचान है। अस्मिता को इतिहास रचता है। इतिहास यानी काल-सीमा में सकर्मकता। इसलिए अपने को इतिहास से अलग करके आप कहीं के नहीं रहते। दयाल बाबू का अस्तित्व डाकिये की नज़र में गुम हो गया है।

एक और दिक़्क़त थी कि ख़त उर्दू में था। वही उर्दू जिसके हरफ़ों में 'अली मंज़िल' लिखा था और जिसकी इबारत दयाल बाबू को चुभती थी। उसी उर्दू लिपि में लिखा गया खत जनाब मज़ूर अली का था जिसे सुनकर दयाल बाबू के भीतर 'संवाद जारी' हो गया था। मंज़ूर अली साहब का चेहरा आँखों के सामने नाचने लगा था।

जनाब मंज़ूर अली ने ख़त में अली मंज़िल का पता नहीं दिया, कुछ तो शराफ़त में कि वह अब अपना मकान नहीं रह गया। वैसे भी अब वह नाम उनकी पहचान नहीं थी। वे तो पाकिस्तान में थे। अलबत्ता खत में वे अपने पुराने मकान को बेअख़्तियार याद करते हैं और यह कि उम्मीद है कि आप लोगों ने 'अली मंज़िल' को आबाद कर दिया होगा। अपने बारे में लिखा—

'यहाँ पराये वतन, पराये लोगों के बीच वहाँ की बहुत याद आती है। अपना घर, मुहल्ला, शहर और लोग हर वक्त आँखों में रक्स करते रहते हैं। आख़िरी वक्त में खाना खराबी मेरी किस्मत में नहीं थी वरना अपना मुल्क, अपनी देहरी क्यों छूटती। शायद ख़ुदा को यही मंज़ूर था।'

विडम्बना देखिए, जो अपने वतन में हैं, उसने अपने को वतन की संस्कृति

और उसके इतिहास से काट लिया है। वतन को काट देने की त्रासदी दोनों झेल रहे हैं। भारत-विभाजन और सांम्प्रदायिकता की त्रासदी पर हिन्दी में अच्छा साहित्य रचा गया है। यह कहानी साम्प्रदायिकता को नये रूप में उद्घाटित करती है। साम्प्रदायिकता एक अवधारणा और संस्कार है। वह हमारी मानसिक स्थितियों में क्या रूप लेती है और जीवन-आचरण में कैसे घटित होती है—कहानी में चित्रित किया गया है। साम्प्रदायिक घृणा, विद्वेष के कीटाणु चुपचाप हमारे रूप में प्रवाहित होते रहते हैं और मौका पाते ही अपना भयंकर रूप प्रकट करते हैं। कहानी बहुत गहरे जाकर उनकी गतिविधियों की खोज करती है। साम्प्रदायिकता पर ऐसी सहज और लगभग बाह्य घटना विहीन कहानी शायद ही कोई और पढ़ी हो। चालाक दुश्मन गाजे-बाजे के साथ नहीं चुपके से आक्रमण करता है और दोस्त को दुश्मन बना देता है। साम्प्रदायिकता को आर्थिक आँकड़ों, विदेशी षड्यन्त्र, मज़हब आदि से तो समाजशास्त्री जोड़ते ही रहते हैं। वह उर्दू (फ़ारसी) लिपि, भाषा, जानिमाज़, जुज़दान, मेहराब, गुम्बद (वास्तु) के आकारों में भी छिपी रहती है, इसे कहानीकार ही इतनी अच्छी तरह बता सकता था।

अवधेश प्रीत बड़े संयम से पात्रों की दुविधा, झिझक, हिचकिचाहट को व्यक्त करते हैं। आवेग को जानने से वह किसी-न-किसी अनुभव में रूपान्तरित हो जाता है। मेहराब का आकार खटकने लगा तो 'वहाँ बैठे रहना उन्हें मुश्किल लगने लगा। वह तेज़ी से उठे और बाहरी बरामदे में चले गये।'

दयाल बाबू को उर्दू के बड़े-बड़े अक्षर खटकने लगे तो उन्होंने सर को झटका दिया मानो उन अक्षरों को झटक रहे हों।

इस कहानी में विभिन्न मनःस्थितियों में हँसी, आवाज़ के विचित्र रूप दिखलाई पड़ते हैं। कभी उनकी हँसी में पूरा मकान भी है। कभी उन्हें अपनी ही हँसी अजनबी लगती हैं, कभी उन्हें अपनी ही हँसी फ़ीकी लगती है। स्थिति का मन पर जो प्रभाव पड़ता है वह ऐसी देह भाषा से भरपूर प्रकट हो जाता है।

रचना से पात्रों की स्थितियों और उनके चरित्र का तो पता चलता ही है, खुद कहानीकार के आन्तरिक व्यक्तित्व का भी पता चलता है। अवधेश प्रीत के सहज धर्मनिरपेक्ष व्यक्तित्व के साथ-साथ भारतीय भाषाओं—विशेषतः उर्दू के प्रति उनका व्यापक सांस्कृतिक लगाव भी कहानी में छिपा है। यह लगाव हिन्दी साहित्य के लिए हितकर है।

गिद्ध पर छोटी चिड़िया की सवारीः 'आरोहण'

'आरोहण' सिद्धहस्त कथाकार की ऐसी रचना है जिसके रेशे-रेशे में विचार और भाव व्याप्त हैं—एक-दूसरे की भूमिका अख़्तियार करते हुए। संजीव तीव्र मनोभावों के कथाकार हैं। मैंने उनकी जो कहानियाँ पढ़ी हैं (बहुत कम संख्या में) उनमें कथानायक उस तीव्र मनोभाव का प्रतीक पात्र होता है। 'दुनिया की सबसे हसीन औरत', 'अपराध' या 'मानपत्र' के मूल में संवेदन ही है लेकिन ये कहानियाँ वैचारिक कहानियाँ हैं। कथानक को गढ़ने की प्रक्रिया मूलतः विचार से होती है, मनोभाव या संवेदन उसी के पेट में पलता है। यह संजीव की प्रौढ़ता है और शायद इसी कारण वे समकालीन रचनाकारों से इतना अलग हैं। वे किसी प्रतिक्रिया को लेकर उड़ नहीं पड़ते। उसे समझते-बूझते हैं। ऐतिहासिक नैतिकता की ज़िम्मेदारी से रचनाधर्मिता का निर्वाह करते हैं। 'दुनिया की सबसे हसीन औरत' कल्पित पात्र हरगिज नहीं। वह देखी हुई—अनुभूत पात्र है—संजीव ने उसे उस दृष्टि से देखा भर है जो युग की धार पर स्थित होकर सौन्दर्य की पहचान करती है। मुझे संजीव की कहानियाँ इतनी अच्छी इसलिए लगती हैं, क्योंकि वे सौन्दर्य की पहचान कराते हुए और बिना कहे पाठक को आन्तरिक सौन्दर्य-समृद्धि से भरती हैं साथ ही उसे एक सामाजिक-ऐतिहासिक आचरण-संहिता भी प्रदान करती हैं। प्रगतिशीलता और जनवादिता एक शब्द में मानवतावादी साहित्य का यह प्रधान लक्षण है और विज्ञापनी मानसिकता से ग्रस्त रचनाकारों की दौड़ से आज ऐसे रचनाकार अलग दिखलाई पड़ते हैं—कभी-कभी ये अलग-थलग भी दिखलाई पड़ते हैं। लेकिन यह उलटबाँसी है—जो दौड़ रहे हैं, हर चीज़ पर झपट्टा मारते हुए वे कहीं पहुँच नहीं रहे हैं। संजीव की रचनाओं में सौन्दर्य एक सांस्कृतिक परिघटना के रूप में उभरता है—अनेकानेक जानी-अनजानी स्थितियों से सम्बद्ध-अन्तस्सम्बधित रूपायित दृश्य और मानदंड के तौर पर भी। 'आरोहण' इस दृष्टि से मुझे उनकी पूर्ववर्ती कहानियों के क्रम में ही लगती है, विकसित रूप में; जहाँ विचार, सौन्दर्य, शब्द एक ऐतिहासिक सकर्मकता में संश्लिष्ट हैं।

संजीव और अरुण प्रकाश दो ऐसे दुर्लभ कहानीकार हैं (फिलहाल मुझे ये ही

याद आ रहे हैं) जो मौजूदा दौर में भी विधेयात्मक नायक रच सकते हैं। और यह स्वाभाविक है कि इनके पॉज़िटिव नायक निम्न या निम्न मध्यवर्ग के हैं। इस तरह से देखें तो ये कथाकार प्रगतिशील साहित्य-धारा की विलुप्त समझी जाने वाली धारा की अंतःसलिला के रचनाकार हैं। 'अपराध' का हीरो अतिवामपन्थी युवक है, 'दुनिया की सबसे हसीन औरत' की नायिका श्रमिक है और 'आरोहण' के नायक भूप सिंह छोटे किसान। लेकिन डगर अपनी है। कविता में ऐसे नायक नागार्जुन ने 'हरिजन-गाथा' के कलुआ शिशु को बनाया है—भावी नायक।

और विधेयात्मक उदात्त नायक। उदात्त जैसे शास्त्रीय पद का इस्तेमाल मैं जानबूझकर कर रहा हूँ। मेरे मन की बात यह है कि आरोहण हमारे समय में लिखी हुई कहानियों के बीच क्लासिकी कहानी है। क्लासिकी रचना होने का तर्क भूप दादा के इस वाक्य में निहित है—

'तो सुण भुइला, तूने सिर पर पहाड़ टूटने की कहावत तो भौत सुणी होगी, सुणने में भौत भारी नहीं लगती, लेकिन इसकी सच्चाई तो वोई जाणे है, जिस पर सचमुच का पहाड़ टूटा हो।'

हम उस समय में हैं जब शब्द निरर्थक या उससे ज़्यादा अनर्थक हो रहे हैं। यहाँ भूप दादा भाषा में निहित द्रावकता सत्यापित कर रहे हैं। वे भाषा की विषम यातनामयी वास्तविकता का अर्थ खोल रहे हैं। निरर्थक बनती हुई भाषा को सार्थकता प्रदान कर रहे हैं। सिर्फ़ शब्द से ही नहीं। शब्द सार्थक बनता है कर्म से। शब्द तो निराकार ध्वनि है उसे अर्थ प्रदान करता है कर्म। भूप का कर्म क्या है?

'तेरे जाणे के बाद अगले साल भौत बरफ गिरी। ये हिमांग पहाड़ उसका बोझा न उठा सका, धसक गया और अपने तीस नाली खेत, मकान, माँ-बाबा, सब दब गये मलबे में। मैं ही किसी तरह बच गया, छानी पर था इसलिए। वहीं से तबाही देखी थी मैणे लाचार, असहाय। तू होता तो पहाड़ का मलबा क्या था, पहाड़ तक हटा लेते दोनों भाई। खेत भी खींचकर निकाल लेते, माँ-बाप को भी, लेकिन नहीं हो सका।'

पहाड़ को हटा लेते अगर भाई साथ होता। भाई रूप सिंह है जो अब एक आई.ए.एस. ट्रेनी को गाँव दिखाने आया है। सैलानी की दृष्टि से पहाड़ को देखना—धसकते हुए—खेत, माँ-बाप को निगलते हुए पहाड़ को देखना—दोनों देखना है। 'आरोहण' रूप का ट्रेनी दोस्त भी कर रहा है। वह पर्वतों की सुरम्यता पर रीझता है, बात-बात में नये सौन्दर्यानुभव को महसूस करता है। देखना और देखना अलग हैं, आरोहण और आरोहण अलग हैं। भूप दादा द्रावक अनुभव के साक्षी हैं, रूप के सहचर का देखना आरोहण-विलास है। यह विलास तटस्थ, हृदयद्रावकता से दूर तटस्थ हुए बिना नहीं हो पाता। भूप दादा के आरोहण का रूपक है—'गिद्ध नन्ही चिड़िया से कहता है मैं तुझे खा जाऊँगा क्योंकि मैं तुझसे ऊँचा उड़ता हूँ, तू मुझसे ऊँचा उड़ नहीं सकती। चिड़िया ने पूछा—अगर मैं तुझसे ऊँचा उड़कर दिखा दूँ तो? गिद्ध उसके बचकानेपन पर हँसते

हुए बोला—तो नहीं खाऊँगा। चिड़िया ने धीरज नहीं छोड़ा ऐसे भी मरणा है वैसे भी तो क्यों न मौत से दो-दो हाथ करके ही मरूँ... जाण पे खेल गयी चिड़िया और सारी ताकत लगाकर उड़कर जा बैठी गिद्ध की पीठ पर। गिद्ध अपणी बेहिसाब ताकत के गुरूर में उड़ता रहा, आकाश से भी ऊँचा, लेकिन चिड़िया को अब कोई डर न था। वह हर हाल में उससे ऊँचाई पर थी, मौत की पीठ पर ही जा बैठी थी वो।'

यह चिड़िया का आरोहण, भूप दादा के आरोहण का मिथक-प्रतीक है। जब रचनाकार का भाव-यन्त्र मानवीय वेदना से स्पंदित हो तब रचना में ऐसा मिथक-उपयोग सम्भव है। मिथक जो उचित उपयोग से इतिहास-सार होता है। तथ्य को सत्य में रूपान्तरित करता है, जिससे कल्पना यथार्थ का भी यथार्थ हो जाती है। विज्ञापनी मानसिकता से ग्रस्त शिखर रचनाकार कहलाने के कथाकार ऐसा मिथक न ढूँढ़ पाते हैं न उसका रचनात्मक उपयोग कर सकते हैं। भूप दादा का आरोहण यथार्थ आरोहण है। प्रतीकार्थ के लिए यथार्थ की ज़रूरत होती है। यथार्थ न हो तो प्रतीकार्थ हो ही नहीं सकता। चिड़िया मानव-उद्योग है, भूप दादा का। मिथ आफ़ सिसिफस का बिल्कुल उलटा। उद्योग को व्यर्थ नहीं अव्यर्थ बनाता हुआ। पता नहीं कैसे मान लिया जाता है कि क्रान्तियाँ असफल होती हैं? मानव उद्योग व्यर्थ है? पेरिस कम्यून के बाद अक्टूबर क्रान्ति, अक्टूबर क्रान्ति के बाद चीनी क्रान्ति, वियतनामी क्रान्ति, नक्सलबाड़ी, क्यूबा, वेनेजुएला, नेपाल-क्रान्तियाँ और रचनाएँ निस्सन्तान नहीं होतीं। अस्तु! भूप दादा, धंस के बाद ऊपर चले गये। वहाँ समतल भूमि थी। वह पहाड़ गिद्ध की पीठ पर जा बैठे। पानी की कमी थी। पानी कैसे मिला।

'एक झरणा यूँ ही उस तरफ़ सूपिन में गिर रहा था। उसे मोड़ लेने से पाणी की समस्या हल हो सकती थी, मगर बीच में ऊँचा था...। हमने क्वार के दिन चुने जब रातों में बर्फ जमने लगती थी दिन को पिघलने लगती थी। मगर थोड़ी-थोड़ी। पाणी इतना भी नहीं कि धार तेज़ हो, इतना भी नहीं कि बर्फ जमकर सख्त हो जाय। बड़ी मेहनत की हम दोनों ने, मगर झरने को मोड़कर लाने में सफल हो ही गये आखिर।'

भूप मानवीय जिजीविषा की मूर्ति है। पहाड़ ही पहाड़ नहीं उनका जीवन भी पहाड़ है, वे उसी में पत्थर काट-काटकर झरने निकालते रहते हैं। जो पहाड़ सैलानियों के लिए सुरम्य-विहार है, वह उनके लिए जीवन और मृत्यु का सन्धि-स्थल है। फिसले कि गिरे, हिम्मत हारे कि गिद्ध खा जायेगा। लेकिन 'जिजीविषा', 'जीवन मृत्यु का स्थल', 'पर्वत काटकर झरना निकालने' जैसे किताबी शब्द उनके शब्द नहीं। पहाड़ उनका निवास है, वही उनको विपत्तियाँ देता है और उनको हटाने का रास्ता भी उसी में से निकलता है। आरोहण उनका प्रयत्न नहीं, लक्ष्य नहीं, सहज जीवन या दिनचर्या है। उन्हें आरोहण के लिए माउंटिनियरिंग के उपकरण या सांस्थानिक नियम नहीं चाहिए। वे पहाड़ से अलग रह ही नहीं सकते। रूप का निमन्त्रण कि अब शेष जीवन आराम से बिताएँ—उनके अस्तित्व के लिए ग़ैर-ज़रूरी, सन्दर्भ रहित है।

ऐसे पात्र में—जिसमें शब्द का व्यवहार सार्थकता से जुड़ा हो, जिसके शब्द सकर्मक हों, वाचालता या वाग्मिता ढूँढ़ना या पाना असम्भव है। यह ख़याल पड़ने पर कि प्रेमचन्द ने कोई ऐसा कर्मठ पात्र नहीं चित्रित किया, हैरानी और निराशा होती है। शायद पहाड़ का जीवन चित्रित करते तो होता, लेकिन पूर्वी उत्तर प्रदेश में भी ऐसे पात्र मिल जाते। क्या भूप जैसा परम उद्योगी कर्मठ किसान पात्र हमारे युग यानी स्वातन्त्र्योत्तर भारत में ही रचा जाना था। जब मानव-उद्योग को, इतिहास को व्यर्थ ही नहीं मृत घोषित कर दिया गया है और कर्म या उद्योग व्यावसायिकता का पर्याय बन गये हों, भूप का चरित्र अन्धी क्रूर भागदौड़ के विरोध में अचल नज़र आता है। ग्राम से पलायन करके महानगरोन्मुखता ने पहाड़ के सुदूर क्षेत्रों को पुरुष विहीन कर दिया है। पेड़ कट रहे हैं, सुदूर पहाड़ी स्थलों की प्राकृतिक सुरम्यता और मिथकीय सांस्कृतिक गरिमा महाजनी सभ्यता द्वारा लूटी जा रही है, तब सुरगी के पहले का माही गाँव प्रेमचन्द के उपन्यासों का या गाँधी जी का कोई आश्रम लगता है या किसी तपस्वी की गुफ़ा। लेकिन संजीव की इस कहानी में मनुष्य की जिजीविषा और विवेक की कर्मठता इतनी सतर्क है, भूप का चरित्र इतना ग़ैर-रोमानी और व्यावहारिक कामकाजी है कि उसमें आश्रमीय रोमानियत या आदर्श नहीं है। आदर्शवादी ही आदर्श पात्र हो यह ज़रूरी नहीं। भूप आदर्श बन सकते हैं, किन्तु वे खुद कोई आदर्शवादी पात्र नहीं। जो व्यक्ति पहली पत्नी के गर्भवती होने पर काम-काज के लिए दूसरी ले आये वह आश्रमी आदर्श का व्यक्ति नहीं है। कहानी में पहाड़ कभी डायनासोर के रूप में दिखलाई पड़ता है, कभी धारीदार विशाल पशु के रूप में और प्रयुक्त मिथक में भक्षक गिद्ध के रूप में। यह रूपक आदर्शवादी या रोमानी नहीं। कहानी के ही भूप की सकर्मक जिजीविषा में रोमान अवश्य है जो सर्वध्वंसक पूँजीवाद के विरोध का प्रेरक है। यह रोमान ऐतिहासिक नैतिकता की जागरण-शक्ति है।

यह कहानी शिल्प में अन्तर्ग्रथित और सुगठित है। कहानी बहुत लम्बी न सही (इतनी लम्बी नहीं कि छपे कहानी के रूप में और प्रकाशित हो उपन्यास के रूप में यानी अन्त भला सो सब भला) लेकिन लम्बी ही कही जायेगी। मैं संजीव जैसे तीव्र मनोभावों वाले रचनाकार से इतनी चुस्त-दुरुस्त कहानी की आशा नहीं करता था। कुछ ऊबड़-खाबड़ होना चाहिए। लेकिन वे शिल्प-साधक हैं। शिल्प में विचार की गन्ध प्रायः कम मिलती है इस कहानी में है। महीप का चरित्र-चित्रण मुझे बहुत आकृष्ट करता है। भूप दा कहानी के नायक हैं किन्तु महीप उनसे कम अद्वितीय नहीं।

कहानी का सबसे कम बोलने वाला पात्र भूप की पहली पत्नी—आत्महत्या कर लेने वाली पत्नी का पुत्र जो पिता से मन-ही-मन—पता नहीं क्यों, शायद दूसरी माँ की उपस्थिति से उद्विग्न होकर बिना बताये चला आया था। कहानी में इस बात का कोई उल्लेख नहीं कि भूप ने उसे मनाने की कोशिश की हो। वह सवारियों को

नीचे से ऊपर सुरगी पहुँचाता है। सुरगी जाता है, लेकिन किसी से कोई सम्बन्ध नहीं। उसकी मूकता प्रचुर वाचाल है। बीच-बीच में वह निगाह उठाता। सिर्फ़ निगाह उठाकर ही जो सम्प्रेषित कर देता है, वह बोलने से नहीं प्रकट हो सकता था। पाठक को उसकी चुप्पी, उसके किंचित् अनुभाव के महत्त्व का पता कहानी में थोड़ी देर आगे जाकर चलता है, जब यह खुल जाता है कि वह भूप का पुत्र है। पाठक कथा का सच पीछे से जोड़कर अधिक चकित-प्रभावित होता है।

अपनी सवारी रूप को अपने चाचा के तौर पर जान लेने पर महीप—'रुककर उन्हें देखता रहा' बस और कोई प्रतिक्रिया नहीं। महीप अपने चाचा और पिता के सम्बन्ध को मानो मन से भी उतार कर निस्संग हो चुका है। यह निस्संगता इतनी सटीक और सघन-अभेद्य है कि जैनेन्द्र, अज्ञेय और निर्मल वर्मा के एकाकी पात्र इसके सामने पानी भरें। शेखर और रूप पर्वत की चट्टानों की वाचिक भूवैज्ञानिक जाँच पड़ताल कर रहे हैं और महीप टोकता है—'साब जल्दी करो'। वह संवाद केवल अपने घोड़ों से करता है—मानुष सवारियों से नहीं—शायद किसी मनुष्य से नहीं। उसकी चुप्पी और काम की ही बात करने की मानसिक एकाग्रता उसकी जीवन-त्रासदी को भरपूर जताती है। उसकी चुप्पी, चुप्पी से ज़्यादा वाक्मितता और वाक्मितता से ज़्यादा अपने काम से काम रखने का चरित्र उसकी त्रासदी की विभीषिका का संकेत करती है—ऐसी त्रासदी जिस पर उसका कोई बस नहीं। उसकी माँ शैला ने क्यों आत्महत्या की, उसका पिता दूसरी पत्नी क्यों ले आया, विमाता से उसे अरुचि क्यों हुई—इसका वह जवाबदेह नहीं। गाँव में एक अर्धविक्षिप्त शायर से शेर सुना था। सिर्फ़ मिसरा याद है 'इश्क की चोट भी कैसी भरपूर है।'

आरोहण में कहानी के अनेक अर्थ-आयाम हैं। उसमें अर्थ-संश्लेष है—'धंस', उस अबूझ, मानवीय ज्ञान से परे एब्सर्डिटी का अर्थ भी देता है। जो बीत गया है, अपने साथ सब ले गया और अब हमारे रास्ते नये हैं। वह विस्थापन की अनिवार्यता, उसकी नैतिकता और अनैतिकता दोनों का अर्थ फेंकता है—शेखर का सैलानीपन कहानी के गाम्भीर्य का विवादी स्वर है जो पहाड़ को और अधिक रहस्यमय बनाता है। कहानी में कहीं-कहीं, संगीत और वर्ण की ऐसी लयों का साक्षात्कार है कि कहानीकार के रूप-बोध की आध्यात्मिक ऊँचाइयों का संकेत मिल जाता है।

संजीव ज़िम्मेदार रचनाधर्मी हैं। वे फुलझड़ी नहीं छोड़ते। 'आरोहण' का स्थापत्य गम्भीर विश्लेषण की माँग करता है। 'धंस' से मुझे आचार्य हजारीप्रसाद द्विवेदी के 'महाकाल का कुंठ-नृत्य' की याद आती है जो भौतिकता, दार्शनिकता, निर्मितियों को नेस्तनाबूद कर देता है। और मनुष्य है कि फिर नयी शुरुआत करने पर आमादा होता है। इस जिजीविषा में औदात्य है। अपने से इसी बड़ी शक्ति से जूझते हुए असफल होना और हार न मानना गिद्ध की पीठ पर छोटी चिड़िया का बैठ जाना है।

जलडमरूमध्य

'जलडमरूमध्य' में पुराने और नये का द्वन्द्व बराएनाम है। वह हो सकता था या नहीं यह बात अलग है। जो बीत गया है, वह वैभवपूर्ण था इसीलिए अधिक त्रासद है। कहानी में जो बीत गया है, उसका वैभव छाया है, कथा को इतना त्रासद, विडम्बनापूर्ण बनाने में—इस बीत गये के वैभव का बहुत बड़ा हाथ है। उसका चित्रण विवरण विशदतर है। सहायजी जितने वैभवशाली गरिमामय थे, अब उतने ही असहाय और करुण हैं। पुराना समय पूर्वदीप्ति से सामने आता है। साक्षात् सामने। उन्हें असहायता और न रो पाने की बीमारी है। आँसुओं का सूख जाना, रो न पाने की बीमारी—अनुभाव रहित भाव भी वस्तुतः अनुभाव ही है—ऐसी तीव्र यातना का कि जो है वह इतनी मर्मभेदी है कि प्रकट नहीं हो सकती। प्रकट होने की व्यर्थता मानो जानती है। जो पीड़ा है वह शमशेर के मुहावरे में—'है का है का है'।

वह अबूझ है। रहस्य है। इसीलिए उसके बारे में नाना प्रकार के अनुमान लगाये जाते हैं। इस अनुमान-अनेकता को रेखांकित किया जाना चाहिए। वह अनेक पाठ-ता है, स्थिति का विखंडन है, अनिश्चयता है—उत्तर-आधुनिकता भी है। कथा-साहित्य में यह प्रवृत्ति सबसे पहले मारखेज़ की प्रसिद्ध कृति—मौत का पूर्वकथित ख़बरनामा—में दिखलाई पड़ी थी, उदयप्रकाश की कहानी 'तिरिछ' में भी। ऐसी अनेकवादिता भारतीय चिन्तन में भी है—सो मारखेज़ की बात सिर्फ़ सूचना के लिए कही जा रही है। कबीर ने बहुत पहले कहा था—निश्चित है मृत्यु—कहाँ होगी (या कैसे होगी), पता नहीं, देस-परदेस में होगी—अनिश्चित है।

ना जानौं कित मारसी।

सहाय जी के रक्त में चिरैयाकोट प्रवाहित होता था। उनकी जान उसी शहर में बसती थी। गाँव में उनका पुराना घर था—बड़ा मकान। गुज़रे ज़माने के स्थापत्य का मकान, आलों, मेहराबों और अनेक कमरों वाला। शहर और मकान दोनों कहानी के लोकेल ही नहीं हैं, लोकेल पात्र हैं। कहानी में जो घटना-परिवर्तन होता है, उन्हीं में होता है, परिवर्तन का आघात सबसे ज़्यादा चिरैयाकोट और गाँव में सहाय का घर

झेलता है। सहाय बाबू, चिरैयाकोट शहर और पुराने स्थापत्य वाला घर—तीनों जैसे एक ही पात्र तीन रूपों में स्थितियों को झेल रहा हो—वे एक-दूसरे के प्रतीक से कुछ ज़्यादा हैं। तीनों की नियति एक है। चिरैयाकोट, पुराना घर, सहाय बाबू—इन तीनों की यह प्रतीकार्थक एकात्मकता—इस कहानी की बहुत बड़ी सफलता है, इस निर्वाह की जितनी प्रशंसा की जाय कम है। स्थान, पात्र, परम्परा की जानकारी उससे लगाव के बिना यह सम्भव नहीं। कहानी का ठाठ ऐसा है कि कुछ भी हो, प्रभाव इन तीनों पर समान पड़ता है। अवध, के क़स्बों, उनके निवासियों और पूरे वातावरण को बहुत कुशलता से बुना गया है, तब यह एकात्मकता व्यंजित हुई है। 'जलडमरूमध्य' ऐसी दुर्लभ कहानी है जो क्षेत्रीय संस्कृति से अलग नहीं की जा सकती और यह सिर्फ़ जानकारी नहीं, बल्कि जीवन के राग-विराग को आत्मसात् किये बना सम्भव नहीं।

जातीय चेतना में अतीत रह-रह कर लौटता है और हूक उठाता है। आँखों के सामने हमेशा के लिए विदा होकर अतीत में पर्यवसित होता हुआ वर्तमान सांस्कृतिक चित्त में कैसा संवेदन-विक्षोभ उत्पन्न करता है, यह समझना हो तो समकालीन कथा-साहित्य की अच्छी रचनाएँ पढ़िये। हमारे लेखकों ने 'इतिहास के अन्त' के दौर में निकट अतीत की रचनाएँ दी हैं। इस बीच वृद्ध पात्र चित्रित किये गये हैं—अभूतपूर्व आत्मीयता से उनकी स्थिति पर साहित्य रचा गया है। 'इच्छामृत्यु', आनन्द हर्षुल की एक कहानी, 'छप्पन तोले का करधन' और 'जलप्रान्तर' के वृद्ध पुरोहित की कथा लगभग क्लासिकी गरिमा वाली है। यह सब इतिहास के बाहर की चीज़ नहीं। इतिहास के बाहर चिन्तन की बात है। वह रचना का क्षेत्र नहीं। रचनाकार इतिहास के बाहर जाने की बात करता है, लेकिन शायद इसी की आशंका में वह इतिहास को पहले से अधिक आत्मीयता में कसकर पकड़ता है। भाव-बोध की इस द्वन्द्वात्मक प्रक्रिया से युगीन संवेदन का व्यायाम और विस्तार होता है। रचना के क्षेत्र में साम्राज्यवादी अपसंस्कृति जितना ही अधिक अमानवीय, संवेदनशून्य, निस्संग होती गयी है, रचना और अधिक ज़िम्मेदार और संवेदन-समृद्ध होती है। इस चुनौती को रामचन्द्र शुक्ल ने काफ़ी पहले देख लिया था। 'बूढ़ी काकी' (और 'चीफ़ की दावत' की वृद्धा माँ का भी) का सामाजिक परिवेश इतना संवेदनहीन नहीं जितना 'जलडमरूमध्य' का। पारिवारिक परिवेश तो एकदम अपसांस्कृतिक विज्ञापनी। परिवार के बच्चों ने जैसे टी.वी. चैनल के विज्ञापनों से बालोचित निरीहता को भुनाना सीख लिया हो। इस सबकी व्याख्या करने के लिए जिस समाज-इतिहासशास्त्रीय विवेचना की दरकार है, वह हमें कहानी से बहुत दूर ले जाएगी और लम्बी होगी। इन रूपों की चर्चा करने का अवसर हमें मिलेगा। अस्तु! हम कहानी की ओर लौटते हैं।

अखिलेश परिवर्तन का कारण नहीं कहते। परिवर्तन जितना ही प्रभावशाली या व्यापक है, कारण उतना ही आन्तरिक रहस्यमय। और वह केन्द्रीय महत्त्व का है। कहानी के छावन की बँडेर। सहाय साहब में परिवर्तन मानो सहसा आया—लेकिन

एक दिन न जाने क्या हुआ कि उन पर जुनून सवार हो गया था, चिरैयाकोट त्यागकर अपने गाँव में बसने का। वह अपने मकान में बैठे थे कि फैसला कर दिया कि गाँव रहेंगे। मरेंगे तो अपने पुरखों की मिट्टी में मरेंगे। बस यहीं से शुरू होता है सहायजी और कौशल्या की विपत्तियों तथा बरबादी का क़िस्सा।

अखिलेश की एक और कहानी 'शापग्रस्त' का नायक भी लगभग इसी तरह से बरबादी की ओर मोड़ा गया था—

'पर पिछले कुछ दिनों से इस शख़्स को हो क्या गया। ऑफ़िस से छुट्टी मारकर बैठा है गुमसुम। आँखें उठाकर देख तक नहीं रहा है। न उसकी तरफ़ न बच्ची की तरफ़। अजीबोगरीब हरकतें कर रहा है।'

शापग्रस्त में कारण का पता जल्दी ही चल जाता है। 35 की उम्र में ही तोंद नहीं पचक रही थी। इसका अहसास इतना तीव्र और दूरगामी था कि स्वयं से बोला—'मेरा शरीर, मेरी आत्मा, दोनों बरबाद हो चुके हैं। मैं पैंतीस का हूँ लेकिन दोनों ही बूढ़े हो चुके हैं। न मेरी आत्मा निष्पाप हो सकती है न मेरी तोंद पचक सकती है... यही क्षण था जब उसमें परिवर्तन प्रकट होने लगा था।'

तोंद निकल आने पर—पचक न पाने पर इतना बड़ा परिवर्तन—असाधारण है, मनोचिकित्सा का विषय है। ऐसा ही परिवर्तन शहर कोतवाल में हुआ था। क्रूर कोतवाल भीगी बिल्ली बनकर मर गया था।

प्रेमचन्द ऐसा हृदय परिवर्तन कराते थे। लेकिन वह इतना अबूझ और अकारण नहीं होता था। हृदय परिवर्तन के कारण विश्वसनीय लगते थे। हृदय परिवर्तन उस समय व्यक्ति में ही नहीं, सामाजिक वातावरण में भी था। हृदय परिवर्तन यह है भी नहीं—यह उच्चाटन है। जैसे कोई अपनी परिचित दुनिया से ज्ञान होने पर माया-मोह समझकर विरक्त हो जाये।

'शापग्रस्त' का नायक आत्मग्रस्त है वह अपनी स्थिति के विरुद्ध हाथ-पाँव भी नहीं मारता। वह अपनी विरक्ति और असहायता में भी असामान्य और अबूझ है। इसलिए मनोचिकित्सा का विषय है। अपने को छोड़कर वह किसी और के बारे में सोचता ही नहीं। उसका दुख भी छद्म है। सच्चे दुख का अभाव ही उसकी शापग्रस्तता है।

सहाय का दुख इतिहासजन्य है। उसका सम्बन्ध तोंद जैसी चीज़ से नहीं, बुढ़ापे से है। लेकिन उनके बुढ़ापे से चिरैयाकोट, पुराने स्थापत्य वाले मकान, यहाँ तक कि भारत के पारस्परिक जीवनमूल्य का बुढ़ापा नत्थी है। नत्थी नहीं एकमेक है। कहानी में कमाल की बात यह है कि बुढ़ापे को (सारी संश्लिष्ट प्रतीकात्मकता के साथ) साम्राज्यवादी भूमंडलीकृत अपसंस्कृति के साथ रख दिया गया है, या भिड़ा दिया गया है।

वृद्ध की ज़्यादा चिन्ता की जानी चाहिए, उसे ज़्यादा सकून और इज़्ज़त मिलनी

चाहिए। परिवेश से, आत्मीयों से विशेषतः अपनी सन्तानों से। यहाँ सब कुछ उलटा है। उलटा कहने से दारुणता नहीं खुलती। परिवेश अपरिचित होता जा रहा है। परिचित प्रतिकूल से आप लड़-झगड़ सकते हैं, अपरिचित से आप कुछ नहीं कह सकते, केवल स्तब्ध रह सकते हैं। और विशेषतः तब जब अपरिचय के सर्वग्रासी वर्चस्व का दौर एक झटके से आ गया हो। अपरिचय के इस सर्वग्रासी वर्चस्व का दौर नया युग, विकास के नाम से आया है, भावी गुण और सन्तान एक हैं। जिस अजनबीपन, बेगानगी, अलगाव की बात साहित्य में दशकों पूर्व की जाती थी, वह आर्थिक सुधारवाद के चलते भारत में अब लगभग आ गया है। तब यह सब साहित्य में ज़्यादा था, जीवन में कम, अब वह जीवन में आ गया है। उसकी दारुणता इतने सटीक तौर पर चित्रित-व्यंजित हो रही है। 'जलडमरूमध्य' का वातावरण ऐसा है जिसमें पारिवारिक सम्बन्धों का पुनर्गठन हो रहा है। पारिवारिकता में से परस्परता जा रही है, वैयक्तिकता आ गयी है। एंगेल्स ने लिखा था कि संयम और सहिष्णुता के बिना परिवार नामक संस्था की प्रतिष्ठा ही नहीं हो सकती थी। अब संयम और सहिष्णुता जा रहे हैं तो परिवार का पुराना ढाँचा विघटित हो रहा है, लेकिन यह कहना बहुत ग़लत होगा कि यह औसत भारतीय परिवार की स्थिति है। वह नवआर्थिक नीति, बहुराष्ट्रीय कम्पनियों के वर्चस्व और विज्ञापनी अपसंस्कृति का आता हुआ विशेषतः नगरों का पारिवारिक रूप है।

इसमें पुराने पारिवारिक मूल्यों में रचे-बसे वृद्धजनों की स्थिति नयी है। वृद्धों की सबसे ज़्यादा आत्मीयता बच्चों से होती है। और बच्चों की? आपको 'बूढ़ी काकी' की छोटी लड़की या 'ईदगाह' का हामिद याद होगा। बच्ची सबके सो जाने पर चुपचाप बूढ़ी काकी को खाना खिलाती है। हामिद खिलौना नहीं, दादी के लिए चिमटा खरीदता है। यहाँ सहायबाबू और कौशल्या को पोते से आत्मीयता है लेकिन मनु उस आत्मीयता को भुनाता है। शेक्सपीयर का हेनरी अष्टम यातना में चीख़ता है—'सो ब्यूटीफुल एण्ड सो करप्ट'। यह उक्ति सीधे सहायबाबू और कौशल्या के पोते पर लागू होगी—अपसंस्कृति या नयी पूँजीवादी संस्कृति निरीहता, बचपना, त्याग, बलिदान जैसी भावनाओं को अनावश्यक समझ कर फेंक रही है। पुराने मूल्यों में पका हुआ वृद्ध उसे झेल रहा है। झेल नहीं सकता, वह निस्तब्ध है, पाषाणता ने उसे भी पाषाण बना दिया है। उसके आँसू सूख गये हैं। वह मनोविकार रहित हो गया है—जीवित घास-पात—लिविंग वेजीटेबुल।

अखिलेश ने सहायजी के परिवर्तन को जतन से अबूझ बना रखा है। अनेक कारण हैं। निर्णायक कारण कोई नहीं मालूम पड़ता। निर्णायक कारण का अभाव या पता न चल पाना ही तो असल बात है। सामान्य आदमी कहानी पढ़े तो उसे 'शापग्रस्त' कहानी की तोंद और 'जलडमरूमध्य' में 'सहायजी के हाथों में झुर्रियों का फैलता हुआ जाल' में सादृश्य दिखलाई पड़ेगा। 'इन्हें अभी और ज़्यादा निस्तेज

होकर सिकुड़ते जाना है।' फिर सिलसिला शुरू होता है—

'हमारा बुढ़ापा बढ़ता जा रहा है। ज़्यादा नहीं बची है ज़िन्दगी' वे लड़खड़ाकर गिर पड़े, जख़्म हो गया। उन्हें डायबिटीज़ था। सहायजी मत्थे पर ज़ख्म लिए खोये-खोये रहते और निराशा भरी बातें करते। कहते ज़िन्दगी में कुछ रखा नहीं है। अब हमें सामान समेटने की तैयारी करनी चाहिए। सामान समेटने के दोनों मतलब—चिरैयाकोट छोड़ना और दुनिया छोड़ना।

तो सामान समेटने का कारण बुढ़ापे का अहसास है। सहायजी के पिता भी बहुत कुछ इसी तरह गाँव जाकर मरे थे। इसे सहायजी नियति मान लेते हैं। कैलाश वाजपेयी के कविता संकलन का नाम है 'भविष्य घट रहा है'। इसका भय सहायजी के मन में व्याप गया है। भय झूठा नहीं है। मानव ने इसी से लड़ने में अपना इतिहास बनाया-बिगाड़ा है, लेकिन सामान्य व्यक्ति अन्दर से भयभीत होते हुए भी अपना चिरैयाकोट नहीं छोड़ता। मनोरोगी नहीं बनता। मनोरोगी बनाया है तो अखिलेश कोई सन्देश देना चाहते होंगे। वह सन्देश क्या हो सकता है?

एक तो यही कि हमारे निर्णय या व्यवहार के पीछे अनेक बूझ और अबूझ कारण होते हैं जिनका किसी को पता नहीं होता। वस्तुतः हमारा व्यवहार या निर्णय किसी एक नहीं अनेकानेक ज्ञान-अज्ञात कारणों से होता है।

बुढ़ापे का भय आदमी को पागल बना सकता है। आप चाहें तो सहायबाबू और राजकुमार सिद्धार्थ में किसी दूर तक समानता ढूँढ़ सकते हैं। सिद्धार्थ ने भी ऐश्वर्य त्याग दिया था। वृद्ध, रोगी और मृत को देखकर ऐसा अपघात उनकी चेतना पर हुआ था।

सांसारिक दृष्टि से सुखी आदमी जब अपने सुख का अन्त होते देखता है और इससे बचाव का कोई रास्ता नहीं पाता तब वह सामान्य या दुखी व्यक्ति से कहीं अधिक क्षुब्ध होता है। 'जलडमरूमध्य' में स्मृति के सूत्र से सहायजी के पूर्व वैभव, यश और इज़्ज़त का जो विशद वर्णन किया गया है वह उनकी असहायता से टकराकर यातना को अत्यधिक तीव्र कर देता है।

इन सभी सन्देशों से कहानी का कथ्य बनता है। सहायबाबू के मन में कहीं भी दूसरे के दुख की कोई वेदना या झलक तक नहीं मिलती। सहायबाबू अपनी यातना में निस्संग हैं। चाची का दुख उन्हें कोई विशेष प्रभावित नहीं करता और चाची उनकी चाची हैं और सहाय की सन्तानें उनके पुत्र, पुत्रवधू, पौत्र अपने सुख या सुख-कल्पना में निस्संग हैं।

निस्संग आत्मग्रस्त पात्रों की कथा-रचनाएँ पहले भी हुई हैं। निष्कर्ष भी नये नहीं हैं। फिर भी 'जलडमरूमध्य' और इस तरह की अन्य समकालीन रचनाओं का प्रभाव भिन्न है। नया है। कहानी की घटनात्मक परिणति से कहानी की प्रभावशीलता प्रभावित हो सकती है, निर्धारित नहीं होती। जलडमरूमध्य की प्रभावशीलता उसकी

रचना-प्रक्रिया में है। एक घटना-स्थिति को दूर अगली घटना-स्थिति से सटाने में, स्थिति का पात्र पर पड़ने वाले प्रभाव में है जो वाचक के वर्णन, विवरण और अनुभाव से पाठक का आस्वाद निर्मित करता है। कहानी में काल-क्रम, परिवेश-क्रम को बिखेरकर रैखिक क्रम को ध्वस्त कर दिया गया है। कहानी का प्रारम्भ और अन्त कौशल से सुसम्बद्ध हो जाते हैं। कहानी का अन्तिम अंश प्रारम्भिक अंश से जुड़कर उसका स्वाभाविक परिणाम या बढ़ाव लगता है।

कहानी में सबसे मार्मिक अंश वे हैं जिनमें सहायबाबू की स्थितियों की प्रतिक्रिया का न होना चित्रित है। वह प्रतिक्रियाशून्यता प्रतिरोध-चेष्टा की व्यर्थता का अनुभाव है। जैसे कसाई की छुरी के नीचे गर्दन वाली बकरी की निश्चेष्टता—एक मेष-माता ही निर्मिमेष रहती है। सहायबाबू का बुढ़ापा सिर्फ़ बुढ़ापा नहीं—ऐसा बुढ़ापा है जो विगत ऐश्वर्य सुख-सम्मान के लुप्त हो जाने की यातना भी अपने में समाये है। सामने बदला हुआ चिरैयाकोट भी है, अपना शरीर भी है, पत्नी भी है, मकान भी है—लेकिन स्मृति में भूतपूर्व अपने यथावत् रूप में विद्यमान है जो इतना यथार्थ, ठोस, भोग्य था वह न रह जाता, लेकिन मन की आँखों के सामने भी न होता तो यातना न होती। ऐसी यातना जो विवश है, चेतना की चीख़ भर है। इस चीख की अभिव्यक्ति सिर्फ़ आँसू के सूख जाने में और दृष्टिशून्यता में ही हो सकती थी।

बुढ़ापे ने उन्हें अशक्त बना दिया है और सन्तान जो पारम्परिक दृष्टि से बुढ़ापे का सहारा होती है, नितान्त आत्मग्रस्त होकर उनके लिए अनात्मीय हो गयी है। ईद, होली मिलनवाला, भाभी के संग पतंग उड़ाने-लड़ाने वाला, सम्मान, इज़्ज़त देने वाला चिरैयाकोट टूट-फूट कर नया बन रहा है, केंचुल छोड़कर आ गयी चमक-दमक अख़्तियार कर रहा है—जो इस ज़माने में कमा सकते हैं, वे धन बटोरकर पुराने स्थापत्य वाले मकान को तुड़वाकर नये स्थापत्य के मकान बनवा रहे हैं। होली, ईद मिलकर मनाने वालों के शहर में साम्प्रदायिक दंगा हो रहा है। यह नया चिरैयाकोट जितना नया होता जाता है उतना ही अपरिचित और अनात्मीय होता जा रहा है। ग़ालिब ने बुढ़ापे में अंग्रेज़ी राज में नये होते जा रहे दिल्ली शहर के बारे में लिखते हुए किसी शायर का यह शेर उद्धृत किया है—

एक गुज़रा ज़माना हैं हम लोग
याद रखना फसाना हैं हम लोग।

आप खुद अपनी निगाह में फसाना हो गये हैं। भूतपूर्व हो गये हैं। याद रखने वालों, फसाना पढ़ने-सुनाने वालों की तलाश में हैं। और उसी की तलाश में सहायबाबू गाँव जाना चाहते हैं। खुद फसाना पहले के फसानों में मिलना चाहता है। गाँव जाकर सहायबाबू पुरखों की मिट्टी में मिलना चाहते हैं।

और 26 कमरों वाले, पुराने स्थापत्य वाले मकान में उन्हें मिलती हैं चाची जो भूतपूर्व वैभव और वर्तमान की अनात्मीयताग्रस्तता में सहायजी की भी चाची हैं।

परिवार के सब लोग उन्हें छोड़कर चले गये थे। अकेली रह गयी थीं। उनकी विपत्ति सरणि सहायबाबू से कम यातना-प्रद नहीं, कुछ ज़्यादा ही है। सहायबाबू और कौशल्या का चाची से मिलन का दृश्य कहानी के उत्कृष्ट अंशों में से है। ऐसे उत्कृष्ट स्थल इस कहानी में अनेक हैं।

चाची इस कहानी की सर्वाधिक विपत्ति-सरणि झेलने वाली पात्र हैं। जल्दी ही विधवा हो जाने वाली, अकेली और बड़े मकान में अकेली रहने वाली। शरीर में शक्ति रहते नाना कामों में अपने को उलझाये रखने वाली, बुढ़ाने में पाली हुई गाय की सन्तान की विष्ठा खाने लगी। उनका अतीत भी वैभवपूर्ण है। स्मृति वैसी ही यातना उत्पन्न करने वाली और किसी हद तक सहारा भी देने वाली।

अशक्त और असहाय स्थिति में कामोद्दीपन बल देता है। जिजीविषा निराश, हताश को सँभालने का प्रयास करती है। काम-चेष्टा जीवधारी का आदि विश्वसनीय जीवन-प्रयास है, उसके अस्तित्व का आदि कारण। इसलिए मुझे उदय प्रकाश की कहानी 'और अन्त में प्रार्थना' और 'जलडमरूमध्य' में शरीर-सम्पर्क के प्रसंग स्वाभाविक, मार्मिक लगे। जिजीविषा, सफल न हो तो वह असहायता को तीव्रतर करेगी। 'जलडमरूमध्य' में सहायबाबू और कौशल्या के पूर्ववत शरीर-सम्पर्क के प्रयास में शरीर मनोविकार का साथ नहीं देता—इससे उनकी असहायता, वृद्धत्व का सच आग्रहपूर्वक रेखांकित होकर पूर्वाधिक निराश कर देता है। सो यह प्रसंग स्वाभाविक और मार्मिक है। चाची के पति प्रयोगशील थे। वे उनके स्तनों से हारमोनियम बजवाते थे। इस वर्णन में साहसिक प्रयोग है, शरीर-सम्पर्क में स्वतन्त्रता और कल्पना की क्रीड़ा है; किन्तु यह उनके सम्बन्धों में कुछ जोड़ता नहीं, इसलिए रचनात्मकता की दृष्टि से अनिवार्य नहीं है।

'जलडमरूमध्य' में सहायजी के पुश्तैनी मकान में 26 कमरे हैं। इस कहानी में भी कम कमरे नहीं हैं। पात्रों के अलग-अलग कमरे हैं। यद्यपि कमरे की सजावट समान है। अतीत को वर्तमान में और वर्तमान को अतीत में लपेटकर कहानी के कथानक को तात्कालिकता में जीवन्त किया गया है। पुराने का विवरण वर्तमान के बिन्दु (स्थिति क्षण) में अचूक बिम्बों से उभारा गया है। ऐसे बिम्बों को अनुभाव-बिम्ब कहना चाहए। यह कौशल उसी रचनाकार को नसीब होगा जो क्षण की तात्कालिकता में बिखरे कारक सन्दर्भों को जोड़कर उनसे झलकती विडम्बना-यातना समझा सकता है और महसूस करा सकता है। उन अनिवार्य चित्रों से ऐसे बिम्ब निर्मित कर सकता है कि पाठक समानधर्मा हो जाये। फिर कहानीकार अखिलेश को वाचकीय टिप्पणी की ज़रूरत नहीं रह जाती।

राधाकृष्ण पेपरबैक से प्रकाशित 'शापग्रस्त' में संकलित इस कहानी का पृ. 152-153 और 154 का पहला पैराग्राफ़ एक साथ उद्धृत करने का मन करता है। विवरण-वर्णन इतना सघन है कि अलग से काटकर कोई शब्द चित्र दें तो वह कटा-कटा लगेगा—इतने वर्षों के बाद सहायजी कौशल्या को लेकर पुराने मकान में अकेली रहने वाली चाची से मिलने आये हैं—

‘सहायजी कौशल्या को लेकर दरवाज़े की तरफ़ बढ़े। दरवाज़े की कुंडी को स्पर्श किया। कितने साल बाद वह उस लोहे को छू रहे थे।

चाची के कानों में कुंडी खटकी। वह बैठे-बैठे ही बोली ‘चले आओ’। तभी उन्हें याद आया दरवाज़ा तो उन्होंने कुत्तों के डर से बन्द कर लिया था। वह घुटनों पर ज़ोर लगाकर उठीं और झुकी-झुकी चलने लगीं। वह इसी तरह चल सकती थीं क्योंकि उनकी कमर कमान की तरह मुड़ गयी थी और पैरों में ताक़त नहीं बची थी। आज वह कुछ ज़्यादा ही झुकी थीं। इतना कि यदि अपने दोनों हाथ नीचे लटका देतीं तो लगता कि कोई जानवर चल रहा है।’

‘चले आओ’ कहने के बाद ही यह याद आना कि दरवाज़ा तो कुत्तों के डर से बन्द कर दिया था विवरण-वर्णन के यथार्थ को धार देता और विश्वसनीयता को तात्कालिक बनाता है—एक चेष्टा में एक भूली चेष्टा को लपेटकर स्थिति की एक और तह खोलकर चाची की अकेली असहायता को और साक्षात् करता है। ‘दोनों हाथ नीचे लटका देतीं तो लगता कि कोई जानवर चल रहा है’ जैसे त्रासद विडम्बनामय बिम्ब—गत्वर बिम्ब अनेक हैं इस कहानी में—समकालीन कहानीकारों में इस कला के आचार्य अमरकान्त हैं।

‘चाची ने किवाड़ खोले। उनके बाल एकदम सफेद थे। ठुड्डी पर भी बाल निकले हुए थे। उनकी गरदन हिल रही थी। सहाय भी स्तब्ध हो गये। उन्होंने अपने को सँभाला और नमस्ते किया। कौशल्या बैठकर आँचल बढ़ाकर चाची के पाँव पूजने लगीं। चाची के चेहरे पर हैरानी का भाव था। वह बोलीं—‘कौन लोग हो?’ हमको ठीक से दिखता नहीं है।

—हम हैं चाची। हम कौशल्या हैं ये आपके भतीजे।

—तेज़ बोलो। हमको ऊँचा सुनायी देता है।

सहायजी ने ज़ोर से बोलकर परिचय बताया। उनको उम्मीद थी कि उनका नाम सुनते ही चाची भाव-विह्वल हो जाएँगी। उनकी आँखों से आँसुओं की धार बहने लगेगी। आशीष देंगी। लेकिन चाची ने ऐसा कुछ नहीं किया...

वह दोनों को भीतर ले आयीं। उनसे आँगन में पड़ी खटिया पर बैठने के लिए कहा। स्वयं नीचे पड़े पीठ पर बैठकर एक टहनी से पीठ खुजलाने लगीं। जम्हाई लेती हुई बोलीं—लगता है पानी बरसेगा। सिर हिल रहा था। उन्होंने पूछा—‘पानी वानी पियेंगे?’

सहायबाबू अपने पुश्तैनी गाँव में आत्मीयता ढूँढ़ने आये थे। उस पुराने गाँव और पुराने मकान में जहाँ पूर्वजों की मिट्टी थी, जहाँ उन्होंने माँ-बाप और बुज़ुर्गों का अमित आदि स्नेह, संरक्षण पाया था। वहाँ चाची नाम से जो प्राणी बची थीं, वे आत्मीयता देने में आशक्त थीं। बाह्य परिस्थितियों ने आन्तरिक सम्बन्ध पहचानने की शक्ति सुखा डाली थी। विडम्बना यह थी कि चाची, सहायबाबू और कौशल्या तीनों को आत्मीयता की ज़रूरत थी। सहायबाबू और कौशल्या तो आत्मीयता की तलाश में गाँव आये थे।

चाची अनात्मीयता झेलते-झेलते खुद अनात्मीयता की मूर्ति हो गयी थीं।

गाँव और पुश्तैनी मकान सहायबाबू के लिए आत्मीयता पाने का जीवित स्वरूप था। चाची के कहने पर सहायबाबू उन्हें उपचार के लिए डॉक्टर के पास ले गये तो पहला मौका पाते ही गाँव वालों ने उस मकान को लूट लिया।

अखिलेश ने मकान की लूट की घटना की योजना करके मकान को समकालीन दौर की ऐतिहासिक क्रूर-उन्माद बाबरी ध्वंस का—सिर्फ बाबरी ध्वंस का ही नहीं बल्कि उन्मादग्रस्त ध्वंसात्मक हरकतों का प्रतीक बना दिया है। प्रवाद-अन्धविश्वास था कि मकान में असीम धन गढ़ा है, उसी की लालच में गाँव वालों ने रात में उसे ध्वस्त कर डाला। फावड़े कुदाल लेकर कूदने वाले धोती पहने थे, जनेऊधारी थे—काफी संकेतपूर्ण है। इस ध्वंस-बिम्ब में कहानीकार ने साम्प्रदायिक उन्माद और प्रवाद-अन्धविश्वास—जो साम्प्रदायिक उन्माद को आग की तरह फैलाता है—दोनों को लपेटकर कहानी की अर्थवत्ता में समकालीन इतिहास की विडम्बना को सहायबाबू और चाची की विडम्बना का महत्त्वपूर्ण अर्थ आयाम जोड़ दिया है। यानी कहानी एक व्यक्ति और परिवार की ही नहीं हमारे दौर की ऐतिहासिक, सामाजिक विडम्बना भी बन गयी।

कहते हैं कि व्यक्तिगत की व्याख्या सामाजिक-ऐतिहासिक भी हो गयी है। 'जलडमरूमध्य' में एक ऐसा बिखराव है जो इसे न सिर्फ़ औपन्यासिक बनाता है बल्कि अन्ततः बाज़ार अर्थ-व्यवस्था, अनात्मीय निस्संगता, स्वार्थान्धता और पारिवारिक मूल्यों के विघटन को भी अपने में जोड़ कर सहायबाबू के असहायता चक्र को पूरा कर देता है। पैसे और देह की लालच एक-दूसरे को कैसा उकसाते हैं, पारिवारिक-पारम्परिक मूल्यों से विमुख—विमुख नहीं, उनको भुनाने के कैसे दाँव-पेंच का अवसर प्रदान करते हैं—यह सब अखिलेश की इस कहानी में पाठक को विचलित कर देने वाले शिल्प में प्रस्तुत किया है। वह काल्पनिक नहीं लगता, वास्तविक है। इस वर्णन-चित्रण में भी जादू सहाय-कौशल्या की निश्चेष्टता अनुभाव बनकर आन्तरिक दृश्य बन जाती है। जितनी निश्चेष्ट उतनी ही मार्मिक यातनादायक।

और यह यातना एक व्यक्ति, एक परिवार की नहीं हमारे दौर की है। यह रेणु द्वारा चित्रित व्यतीत मात्र या व्यतीत होते हुए की मोहक कथा नहीं, हमारे दौर की दारुण कथा है।

कहानी के अन्तिम अंश में सहायजी का शाप इतिहास का शाप कम—सहृदय पाठक की (वह परम्परा-प्रेमी, राष्ट्रप्रेमी, संस्कृति प्रेमी, साम्राज्यवाद विरोधी, कुछ भी हो सकता है) अभिलाषा ज़्यादा है। जैसे फिल्मों में खलनायक को पिटते देखने की कामना वैसे कुछ उससे कहीं अधिक अधिक आर्त्तकरुण अपने दौर की व्यथा।

और उसके पूरा होने के आसार नहीं दीखते—

जैसा कि सहायजी ने कहा था कि खरीदने वालों का नाश हो जायेगा, वैसा कुछ भी नहीं हुआ। वे बहुत आराम से दिन काट रहे हैं।

वह सामाजिक की सदिच्छा की पूर्णाहुति है कि खलनायक मौज कर रहा है।

यह ठीक है कि कोई समय निश्चित नहीं किया गया था—और ऐसा नहीं कि वह वक्त अभी आना बाकी है।

लेकिन वह वक्त किसी ने नहीं देखा है—वह अनुभव नहीं है। 'जलडमरूमध्य' निहायत पठनीय रचना है। वृद्ध-दम्पती और विधवा निस्सन्तान वृद्धा का ऐसा दारुण और विशद चित्रण शायद ही अन्यत्र हो। कह सकते हैं कि कहानी में जान-बूझकर ऐसे पात्रों और उनकी स्थितियों को जुटाया गया है, रचना मिकैनिक है। लेकिन जीवन में ऐसा होता है और ऐसे वृद्ध आपको मिल जाएँगे। मुझे यह रचना जोड़ी-तोड़ी या अस्वाभाविक नहीं लगी। सहायजी का चिरैयाकोट से उच्चाटन कथा में थोड़ा रन्ध्र ज़रूर पैदा करता है। बुढ़ापे में अपने गाँव की ओर लौटने का भाव भी अक्सर पाया जाता है। अपने बचपन के गाँव को बुड्ढा सपना बना लेता है और उसे मन में उसी रूप में सुरक्षित रखता या रखना चाहता है। जबकि गाँव वाले निहायत काइयाँ शिकारी होते हैं। वे मौका पाते ही सारे पारम्परिक और किताबी मूल्यों को ताक पर रखकर स्वार्थान्ध हो जाते हैं। स्वप्नजीवी को बुढ़ापे में दारुण मोहभंग होता है। बुढ़ापे का मोहभंग आदमी को सहायबाबू-कौशल्या बना देता है।

यह सब ठीक। लेकिन इस कहानी की उठान जिस अबूझ रहस्यमयता से हुई थी और जो मन में कई सम्भावनाएँ जगाती थी, उसको बाज़ार की अपसंस्कृति से जोड़कर शमित कर दिया गया है। बुढ़ापा अपने आप में जीवन का क्रूर शाप है जो प्रिय से प्रिय व्यक्ति को अनात्मीय बना देता है। सहायबाबू के बुढ़ापे को नगर की तोड़-फोड़ व नवधनिकों के समृद्धि-प्रदर्शन से जोड़कर चिरैयाकोट को ही इतना अनात्मीय और अपरिचित बनाया जा सकता था। मेरा विचार है कि तब बुढ़ापे की शारीरिक अशक्तता और असहायता की धार ज़्यादा घटनाओं में फैलकर शिथिल न पड़ती। चिन्मय, मनजीत का दाम्पय-जीवन एक स्वतन्त्र रचना की कथा है। अखिलेश को उन्हें अस्वाभाविक तौर पर एकाग्र पात्र बनाना पड़ा है जो बिल्कुल विचलन रहित हैं। चिन्मय-मनजीत अपने नये परिवार में अस्वाभाविक नहीं हैं। लेकिन माँ-बाप सहाय-कौशल्या से जुड़कर ज़रूरत से ज़्यादा नये बन जाते हैं। अगर चिन्मय और मनजीत थोड़ा संस्कारी होते, कम काइयाँ होते तो क्या सहायबाबू की दारुण असहायता कम हो जाती। शायद वह और बढ़ जाती। चिरैयाकोट का उच्चाटन (जलडमरूमध्य के ही अनुसार) इतना तीव्र था कि वह शेष जीवन भर उनकी आँखों में आँसू न आने देता। सहाय बाबू की विडम्बना को विस्तार देने में कहानी खुद स्व प्रतिवाद में उलझती लगती है। किस मनोयोग और सिद्धि से उन्होंने चिरैयाकोट से उच्चाटन को रचा, गाँव की दारुण अनात्मीयता को निर्मित किया और फिर जैसे इस सब पर स्वयं विश्वास न करते हुए एक और स्वतन्त्र कथा उसमें नत्थी कर दी।

यहाँ से लम्बी कहानियों के रचना-विधान पर चर्चा शुरू होनी चाहिए।

काल की चोट सब पर पड़ती है। असहाय, अशक्त शिशु भी होता है, किन्तु शिशु

पर सब स्नेह उड़ेलते हैं, क्योंकि वह विकासशील सम्भावना है। वृद्ध की असहायता समाप्ति की असहायता है। जिस शिशु सन्तान को उसने ध्यान देकर पाला-पोसा था, उससे वह स्नेह और ध्यान का आकांक्षी होता है। लोग कृतघ्न, सामान्यतः नहीं होते—लेकिन हाय रे तुलसीदास—

दीरघ रोगी दारिदी कटुबच लोलुप लोग
तुलसी प्रान समान तउ होहिं निरादर जोग
(दीर्घकाल से रोगी, दरिद्र, कटुभाषी, लालची,
प्राण-प्रिय होने पर भी निरादर योग्य होते हैं)

सहाय का शरीर बुढ़ापे की अशक्तता और पुराने वैभव की स्मृतिशेषता की मानसिक-रुग्णता दोनों से असहाय है। आत्मीयता वह दुनिया नहीं दे सकती जो तेज़ी से बदल रही है। इस बदल में नयी अपसंस्कृति की झलक यथायोग्य दी जा सकती थी। सन्तान-कथा का इतना प्रगाढ़ रंग दिये बिना भी पुराना मकान गाँव वालों की क्रूर अनात्मीयता को धोती और जनेऊ के बिना भी तीव्र रखता (यह काम किसी वर्ग-वर्ण के आदमी कर सकते थे)। धोती, जनेऊ निन्दनीय हैं किन्तु निन्दनीयता अनिवार्य बनकर आये तो ज़्यादा प्रभावी होगी।

कामतानाथ की भी एक कहानी पुराने घर पर है। उसमें कोई हृदयहीन या क्रूर पात्र नहीं है, लेकिन समय ने ऐसा खेल रचा है कि मकान की कोई परवाह नहीं कर सकता। सब लाचार हैं। कामतानाथ ने खाली पड़े मकान की उपेक्षित स्थितियों को वाचक की पुरानी स्मृतियों से ऐसा सन्दर्भित किया है कि शब्द-शब्द अनुभव बन जाता है। अन्त में वाचक विवश, समय के सामने लाचार मकान को छोड़कर जाता है। कामतानाथ की कहानी में भी पुराना मकान पुराने की करुण नियति की व्यंजना है। मकान का ऐसा चित्रण है कि कहानी का सबसे सशक्त पात्र वही है।

'जलडमरूमध्य' इतनी पठनीय क्यों लगी। कहानी में सूक्ष्म ब्योरे (डिटेल्स) बहुत मार्मिक हैं। अखिलेश डिटेल्स को बहुत हल्के स्पर्श से उकेरते हैं। उन स्थितियों को वे ऐसे सामान्य रोजमर्रा के शब्द चित्रों में उकेरते हैं मानो कोई ख़ास बात न हो। जैसे सहाय-कौशल्या का दारुणतम मनःस्थिति में गाँव में यात्री से मिलना और यात्री का ऐसा व्यवहार मानो उनका आना कोई ख़ास बात न हो। यह सामान्य व्यवहार अनेक असामान्य स्थितियों के संश्लेष का अनुभव है। यातना में ख़ास बात यह होती है कि वह चीख़ती तो है लेकिन मौन या धीमे से। जहाँ विवरण-वर्णन हैं, वे ठेठ अवध के क़स्बाई और ग्रामीण संस्कृति की लय में हैं। शोर का यह धीमापन या मितव्ययिता कथा-विस्तार में कम है—इसीलिए वह मुझे कसी हुई नहीं ढीली लगती है। क्या नये कहानीकारों ने भी ऐसी कथानक-रूढ़ियाँ बना ली हैं जिनसे बचना खुद उन्हीं के लिए मुश्किल होता है?

बाज़ारू संस्कृति का प्रतिरोध
(‘चैम्पियन’ और ‘इस समय चिड़ियों के बारे में’)

साम्राज्यवाद बाज़ार के ज़रिए हमारे जीवन-आचरण और मूल्यों को बदल और नष्ट कर रहा है। इस पर हिन्दी में अनेक रचनाएँ आयी हैं। मुझे सबसे पहले स्वयं प्रकाश की ‘बलि’ की याद आ रही है। यह लम्बी कहानी ‘अब’ के विशेषांक में छपी थी। इसमें संवेदना की व्याप्ति के चलते प्रकृति और नारी दोनों की बलि का चित्रण था। आदिवासी कन्या जो आदिवासी प्रकृति की ही तरह सहज और निरीह है, पूँजीवादी बढ़ोतरी और सामन्ती मानसिकता का ग्रास होती है। यह उन लम्बी कहानियों से भिन्न थी जो हंस-सम्पादक राजेन्द्र यादव की रुचि एवं योजना के तहत लिखी जाती हैं और लम्बी होने के बावजूद निर्धारित लक्ष्य की ओर ही चलने के कारण इकहरी होती हैं। दरबारीपन और रीतिबद्धता सम्पादक की इच्छा और रुचि के चौखटे में बँधकर लिखने से भी आती है। बाज़ार हमारे समय का अभिशाप ही नहीं नियति भी बनता जा रहा है। कभी-कभी लगता है कि सामाजिकता पर आधारित मूल्यों के संघर्ष में हमारा देश पराजित हो गया और बचाव नहीं है। लेकिन यह भी सच है कि संघर्ष जारी है। देश के हर कोने में—विशेषतः सुदूर क्षेत्रों में, जहाँ पूँजीवाद का शिकंजा अभी पूरी तरह कसा नहीं है, शुरुआत हो रही है। पूँजीवाद की बाज़ारू संस्कृति हमारे मानवीय, सामाजिक पारम्परिक मूल्यों का सफ़ाया करती है; जैसे वह प्रकृति, प्राकृतिक साधन स्त्रोतों, बोलियों, कलाओं का सफ़ाया करती है। अगर हम सामाजिक सरोकारों का ध्यान रखकर विकास करते तो हम जड़ परम्परा की शोषक अमानवीय रूढ़ियों का ही सफ़ाया करते; जैसे जातिप्रथा, दहेज, अन्धविश्वास नारी पराधीनता, अशिक्षा आदि का। परम्परा की मानवीय प्रवृत्तियों को सुरक्षित ही नहीं रखते उनका विकास भी करते।

जैसे विपत्ति के समय हमें अपने प्रियजन-आत्मीय याद आते हैं वैसे ही सांस्कृतिक संकट में हमें अपनी मानवीय सामाजिक-सांस्कृतिक परम्पराएँ याद आती हैं। विषयान्तर हो जायेगा, नहीं तो विचार करते कि जिसे नवजागरण कहते हैं वह

प्रधानतः संकट-बोध और उससे उबरने का प्रयास है तभी अतीत या बहुत कुछ प्रेरणा के रूप में याद आता है। प्रत्येक सांस्कृतिक संकट अपनी विभीषिका के बावजूद नवजागरण की सम्भावना लिए रहता है। हमारा वर्तमान संकट भी। और इसमें भी हमें अपनी पारम्परिक सामाजिक परम्पराएँ याद आ रही हैं। कहानी में भी याद आती हैं और चित्रित होती हैं—पात्रों और परिस्थितियों के सन्दर्भ में भी। पात्र और परिस्थितियाँ जुटाई जाती हैं, गढ़ी नहीं जातीं। मित्रवर डॉ. नित्यानन्द तिवारी ने काम की बात लिखी है कि कथानक हवाई नहीं होता। पात्र और स्थितियाँ सुपरिचित होते हैं, उन्हें संयोजित किया जाता है—उन्हें शिल्पित किया जाता है। रमाकान्त श्रीवास्तव की कहानी 'चैम्पियन' (कथादेश, दिसम्बर 2003) के भदहा मास्साब हवाई नहीं हैं। वे हैं, जीवन में भी और वहीं से कहानी में आये हैं। इस कहानी के सकारात्मक पात्र बाज़ारू संस्कृति या अपसंस्कृति के प्रतिरोधी पात्र हैं। कहानी वस्तुतः अपसंस्कृति के प्रतिरोध में है। जो सहज है, साधक है, आवश्यकता से अधिक या अकाल महत्त्वाकांक्षी नहीं, आत्मविज्ञापनी नहीं वह स्वाभाविक तौर पर बाज़ारू, पूँजीवादी अपसंस्कृति के विरोध में है।

समूची कहानी यथास्थिति, प्रतिष्ठान के विरोध में अपना स्वर उठाती है। ब्लॉक स्तर की क्रीड़ा प्रतियोगिता हर साल होती है। प्रतियोगिता को व्यापारी संघ ने स्पॉन्सर किया था। पदाधिकारियों ने खासी मेहनत की थी। उद्घाटन में एक मन्त्री आ गये थे और समापन समारोह के लिए ज़िले के प्रभारी मन्त्री से बात पक्की हो चुकी थी। आयोजन समिति का प्रयास था कि समापन समारोह में आतिशबाज़ी भी की जा सके। अधिकारियों, शिक्षकों और व्यापारियों का सद्भाव लप्सी की तरह खदबदा रहा था। इसके अलावा वहाँ दो ऐसी महिलाएँ हैं जिनसे—वाचक के अनुसार 'ये जहाँ हों, वहाँ घपला होने की आशंका न हो, ऐसा हो ही नहीं सकता।' इसके अतिरिक्त 'सत्ता दल के युवा संगठन के सदस्य भारी संख्या में वहाँ मौजूद थे। विधायक का सगा भांजा प्रतियोगिता में हिस्सा ले रहा था और अधिकारी भी उसकी बगल से गुजरते तो उसका हाल-चाल पूछना नहीं भूलते।' युवा नेता ऐसा था जिसको उसके साथी शाहरुख के नाम से पुकारते थे। उसने शाहरुख जैसा होकर स्टाइल ही नहीं भौंहें और होठों को सिकोड़ने का अन्दाज भी अपना रखा था। वह युवा-संगठन का नगर अध्यक्ष था। युवा हृदय-सम्राट था। और भदहा मास्टर साहब हैं कि उनके खिलाड़ियों को जिस कन्याशाला नम्बर एक में ठहराया गया है, उसमें केवल चार बाथरूम और चार सण्डास हैं। रात को पंखा नहीं। टॉयलेट की सफ़ाई नहीं। पीने के लिए पानी का एक घड़ा और प्लास्टिक का एक मग। भदहा मास्टर साहब—गोरा रंग, मँझोला कद, गोल-मटोल काया। किसुनपुर स्कूल के पी.टी.आई.। लेकिन गोल पोस्ट से किक मारते हैं तो हाफ़ लाइन के दस मीटर पार तक बॉल पहुँचती है। भदहा मास्टर जमाते हैं और नशे में धुत्त होकर अपने खिलाड़ियों को

आवाज़ देते हैं, 'आओ मेरे तेंदुलकरो, ध्यानचन्दो, भूसा खाओ और रिकार्ड बनाओ। ज़माना ये समझा कि हम पी के आये।' अपने शागिर्द खिलाड़ी माँझीलाल के बारे में ख़ास अन्दाज़ से अपनी बोली में बोलते हैं—'ओ बोल्थे एला चांस मिलेंगे तो इण्डिया के दूसरे मिल्खा सिंह बनी।' मांझीलाल ने कभी न....... पिया, न सेब और अंगूर खाया। सीताफल बोर और जाम छोड़ के कोई फल नहीं चखा।'

भदहा मास्टर के शेर माँझीलाल का चित्र, 'स्टार्टिंग प्वॉइंट पर जो दुबला-पतला लड़का खड़ा था उसने घिसा हुआ हाफ़ पैण्ट और बनियान पहन रखी थी। उसका गहरा साँवला चेहरा एकदम निर्विकार था। न उत्सुकता, न भय और न उत्साह। हाँ, उसकी कच्चे दूध जैसी सफ़ेद बड़ी-बड़ी आँखों में चमक थी। उसकी दुबली-पतली लम्बी टाँगें बँटी हुई रस्सी की तरह थीं। पैरों में जूते नहीं थे। पंजे कुछ चौड़े। अँगूठों और अँगुलियों में गट्ठे। दाहिने पैर की पिण्डली पर खरोंच का निशान। रेस शुरू हुई तो वह कमान से छूटे तीर की तरह दौड़ा। जब वह फिनिशिंग प्वाइंट पर पहुँचा तो दूसरे नम्बर पर दौड़ रहे लड़के से वह पन्द्रह फुट आगे था।' माँझीलाल का यह चित्र कहानी और शायद उसके आत्मीय स्वर को समझने में हमारी सहायता करेगा। क्या माँझीलाल का यह चित्र देखकर आपको परसाई की केवट-कन्या नहीं याद आती?—'इधर मेरे शहर में भी सार्वजनिक सम्मान हुआ। पचासों मालाएँ गले में डल रही हैं, जय बोली जा रही हैं पर लड़की न प्रसन्न, न उत्तेजित न भावुक। ऐसे बैठी रही जैसे झोंपड़े में, घर में बैठी है। और उसने कोई खास काम नहीं किया है।' (फिर उसी नर्मदा भैया की जय) माँझीलाल के गाँव में खेलने का मैदान नहीं है। उसे शायद भरपेट खाना भी नहीं मिलता है। माँझीलाल वस्तुतः अभावग्रस्त भारत के उस स्वप्न का प्रतीक है जो एक दिन विश्व में अपना स्थान प्राप्त करेगा। उसका चरित्र व्यंजित करता है कि भारत की सम्भावना खाये-पिये अघाये भ्रष्टाचार पोषित व्यक्तियों में नहीं हैं, सहज-कर्मठ, उन व्यक्तियों में है जो साधनहीन होने पर भी अवसर मिलने पर भारत का भाग्य चमका सकते हैं। आज हम जीवन के हर क्षेत्र में अवसर बेच रहे हैं। उन लोगों को दे रहे हैं जो केवल उनका दुरुपयोग करते हैं। शिक्षा, रोज़गार, व्यापार, विविध सेवाओं, सभी क्षेत्रों में जिन्हें अवसर की ज़रूरत है उन्हें अवसरों से वंचित किया जा रहा है। कहानी ऐसी है जो अपनी प्रतीकार्थता में व्यापक होकर दूरगामी पहुँच रखती है। यह कहानी सिर्फ़ एक सुदूर ग्रामीण क्षेत्र के सुविधाहीन बालक की है लेकिन प्रतीकार्थता को देखें तो यह अवसर-वंचित किन्तु सम्भावना सम्पन्न देश की कहानी है।

लेकिन कहानी का चरम उत्कर्ष आगे आता है। माँझीलाल के अव्वल आने पर उसके शिक्षक भदहा मास्टर का सब पर रौब ग़ालिब हो गया। इंटरव्यू लिया गया। इंटरव्यू में दौड़ में अव्वल आने वाले खिलाड़ी की क्रीड़ा अभ्यास की सुविधाओं का खुलासा हुआ। साक्षात्कार इस प्रकार हुआ—'सर, आपकी शाला के खिलाड़ियों का

प्रदर्शन काफ़ी अच्छा है, इसका कारण?'

'कारण यह है कि बच्चे अभ्यास करते हैं और उनमें जीतने की इच्छा है।'

'आपकी शाला में खेलकूद के लिए अच्छी व्यवस्था है?'

'हाँ, हाँ, जैसी अन्य शालाओं में है। फिर ग्रामवासियों का सहयोग भी रहता है।'

'आपके यहाँ अभ्यास के लिए मैदान है?'

'हाँ मैदान पर.... भदहा मास्साब के चेहरे पर परेशानी उभरी... पर वह छोटा है और वहाँ ज़मीन पथरीली है। देखिए... खो-खो, कबड्डी की प्रैक्टिस तो हमारे बच्चे सरपंचजी के कोठार में करते हैं, बढ़िया गोबर से लीपकर वहाँ चूने की लाइन डाल देते हैं।'

'और दौड़ का अभ्यास?'

'वो ऐसा है कि हमारे गाँव की एप्रोच रोड इलाहाबाद मार्ग तक गयी है। हम स्थानीय प्रतियोगिताएँ उसी एपोच रोड पर करवाते हैं। लोग सहयोग करते हैं। जब बच्चे दौड़ते हैं तब बैलगाड़ियों और टेम्पो को थोड़ी देर के लिए रोक देते हैं।'

यह है सुविधा। कहाँ नगरों-महानगरों के चमचमाते हुए नाज़ुक, कोमल, क्रीड़ा-स्थल जो दूर से पाँच सितारा होटल लगते हैं और कहाँ सरपंच का कोठार, बैलगाड़ियों-टेम्पो को थोड़ी देर रोक कर बनाया हुआ एप्रोच रोड पर अभ्यास।

इंटरव्यू दौड़ में अव्वल आने वाले धावक माँझीलाल का भी लिया गया। भेद माँझीलाल ने ही खोला। रमाकान्त श्रीवास्तव ने माँझीलाल के व्यक्तित्व, उसके ठेठ देसीपन को, उसकी कद-काठी, पोशाक, हाव-भाव, चेष्टाओं, सबको साक्षात कर दिया है। वह सहज देसी भारत-सपूत है। पहले कहा गया है कि यह कहानी आद्यन्त मुकम्मल तौर पर पूँजीवादी, कृत्रिम प्रदर्शनप्रिय बाज़ारू अपसंस्कृति की प्रतिरोधी है। इस प्रतिरोध का लक्षण है थोड़े में काम चला लेने की क्षमता। ग़ैरज़रूरी सुविधाओं को संचित न करना। बाज़ार में माल भरा है। मालिकों को उसे बेचना है और लाभ कमाना है। एक ज़माते में कहा जाता था आवश्यकता आविष्कार की जननी है। पूँजीवाद ने आविष्कार को आवश्यकता की जननी बना दिया है। सुविधाएँ प्राप्त करना अपने आप में अनैतिक नहीं है। लेकिन जिस देश में लोगों को जीवनयापन की मामूली सुविधाएँ भी न मयस्सर हों; जहाँ दवा, रोज़गार, शिक्षा, अन्न, मकान की बेहद कमी है, वहाँ देशी-विदेशी धनिकों को लाभ पहुँचाने के लिए अनावश्यक साधन-सुविधाओं को गाँजना अमानवीय है, देशप्रेम नहीं है, अनैतिक है। बात अनावश्यक प्रवृत्ति की, आदत की है जो चरित्र में परिलक्षित होती है। जब चरित्र में परिलक्षित होती है तो व्यक्ति की हर चेष्टा में दिखलाई पड़ती है।

कार्यक्रम समाप्त होने पर माँझीलाल को उसके साथी देर तक कन्धों पर उठाये रहे। पुरस्कार वितरण के पहले शायद उसने मुँह धोया था। पसीने और पानी के कारण उसके कुछ बाल माथे पर चिपके थे। उसने स्कूल ड्रेस पहन रखी थी। नीला

हाफ़ पैंट और आसमानी रंग की आधी बाँहों की कमीज़। उसकी बड़ी-बड़ी सफ़ेद आँखों की स्थायी निस्तब्धता के अन्दर से एक आलोक जैसे जल-बुझ रहा था। उसके ओठ मुस्कराने के लिए फड़क ज़रूर रहे थे। पर मुस्कान जैसे अन्दर ही क़ैद थी। अभी वह प्रसन्न से अधिक आश्चर्यचकित लग रहा था।

मुस्कान अन्दर कै़द थी। वह समझ नहीं पा रहा होगा कि उसकी प्रशंसा क्यों की जा रही है। वह अपने को विशिष्ट अनुभव नहीं कर पा रहा होगा, क्योंकि उसने आज कुछ असामान्य नहीं किया था। तेज़ दौड़ना उसकी आदत थी सामान्य जीवनचर्या की। उससे जब पूछा गया–

'आप अपना स्टेमिना, मेरा मतलब है अपना दमखम बढ़ाने के लिए क्या करते हैं?'

'कुछ नहीं।'

'तो फिर आप इतनी आसानी से जीत कैसे जाते हैं?'

'वो ऐसा है जी मेरा एक दोस्त है। मैं उसके साथ जहाँ भी जाता हूँ तो दौड़ते हुए जाता हूँ। जी तरिया जाता हूँ, स्कूल जाता हूँ, खेत जाता हूँ, हलवाई बाज़ार जाता हूँ, जहाँ भी उसके साथ जाता हूँ दौड़ते हुए ही जाता हूँ। अब अइसे है न जी, हमार गाँव मेरा मतलब है कि हमारे गाँव में ऐसा मैदान नहीं है। मुझको जे सी ओवांस, जी पेले, मुहम्मद अली अच्छे लगते हैं। वो भी मेरी तरह काले थे। हमने गुरुजी की खेल-खिलाड़ी पत्रिकाएँ पढ़ी हैं। वे गरीब थे। मैं भी उन्हीं की तरह बनना चाहता हूँ। लेकिन पता नहीं मैं आगे पढ़ पाऊँगा या नहीं।'

माँझीलाल ग़रीब सही किन्तु बाख़बर है, जे सी ओवांस, पेले, मुहम्मद अली की गाथा, उनकी सामाजिक स्थिति और उनसे अपने सादृश्य से भी। माँझीलाल सहज, निरीह हैं, अबोध, अनपढ़ नहीं। सहजता, निरीहता समझ सब उसके चरित्र की निर्मिति के घटक हैं। और इन्हीं सबके साथ एक गुण और साक्षात्कार लेने वाले से माँझीलाल ने बताया–'चैम्पियन मैं नहीं हूँ चैम्पियन मेरा दोस्त मंगलू है। उसने पढ़ाई छोड़ दी है। वह खेती-मजदूरी में मदद करता है। वो तो खेत की मेड़ पर, तरिया पाट पर, पगडंडी पर बहुत-बहुत तेज़ दौड़ता है। वो हमेशा मुझसे दो हाथ आगे रहता है।'

निस्सन्देह चैम्पियन कहानी की रचना में एक ख़ास तरह की रोमांटिक भावना भी काम कर रही है। एक सकारात्मक पात्र-निर्मिति की भावना। यह रोमांटिक वृत्ति या सकारात्मक पात्र की तलाश हमारे विषम दमघोंटू बाज़ारू वातावरण में ऑक्सीजन का काम करता है। यातना का लक्षण ही है कि वह भविष्य का रास्ता देती है। रास्ता वहीं से निकलता है जहाँ हम होते हैं। यानी यथार्थ का परस्पर-विरोध ही हमें मुक्ति का रास्ता भी सुझाता है। आज शिक्षा के क्षेत्र में क्या हो रहा है। खेल-जगत में भी भ्रष्टाचार और बाज़ारवाद आ गया है। क्रिकेट के मैच का जुआ होता है, बुकीज़ होते हैं, तेंदुलकर जैसे क्रिकेट हीरो पेप्सीकोला की दलाली करते हैं। ये विषम स्थितियाँ माँझीलाल चैम्पियन की तलाश में हैं।

तलाश का मतलब यह कि माँझीलाल मंगलू जैसे अपसंस्कृति प्रतिरोधी चैम्पियन हमारे सुदूर उपेक्षित क्षेत्रों में हैं। क्योंकि तलाश उसी की होती है जो पहले से मौजूद होता है। वह समाज में है। और अपुरस्कृत है। रमाकान्त श्रीवास्तव की इस कहानी की व्यंजना के कई आयाम हैं। हम कम साधनों में भी, यानी उपलब्ध साधनों की मानवीय व्यवस्था करके भी (नहीं) करके ही सचमुच आगे बढ़ सकते हैं। बढ़ोतरी को विकास नहीं कहते। विकास एक सामाजिक-ऐतिहासिक प्रक्रिया है—वैयक्तिक-एकान्तिक नहीं। रचना पाठक के लिए एक आचरण-संहिता भी अपनाने का निमन्त्रण देती है और रुचि को परिष्कृत करती है। 'चैम्पियन' यह काम करती है।

कैलाश बनवासी की कहानी 'इस समय चिड़ियों के बारे में' के प्रारम्भिक अंश में ही बाज़ार की विभीषिका का चित्र है। अख़बार है कि 'विज्ञापनों से मार भरे पड़े हैं। ख़बर को खोजना पड़ता है रंगीन विज्ञापनों की चकाचौंध के बीच।' दीवाली जैसे सुन्दर पर्व को नवधनिकों और बाज़ार ने कितना नृशंस और भयानक बना दिया है। 'इस समय' में समय तो बाज़ारू अपसंस्कृति के सर्व-निरपेक्ष संचय का है और ऐसे में चिड़ियों के बारे में सोचना भी यातनाप्रद है। चिड़ियाँ उड़ने, उबरने, स्वच्छन्द, प्रकृति की संगति में रमने वाली निरीहता का प्रतीक हैं। दीवाली का मौसम शरद में होता है। शरद जो छः ऋतुओं में सबसे सुखद मनोरम और शान्त है, बसन्त वाली उत्तेजना से रहित। इसीलिए कहा जाता था—जीवेत शरदः शतम्—सौ शरद तक जीवित रहें। और शरद में बाज़ारू की धौंस है, 'नीचे बाज़ार का यह शोर नीले आसमान के पार पहुँच रहा है। बाज़ार का शोर शरदकालीन नीलाकाश को तोड़फोड़ रहा है। निराला ने 'राम की शक्ति पूजा' में लिखा था—विजयी राक्षसों के महोल्लास से बार-बार बिंधकर आकाश विकल हो रहा है—'बिंध महोल्लास से बार-बार आकाश विकल'। यह बाज़ार हमारा समकालीन रावण है। इसकी बहुत छोटी-सी कहानी में दीवाली पूजा के लिए पारम्परिक पूजन-सामग्री खरीदने वाचक बाज़ार जाता है। खरीदता है कमल। एक आदिवासी महिला धान की बालियों की झालर बनाकर लायी है। धान शरद में पककर तैयार होने वाला मानव-श्रम का कृषि-फल। अन्न-दूध से भरा हुआ स्वर्णिम। प्रकृति ने शरद की सुन्दरता दी थी। धान्य भी मूलतः उसी ने दिया था। मनुष्य ने प्रकृति में श्रम मिलाकर ऐसा कृषि-फल तैयार किया जो सुन्दर के साथ उपयोगी भी है—जीवन-धारक भी है। मानव-धर्म का प्रतीक है। श्रम का धर्म जो प्रकृति का सहचर, पोषक है। जिसके बल पर मनुष्य सौ वर्ष तक शरद के सौन्दर्य का भोक्ता बना रह सके। यह सब कहने में रोमांटिक लगता है, भावनामय; किन्तु सच ही मनुष्य ने यह सब किया है। वह अभी यथार्थ है इसीलिए कहानी में बाज़ारू-क्रूरता का प्रतिरोध बनकर चित्रित है और मनुष्य की कला-सर्जना अभी सक्रिय है।

'अचानक मेरी नज़र वहीं रखे धान के झालर पर पड़ी। मैं उसे उठाकर देखने

लगा। इसके पहले मैंने बाज़ार में इन्हें बिकते नहीं देखा था..... यह गाँव की चीज़ है, गाँव की कला। धान के लगभग पकने को आते पौधों को चटाई की तरह त्रिभुजाकार इस प्रकार बुना जाता है कि धान की बालियाँ नीचे झूलती रहती हैं। मेरे हाथ में अभी तैयार होते धान की फसल थी; सुन्दर, सुनहरी बालियाँ जिनमें अन्न के दाने भरे थे। बेचनेवाली अधेड़ साँवली गवहिन ने अपनी बोली में कहा—चिरई मन खाही बढ़िया—बने पुन्न मिलही बाबू। जिसका मतलब होता होगा चिड़ियाँ खाएँगी, पुण्य मिलेगा। वह अधेड़ होती देहातिन नीले रंग की सूती साड़ी पहने थी। चेहरा धूप से झुलसा था लेकिन आत्मीय चमक बाकी थी। उसे इस बीच बाज़ार में उन चिड़ियों की भूख की चिन्ता है, जो उसके झालर का धान खाने पहुँचेंगी।'

यह ग्रामीण पारम्परिक सर्जक मन का सौन्दर्य है जो पूँजीवादी बाज़ारू मानवीयता-निरपेक्ष क्रूरता का प्रतिरोध है। हमारी परम्परा में सब कुछ गतकालिक रूढ़िग्रस्त ही नहीं है। यह श्रमिक, कृषक, सर्जन-सौन्दर्य सामन्ती व्यवस्था में भी जीवित रहा है। आज वह प्रतिरोधक बन गया है, वह हमारा जातीय सुन्दर स्वप्न भी है, प्रेरणादायी और सम्बल भी।

और इस कला-सौन्दर्य को आहत करते हैं बाज़ारवाद के चाकर ग़ैरजिम्मेदार छोकरे जो खुद इस व्यवस्था के मारे हुए हैं, बेकार बेरोज़गार हैं, स्थानीय माझिया-तन्त्र के कलपुर्ज़े हैं। यह संयोग ही है कि इन ग़ैरजिम्मेदार छोकरों की यह कहानी अमरकान्त की कहानी 'हत्यारे' ही है जो विविध रूपों में आज हमारे समाज में हर जगह मौजूद हैं। ये स्वयं प्रकाश की कहानी 'क्या तुमने कभी कोई सरदार भिखारी देखा है' के दंगाई हैं, अखिलेश के 'जलडमरूमध्य' में मकान तोड़नेवाले हैं, ये ही बाबरी मस्जिद का ध्वंस करने वाले थे। किसी सुव्यवस्थित सामाजिक तन्त्र में ये सबसे बड़ी शक्ति होते—मनोवांछित भविष्य का निर्माण करने में, लेकिन बाज़ारू अपसंस्कृति ने इन्हें हत्यारे बना डाला है।

निम्नवर्गीय जीवन का यथार्थ

चित्रा मुद्‍गल की जो कहानियाँ अभी पढ़ी हैं, उन सबका सम्बन्ध निम्नवर्ग से है। 'जगदम्बा बाबू घर आ रहे हैं' कहानी के जगदम्बा बाबू सामन्त हैं लेकिन कहानी का नायक वे नहीं ललौना या उसकी माँ सुक्खन भौजी हैं। कहानी का अन्त होते-होते जगदम्बा बाबू कहानी के प्रतिनायक या खलनायक की भूमिका में आ जाते हैं। इन कहानियों को पढ़कर मेरा ध्यान पहली बार इस बात पर गया कि चित्रा मुद्‍गल प्रधानतः निम्नवर्गीय पात्रों और उनके जीवन की कहानीकार हैं। बहुत अच्छा लगा। थोड़ा यह भाव भी कि इस बात की ओर हमारा ध्यान पहले ही जाना चाहिए था। 'जगदम्बा बाबू...' कहानी प्रसिद्ध है 'भूख' भी। 'जगदम्बा बाबू...' कहानी के अन्तिम अंश में कथानक में विपरीतगामी मोड़ आता है, जो पाठक को आघात देकर प्रभावित करता है। मोड़ 'भूख' में भी आता है, किन्तु वह उतना विपरीतगामी नहीं है—अप्रत्याशित है—ऐसा अप्रत्याशित जो मर्मान्तक है। दोनों कहानियों का आधार अभावग्रस्त माँ-बाप के बच्चों की अभिशप्त जीवन-स्थिति है।

चित्रा मुद्‍गल मानवीय करुणा की प्रगतिशील भावभूमि पर स्थित कथाकार हैं। उनकी वर्णन-विवरण और विचार की क्षमता विशेष रूप से उल्लेखनीय है। वे देश-काल की स्थिति, पात्रों की चेष्टाओं और सबसे बढ़कर ब्यौरों का ऐसा सजीव चित्रण करती हैं कि पाठक का मन बँध जाता है। कथा के ढाँचे में ब्योरों (डिटेल्स) का महत्त्व निर्णायक होता है। उपेक्षणीय एवं साधारण लगने वाले छोटे-छोटे चित्र-खंड कथा को बाँधने में सरिया का काम-करते हैं। उनसे कथानक सघन और विश्वसनीय बनता है। ब्योरों से कसा हुआ सघन कथानक मुझ पर बोझ नहीं डालता। वह रचना का आकर्षक मायालोक बुलता है और पाठक को उस मायालोक में पहुँचाने के लिए सेतु का काम करता है। रचना-संसार का मायालोक लेखक की चेतना में बसा रहता है। यानी वह लेखक की निहायत जानी-पहचानी दुनिया है। इसे ही भोगा हुआ यथार्थ कहा जाता है।

चित्रा मुद्‍गल की कहानियाँ उनकी जानी-पहचानी स्थितियों और पात्रों की

कहानियाँ हैं। वे कल्पित नहीं हैं। इन कहानियों को पढ़ना, चित्रा जी की और उनके पात्रों की ज़िन्दगी को पढ़ना है। इस अर्थ में ये कहानियाँ किताब नहीं हैं—रचनाएँ हैं, क्योंकि इनमें ज़िन्दगी और अपने समय को रचा गया है। यह ज़िन्दगी शब्दों से रची जाती है और चित्रा की कहानियों की विश्वसनीयता पात्रों की भाषा में बोलती है। 'भूख' की भाषा बम्बइया हिन्दी है। 'जगदम्बा बाबू....' की बैसवाड़ी (अवधी)। मेरी माँ बोली अवधी है। इसलिए मैं इस कहानी की भाषा की सांकेतिकता और उसकी नोक-पलक का आनन्द आत्मीयता से ले सकता हूँ। इसके पात्र देहात के हैं और मुख्य पात्र अधेड़ महिलाएँ हैं—एक ज़मींदारिन और दूसरी चौका-बासन करने वाली। शहरी चौका-बासन करने वाली नहीं, गाँव के ज़मींदार की परजा जो वस्तुतः अनेक पीढ़ियों की बँधुआ परिवार की सदस्या होती है; और मालिक के भी परिवार की सदस्या ही होती है; परिवार के सम्बन्धों, ऊँच-नीच, सम-विषम अच्छे-बुरे के रेशे-रेशे से परिचित। ऐसे पात्र के संवाद की योजना बिना जाने, उसे अन्तरंग किये बिना नहीं की जा सकती। ऐसी संवाद-योजना का प्रतिमान 'रामचरितमानस' में कैकेयी-मन्थरा संवाद है, जिस पर अलग से बात की जा सकती, यहाँ नहीं। उस संवाद को ही केन्द्र में रखकर लोग अनुमान करते हैं कि तुलसीदास महान घर-घुसना व्यक्ति रहे होंगे, क्योंकि औरतों के बीच इतना ज़्यादा रहे-सहे बिना कोई औरतों की बोली के ऐसे मुहावरों का इस्तेमाल नहीं कर सकता। चित्रा मुद्‌गल स्त्री हैं उनके लिए उनकी बोली को उस्तादी स्वाभाविक तौर पर मिल गयी है। बोली अलग से नहीं बरती जा सकती। वह अपने साथ लायी हुई दुनिया में—विशिष्ट दुनिया के साथ आती है—ज़्यादा ठीक कहें तो दुनिया उसी की उँगली पकड़कर चलती है। इस कहानी की दुनिया विशिष्ट बैसवाड़े के ज़मींदार के घर के अन्दर और बाहर की दुनिया है। कहानी का प्रारम्भ ही मेरे जैसे पाठक को मोह लेता है—

'परात में जगह-जगह सूख गये आटे को कलछुल से खुरच-खुरच कर छुड़ाती हुई सुक्खन भौजी खीजती हुई बड़बड़ाये जा रही है कि भला इन आजकल की दुलहिनों को हो क्या गया है। चूल्हा-चौका निबटाकर बासन समेटती हैं तो कोई पूछे इनसे कि बरतनों को भिगोकर क्यों नहीं रखतीं? रगड़ते-छुड़ाते उसकी गदेलियाँ छरछराने लगती हैं। तिस पर कभी भूले-भटके परात, बटलोई में अन्न का दाना चिपका रह गया तो समझ लो, कटिया-जुद्ध! बर्रैया-सी बर्राने लगेंगी—'अई सुक्खन भौजी, बासन खंगाल के धरि गयी हो का? तनिक जांगर चलावा करो? सेत-मेत में तो मंजतिव नाहीं, बीस ठो नकद कलेवा ऊपर से, अउ तीज-त्योहार का नेग-नेछू सो अलग। कहौ तो दोना-पतरिन पर खववावे लगी?' मँझली दीनापुरवाली के व्यंग्य-बाण कलेजे को छलनी कर देते हैं। जुबान न हुई 'खच्च-खच्च' कटिया काटती हुई गँड़ासी हो गयी। देहरी की परजा हैं जो मुँह सिए, गर्दन झुकाये हाथ चलाती रहती हैं, नहीं तो एक वह भी ज़माना था कि बहुरियों की हँसी-ठिठोली में उखड़ी साँसें सधती नहीं

थीं कि चटपट टहल पूरी। कहते हैं, सिपाहियों के घर की घिरिया है दीनापुरवाली। सो इसी से तिलुवा दूसरों की मीन-मेख निकालने में ही जुटी रहती है। वही निहाद है—'पीतर की नथनी पे इत्ता गुमान, सोने की होती तो चलती उठान, हुँह!'

उपर्युक्त उद्धरण पर ध्यान देने से कई बातें साफ़ होती हैं। भाषा का महत्त्व रचना में इतना अधिक क्यों है? क्योंकि वह आपका अन्तर-बाह्य प्रकट कर देती है। सुक्खन भौजी की बोली का रचनात्मक जादू सिर्फ़ खाँटी बैसवाड़ी का जादू नहीं, वह सुक्खन भौजी की कर्मठता, उनके जांगर, उनकी आर्थिक स्थिति, दलित और पीड़ित होने की वर्गीय और वर्णीय स्थिति और सबको एक साथ प्रकट करके सारवती और सार्थक होती है। वह इकहरी रचना की संवाद-योजना नहीं है। सिर्फ़ बोली का चमत्कार कलावादियों के भाषा-प्रेम में दिखलाई पड़ता है और चित्रा मुद्गल को कथा जीवन की इतनी जानकारी है कि... 'वे (ठाकुर सुमेर सिंह) पीठ पीछे हाथ बाँधे दाहिनी खमसार के विशाल दालान को पार करते हुए कठौते में रखी मिर्चों में सींक से मसाला भरती हुई दिद्दा के निकट जा खड़े हुए।'

मिर्चों में सींक से मसाला भरने की बात पर एक बार भैरवप्रसाद गुप्त ने एक दिल्ली वाले प्रगतिशील को बहुत खरी-खोटी सुनाई थी जिसने कह दिया था कि मर्च का अचार दिल्ली में भी अच्छा बनता है। फ़िराक़ गोरखपुरी कहते थे कि मिर्च का अचार कहने से स्वाद बिगड़ जाता है, कहो—मरिच का अचार। यह अंचार पूर्वी उत्तर प्रदेश की जातीय इंटेलेक्चुअल प्रापर्टी है। जातीय साहित्य में खाने-पीने का अच्छा वर्णन स्वतः हो जाता है, जैसे शरत्चन्द्र के कथा-साहित्य में रसगुल्ले, मछली और पोस्तो का।

'जगदम्बा बाबू...' ठेठ प्रगतिशील विचारधारा की कहानी है। सामन्तवाद-पूँजीवाद के तहत अभावग्रस्त जनता को धोखा देने और वंचित रखने की। लेकिन चित्रा मुद्गल ने खुद किसी विचारधारा के तहत यह कहानी नहीं लिखी है। उनका पर्यवेक्षण सतर्क है और उसे कहानी में ढाला है। विचारधारा महत्त्वपूर्ण है, वह दृष्टि देती है, लेकिन उससे भी ज़्यादा महत्त्वपूर्ण है स्थितियों को खुली आँखों देखना और उनसे प्रभावित होना। ठीक विचारधारा वालों की कमज़ोर कहानियाँ दिखती हैं और विचारधारा का ध्यान न रखने वाले उत्कृष्ट रचनाएँ प्रस्तुत कर देते हैं। हिन्दी में ज़्यादातर ऐसा ही हुआ है। विचारधारा दृष्टि देती है, लेकिन कभी-कभी स्थितियों को ठीक तरह से देखने से रोक भी देती है। पक्षधरता कभी-कभी एकांगिकता अख्तियार कर लेती है। चित्रा मुद्गल की इस कहानी में जिस ब्योरे की बात पहले की गयी है वह सहृदयता और पर्यवेक्षण के बग़ैर चित्रित नहीं हो सकती थी।

ठाकुर सुमेर सिंह की 'परजा' सुक्खन भौजी को संकेत मिला—'मालिक आ रहे हैं सुक्खन भौजी' तब निकट आती खड़ाऊँ की आहट से सतर्क हो सुक्खन भौजी ने नाक तक आँचल खींच लिया। धड़धड़ाती भागी जा रही लढ़िया के चक्कों सी

धड़कनें तेज़ हो उठीं। हालाँकि दिद्दा से हुई उनकी संक्षिप्त बातचीत के समय वह भेंट का सन्दर्भ अपने कानों सुन चुकी थीं, फिर भी ठाकुर सुमेर सिंह से एकान्त में बात करने का अवसर सुक्खन भौजी के लिए पहला ही था। साहस पसीज रहा है।'

'नाक तक आँचल खींच लिया...' 'धड़धड़ाती भागी जा रही लढ़िया के चक्कों सी धड़कनें' और साहस का 'पसीजना'—जैसे लोकानुभवों और शब्द-प्रयोग ऐसी रचना-क्षमता है जिसे रचनाकार की सर्जना-सामर्थ्य कहा जाता है। जो 'कथ्य' यानी रचना-वस्तु है उसे इन्हीं शब्दों में और इसी क्रम में रखा जा सकता था। यह अनिवार्यता रचनात्मकता की शर्त और उसका लक्षण है।

इसी तरह ललौना की डाक्टरी जाँच के समय सुक्खन भौजी का संकोच, बोलने में दुविधा, ठेठ जातीय-वर्गीय और जेंडर की अभिव्यक्तियाँ हैं—कथ्य को सटीक व्यंजित करती हुई।

ललौना को साइकिल गाड़ी मिलेगी, यह समाचार पाकर सुक्खन भौजी को जो उल्लास होता है उसे वे सुभागी दिदिया का बचई समझ लेती हैं। मानो ललौना विकलांग नहीं, बचई जैसा ही बस्ता लटकाए पाँवों से दौड़ता हुआ स्कूल से घर आ रहा है। यह है तो दिवास्वप्न और कथा-शिल्प, लेकिन वस्तु के अनुरोध या अनिवार्यता से। अनिवार्यता कथानक का सहज प्रवाह या लय है, जिसके कारण वह अलग से शिल्प नहीं, सहज वर्णन-प्रसार लगता है।

सुक्खन भौजी के ललौना बनाम बिसुनकुमार को पहियों वाली साइकिल गाड़ी मिल जाती है। सुक्खन भौजी का स्वप्न पूरा होने पर जो हुलास चित्रित किया गया है, वह दुर्लभ है। एक स्वप्न की पूर्ति अनेक स्वप्नों को जन्म दे रही है और उनकी पूर्ति हो रही है। जिस आडम्बरपूर्ण समारोह में ललौना को साइकिल गाड़ी दी गयी थी वह आडम्बर और उससे कहीं बढ़कर सुक्खन भौजी की स्वप्न पूर्ति का क्षणिक हुलास अन्तिम त्रासदी को कहीं अधिक अप्रत्याशित और हृदय-द्रावक त्रासदी बना देता है। तकनीकी दृष्टि से इसे त्रासदी न कहकर 'दुखान्तक' कह सकते हैं।

दूसरे ही दिन सुक्खन भौजी के यहाँ से अलस्सवेरे अँधेरे में ही ठाकुर सुमेर सिंह वह गाड़ी उठा ले जाते हैं; एक ऐसे ही समारोह में दूसरे विकलांगों को देने के लिए। निस्सन्देह यह अप्रत्याशित आघात मर्मान्तक है और सत्ता की दारुण क्रूरता को—जो विकलांग बच्चों की जन-सेवा के नाम पर छलती है, प्रकट करती है। मैं दूसरी तरह से सोचने की कोशिश करता हूँ। मान लीजिए यह क्रूर त्रासदी कहानी में न होती और कहानी इस तरह खत्म होती—'दुधहड़ी से गिलास में दूध डाल और उस पर मोटी साढ़ी का टुकड़ा रखकर गुनगुना आये गिलास को आँचल से दबाये हुए सुक्खन भौजी ललौना के खटोले की ओर बढ़ी तो देखा कि ललौना नींद में ही साइकिल चलाने के लिए हाथ-पाँव मार रहा था...'

तो कहानी कैसी होती?

पाठक पर अप्रत्याशित मर्मान्त प्रभाव न पड़ता। कहानी की त्रासद धार खत्म हो जाती।

मुझे रेणु की पंचलैट याद आ रही है।

कांग्रेस और भाजपा के कुशासन में निम्नवर्गीय एवं निम्नवर्णीय लोगों की सहायता के नाम पर कैसे लूट की जाती थी—कथनी और करनी के अन्तर में दबे हुए ग़रीब आदमी की व्यथा इतिहास की सबसे बड़ी कथा रही है। इसे विषय बनाकर अमरकान्त, परसाई, रेणु, शेखर जोशी, शैलेश भटियानी, कमलेश्वर आदि ने उत्कृष्ट रचनाएँ की हैं। आशा की कथा कहते-कहते सहसा अप्रत्याशित आकस्मिक मोड़ देकर झटके से आशा को निराशा में बदलने का प्रभाव उत्पन्न करना नेहरू युग और उसके बाद की कहानी की रूढ़ि है। 'जगदम्बा बाबू...' में अप्रत्याशित झटका भी कहानी को उसी रूढ़ि के खाते में डाल देता है। पाठक कहानी पढ़ता है, आघात सहता है, लेकिन उसका संवेदन ढर्रे का है। संवेदना का ऐसा आघात कहानी (कहानियाँ) पढ़कर वह पहले भी झेल चुका है। मार्कण्डेय की एक कहानी सन् 1956 ई. के आसपास की 'आदर्श कुक्कुट गृह' इसी तरह की थी। इतने अच्छे डिटेल्स नहीं थे, ऐसी बोली-बानी, चरित्रों की सहज चेष्टाएँ नहीं थीं—लेकिन संवेदन सन्देश नया था। 'जगदम्बा बाबू...' की बुनावट बेहतर—कहीं बेहतर है; लेकिन संवेदन प्रकार वही है, बदला नहीं है इसलिए रूढ़ि में ही है। रूढ़ि की उँगली पकड़ कर पाठक को प्रभावित करना वस्तुतः रचनात्मक थकान का द्योतक है।

'भूख' का अन्त भी अप्रत्याशित झटके से मार्मिकता पैदा करता है। लेकिन दोनों की आकस्मिकता में अन्तर है और वह अन्तर रूढ़ि के प्रभाव या दुष्प्रभाव में अन्तर पैदा करता है। जगदम्बा बाबू झटके में नायक से खलनायक हो जाते हैं—स्वप्निल हुलास दारुण-व्यथा में क्षणार्ध में अन्तरित हो जाता है। 'भूख' में यह अन्तर इतना स्तब्धकारी नहीं। वहाँ स्वप्निल हुलास नहीं—बस बच्चों को खाना-पीना मिल रहा था (और ऐसा भ्रम था) और लक्ष्मा और उसके बच्चों को रोटी मिल रही थी। 'भूख' कहानी की गति लेन बदलने का रचनात्मक अपराध नहीं करती—वह अपेक्षा आद्यंत अपनी राह पर चलती है। वह मर्मान्तक प्रभाव 'जगदम्बा...' से कहीं ज़्यादा पैदा करती है और पाठकीय संवेदना को विस्थापित नहीं करती।

'भूख' कहानी के ब्योरे, स्थितियों के घात-प्रतिघात की अनुभाव-चेष्टाएँ भी 'जगदम्बा बाबू...' जैसी ही उत्कृष्ट, पाठक को बाँध लेने वाली हैं। यह कहानी एक-सार, सघन, अन्तर्गठित है जिसमें फाँक और जोड़ कहीं है ही नहीं। वह संवेदना का एक अविभाज्य कथा-खंड है। शास्त्रीय भाषा में एकान्विति का उत्तम उदाहरण। इस कहानी में चित्रा जी ने वाक्यों में ऐसे अनुभव-सूत्र प्रस्तुत किये हैं जो प्रथम पंक्ति के रचनाकारों के यहाँ ही मिलते हैं। ये कहने को तो सूक्ति हैं लेकिन विविध जीवनानुभवों के अनुपम संश्लेष हैं। उनका अर्थ खुद अनुभवों से टकराने पर ही खुलता है। उनकी

महत्ता और मार्मिकता अनुभवों के आघात पर ही महसूस होती है।

'अपना दुख तसल्ली नहीं देता। दूसरों का दुख ज़रूर साहस पिरो देता है।' यह कथन दुख के चरम सुख के भोगने से प्राप्त विवेक की अभिव्यक्ति है। और इस सूक्ति को हृदयंगम करने के लिए भी दुख की पूँजी ज़रूरी है। 'भूख' कहानी का यह केन्द्रीय कथ्य या संप्रेष्य है। कहानी की कथा इसी पर एकाग्र होकर इतनी व्यथाधर्मी है और संकेतपूर्ण हुई है। कथा और सन्देश, वस्तु और शिल्प दोनों व्यथा की खराद पर चढ़कर गठित हुए हैं।

चित्रा मुद्गल की कहानी 'मामला आगे बढ़ेगा अभी' सिद्धहस्त एवं परिपक्व कथाकार की रचना है। कहानी की गति और विकास में झोल है ही नहीं। कहानी के तीन खंड—चौकीदार तावड़े का शोर सुनकर घटना स्थल के पास पहुँचना, मोट्या को कार पर प्रहार करते देखकर स्मृति के सूत्र से उसके नाना और सक्सेना साहब के यहाँ नौकरी लगवाने और बाकी कथा का बयान, और अन्त में मोट्या के पास मेमसाहब का आना, सरिया छीन लेना और निहत्थे मोट्या की पिटाई का संकेत—ये तीनों एकतान घटना-क्रम में अखंड जुड़े हैं। यह रचना-कौशल और शिल्प की सिद्धि है। इस कहानी में नाट्य-तत्त्व विशेष है। नाट्य-तत्त्व की उत्कृष्टता द्वन्द्व की तीव्रता पर निर्भर है। यहाँ नाट्य-तत्त्व की तीव्रता में वैयक्तिक शिद्दत है—मोट्या क्षुब्ध या बिफरा हुआ नितान्त वैयक्तिक अनुभव-स्तर पर है। इतने वैयक्तिक अनुभव-स्तर पर कि कहानी मनोविश्लेषण पाठ की माँग करती है, लेकिन कमाल यही है कि मोट्या का क्षोभ और उसका (भद्रलोक की भाषा में) आक्रामक व्यवहार वर्गीय क्षोभ का भी प्रतीक है। और यह क्षोभ और यह आक्रामकता ही जाकर सीधे समाजवादी-मानवीय-ऐतिहासिक सौन्दर्य-बोध प्राप्त करती है। कहानीकार की पक्षधरता कहानी में रचनात्मक तौर पर ढलकर व्यक्त होती है। इस कहानी में जो नाट्यधर्मिता है वह तीव्र द्वन्द्व पर आधारित है। यह तीव्रता वैयक्तिक अनुभव से और फिर वर्गीय एवं साहसिक प्रतीक की तीव्रता बन जाती है। तावड़े और मोट्या व्यक्ति हैं और निम्नवर्ग का प्रतिनिधित्व करते हैं। निम्नवर्ग ऐतिहासिक दृष्टि से सर्वाधिक सम्भावनाशील वर्ग है। कहानी का शीर्षक 'मामला अभी आगे बढ़ेगा' सीधे तौर पर निम्नवर्ग की इस सम्भावनाशीलता से जुड़ा है।

मोट्या सक्सेना साहब की पत्नी मेमसाहब के प्रति ममत्व का भाव रखता है। वह वस्तुतः इस ममत्व से पीड़ित है। इस ममत्व के अनेक आयाम हैं। और यह बहुआयामता ही इस सम्बन्ध को नाजुकता और कहानी की घटनात्मकता को दिशा देती है। चित्रा मुद्गल की क्षमता यह है कि यह सब उन्होंने—कहा बहुत कम, ज़्यादातर समझने का काम पाठक को सौंप रखा है। निम्नवर्गीय व्यक्ति बड़े लोगों की ज़रा-सी मेहरबानी, या नरमी को सदाशयता और आत्मीयता समझ लेता है। इस सदाशयता और आत्मीयता से वह बहुत उत्साहित, अनुकूल सेवा-परायण होता है।

बड़े आदमी अगर नारी हुई तो यह 'पीड़ित ममत्व' निम्नवर्गीय को बहुत दूर तक ले जा सकता है। मोट्या मेमसाहब के लिए सक्सेना और उनकी रखैल के विरुद्ध इसीलिए खड़गहस्त होकर मरने-मारने पर उतारू हो जाता है। मोट्या मेमसाहब की नरमी के 'छल' को नहीं समझता कि यह नरमी सम्पन्न पति-पत्नी के निर्जीव सड़ रहे सम्बन्धों की ज़रूरत है। मोट्या के विक्षोभ का कारण उसके वेतन में बीमारी के दिनों की कटौती है। लेकिन उसकी आक्रामकता की चोर-गाँठ मेमसाहब के प्रति पीड़ित ममत्व है–

'तुमने खाड़ा (नागा का वेतन) कटवा दिया न, मेमसाब अपने सामने चाँटा मारने कू दिया न... मैं मैं,' 'मैं मैं' पर समाप्त होता हुआ अपूर्ण वाक्य उसके पीड़ित ममत्व के अहं की व्यथा है। तावड़े की भी ममता मोट्या के प्रति है। वह अनुभवी है इसीलिए साहब लोगों की स्वार्थपरता और उनसे बचने की सलाह वह मोट्या को देता रहता है। बुड्ढा, मोची तावड़े, मोट्या की पारस्परिक हमदर्दी उनके वर्गीय भाईचारे का चित्रण है।

और अन्त में शीर्षक की सार्थकता–मोट्या, सक्सेना और उनकी मेमसाहब के बीच का तनाव ऐतिहासिक स्थितियों पर आधारित है। इस तनाव का शमन मोट्या की पिटाई से नहीं होगा–इसका फैसला भावी दौर करेगा, शायद मोट्या और मेमसाहब के सम्बन्धों का भी। यह कहानी यथार्थ के साथ यथार्थ के प्रवाह का भी संकेत देती है। अभावग्रस्त निम्नवर्गीय पात्र प्रायः चुपचाप सहते, झेलते रहते हैं। 'मामला...' में निम्नवर्गीय पात्र अपने आक्रोश को व्यवहार में परिणत कर रहा है। निम्नवर्गीय सकर्मक है। सम्भावना इस सकर्मकता में छिपी है।

पात्रों की ज़िन्दगियों में नयी दुनिया

महेश दर्पण की कहानियाँ भाषायी दाँव-पेंच और रूपवादी नखरों से रहित हैं। वे अधिकांशतः निम्न मध्यवर्ग की मामूली दिखने वाली ज़िन्दगी की गहराइयों में जाते हैं। पठनीय कहानियाँ दो तरह की होती हैं : एक तो ऐसी जो पाठकों की रुचि के अनुकूल लिखी जाती है और लोकप्रिय होती है। पाठकों की रुचि असंस्कृत और भौंडी भी हो सकती है। खासतौर पर उपभोक्ता अपसंस्कृति के चलते तथा सेक्स और अपराधी मनोवृत्ति के धारावाहिकों, फिल्मों का सेवन करने वाले समुदाय की रुचि। बाज़ार में ऐसी बाज़ारू रुचि का पालन-पोषण करने वाली पत्रिकाएँ और उनमें छपनेवाले साहित्य की आपूर्ति भरपूर है। ऐसा साहित्य मनोरंजक, पारिवारिक, साम्प्रदायिक, प्रकाशनों में ही नहीं छपता अनेक नामधारी साहित्यकार भी इसमें योगदान करते हैं। राजेन्द्र यादव द्वारा सम्पादित 'हंस' में छपी एकाधिक कहानियाँ, मनोहर श्याम जोशी की 'हमज़ाद' जैसी रचनाएँ इस दृष्टि से 'सरिता', 'माया', 'मनोहर कहानियाँ' की ही जाति की हैं। सन्त कहते थे 'जस की तस धर दीन्ही चदरिया'। ये उत्तर-आधुनिक यानी कलयुगी सन्त हैं। ये भी जस की तस धर देते हैं। क्या? यह इन्हीं से पूछिए।

सौभाग्य से कुछ पठनीय ऐसा भी होता है जिसमें पठनीयता रुचि, नैतिकता, मूल्यवत्ता से भी जुड़ी रहती है। ऐसा साहित्य सहज लगता है। इसमें सहजता रूप है, इसकी अन्तर्वस्तु जटिल होती है। हिन्दी कहानी को लें तो यही रास्ता पकड़ा है—ऐसा पढ़कर लगता है। कहानियाँ पठनीय हैं और केवल पाठकीय रुचि या चर्चनीयता की हवस से नहीं बल्कि नैतिकता एवं मूल्यवत्ता से जुड़ी हैं।

इधर की अनेक चर्चित कहानियों में शिल्प की प्रधानता है। इसका बहुत बड़ा कारण मध्यवर्ग में उच्च शिक्षा और सम्पन्नता का विस्तार है। मध्यवर्ग का एक उल्लेखनीय भाग (और वह अंश जनसंख्या की दृष्टि से उपेक्षणीय नहीं) अन्य देशों के साहित्य के सम्पर्क में—अंग्रेज़ी अनुवाद के माध्यम से आया है। उन देशों के साहित्य में प्रचलित शिल्प-विधियों के प्रयोग से ये अपने साहित्य में नवीनता

लाना चाहते हैं। स्थितियाँ तो नित नयी हो ही रही हैं। परिवेश की स्थिति-नवीनता विदेशी साहित्य-शिल्प की नवीनता में ढलकर सामने आ रही है। कुछ कहानियों में परिवेशगत वस्तु-नवीनता रेणु के शिल्प में सामने आ रही है। शिक्षा के प्रसार से लेखकों, रचनाकारों की संख्या बढ़े यह स्वाभाविक एवं स्वागत योग्य है। मगर हर कोई लेखक होना चाहता है (आलोचक, समीक्षक, सम्पादक भी) पर जिसे हम शिल्प कहते-समझते हैं वह परिवेश का ही अंग है। देशी वस्तु अपना शिल्प स्वयं गढ़ती है; क्योंकि सामान्य जीवन के लोग अपना दुख-सुख अपने ढंग से जीते हैं, बयान करते हैं, झेलते हैं और यही ढंग, जीना, बयान करना, झेलना शिल्प में समाया रहता है।

महेश दर्पण के कहानी-संग्रह 'जाल' की कहानियाँ इसी तरह की हैं। उनकी कहानी में ज़्यादातर निम्न मध्यवर्गीय जीवन की ऐसी जटिलता उभरती है जो सतह पर निहायत सहज मालूम पड़ती है। जीवन किस तरह परिवार, पारिवारिक, पड़ोसी-सम्बन्धों पर अपना बल डाल रहा है, यह सब किताबें या समाचारपत्र पढ़कर ही नहीं जाना जा सकता। उन पर जीवन्त लेखन तो बिल्कुल सम्भव नहीं। 'जाल' में संगृहीत कहानियाँ पढ़ते समय महसूस होता है कि आप लेखक को नहीं जीवन को पढ़ रहे हैं। यही अहसास मुझे अच्छा लगा और इसी ने आशा बँधाई कि महेश दर्पण इसी तरह लिखते रहे तो वे हिन्दी की अग्रिम पंक्ति के कथाकार बन सकते हैं। यह भविष्यवाणी नहीं आशा है, जिसका झूठ या सच होना महेश दर्पण पर निर्भर है।

महेश दर्पण में निम्न मध्यवर्गीय पात्रों के मन को अपना लेने की क्षमता है। उनके प्रति आत्मीयता है, स्वयं को ऊपर रखकर उन्हें देखने की प्रवृत्ति नहीं। अनेक कथाकार कहानियों में इन पात्रों की सैर करते हैं, उनको विजिट करते हैं, जैसे प्राणी-उद्यान के जन्तुओं को देखकर उनका विवरण पेश किया जाये वैसा करते हैं। महेश दर्पण पात्रों की दुनिया में रहते हैं। उनकी छोटी-से-छोटी खुशियों, नाराज़गियों, पारिवारिक सम्बन्धों को मानो खुद जीते हैं।

'जाल' की कहानियों में एक ख़ास तरह की क्षेत्रीयता है। पर्वतीय क्षेत्रीयता नहीं। पर्वतीय तो पात्र हैं जो अपने भाषाई प्रयोगों के साथ खड़ी बोली बोलते हैं। अधेड़ पात्रों में पर्वतीय प्रदेशों के प्रति स्मृति-राग (नॉस्टेलजिया) भी है। लेकिन ये कहानियाँ दिल्ली के किसी कस्बानुमा मुहल्ले की, सादतपुर की हैं। मेरा अनुमान है कि पात्र और उनकी घटनाएँ भी कल्पित नहीं—थोड़े बहुत हेर-फेर के साथ सीधे जीवन से उठाई गयी हैं।

यह कस्बाई सीधी-सादी लगनेवाली ज़िन्दगियाँ सपाट नहीं हैं। पात्रों की ज़िन्दगियों में नयी दुनिया, नयी संस्कृति और उपभोक्ता अपसंस्कृति कैसे प्रवेश कर रही हैं, कुछ पुरानी आदतों, रूढ़ियों-परम्पराओं को हटाकर अपने लिए जगह कैसे बना रही है—और इस कशमकश को पात्र झेल कैसे रहे हैं—यह सब उनके सामान्य आचरण में रचा-बसा दिया है कहानीकार ने। कुछ विज्ञापित, प्रचारित, पूर्व निर्णीत या पूर्व

चिन्तित नहीं लगता। मानो वे कहानी की दुनिया में नहीं अपनी स्वाभाविक दुनिया में आचरण-रत हों ऐसे मालूम पड़ते हैं इन कहानियों के प्राणी।

परिवर्तन का संकेत मामूली आदमियों की ज़िन्दगी को देखने से ज़्यादा चलता है। 'जाल' कहानी में बिजली चली गयी है। बिजली रहने और न रहने से उस मुहल्ले के लोगों पर क्या असर पड़ता है। श्यामदत्त के परिवार पर क्या असर पड़ता है—यह कहानी में ऐसे ढंग से दिखाया गया है कि नयी उपभोक्ता संस्कृति द्वारा ग्रस्त पारिवारिक सहभागिता की टीस मन पर छा जाती है। बिजली गयी तो टी.वी. नहीं चला। टी.वी. चलता था तो श्यामदत्त छत पर चले जाते थे। बच्चों की रुचियाँ उनसे भिन्न थीं। टी.वी. न चलने से बच्चे भी ऊपर चले गये। उन्हें साथ-साथ बैठने, खेलने, वक्त गुज़ारने से खाने-पीने का मौका मिला। असली मिलना तभी होता है जब हम बिना एजेण्डे के यों ही मिलते हैं। अब परिवार में भी ऐसा मिलना नहीं होता। वह पारिवारिकता जिसे मानव-इतिहास ने इतने संयम, सावधानी, अनुभव से रचा था, जो भारतीय समाज की सबसे निर्णायक विशेषता है, जो प्रेम का प्रतिमान है वह खत्म हो रही है और हम और हमारे बच्चे कितने उदात्त सुखानुभव से वंचित हो रहे हैं—इसे 'जाल' कहानी सहज शैली में व्यंजित करती है। कहानी में शिल्प और शैली कहीं चमत्कृत नहीं करते, सब कुछ पात्रों और घटनाओं की शैली और शिल्प है। इसे जीवन का सहज राग कहते हैं। इस कहानी को पढ़कर हमें अपनी सामाजिक-सांस्कृतिक-पारिवारिक क्षति का अहसास होता है।

मुझे 'रोशनी' कहानी विशेष रूप से उल्लेखनीय लगती है। यह कहानी भी बिजली पर ही है। बिजली, पानी, मकान और यातायात—यह दिल्ली की सबसे त्रासद समस्याएँ हैं और हमारे चिकने-चुपड़े प्रतिकारी कहानीकार इन सब पर बहुत कम लिखते हैं। भीष्म साहनी ने 'रफ़्तार' कहानी लिखी है। महेश दर्पण ने 'रोशनी' में बिजली विभाग में काम करने वाले डेसू कर्मचारियों और एक पर्वतीय रिटायर्ड अध्यापक के जरिये मूल्यों में एक नये परिवर्तन का संकेत दिया है। पांडेजी डेसू के दफ़्तर केवल कुतूहलवश पहुँच जाते हैं। किन्तु जब उन्हें पता चलता है कि एक कर्मचारी अल्मोड़े का है तो उनकी संचित व्यवहार-बुद्धि जाग्रत हो जाती है। दोनों पर्वतीयों में परम-प्रेम जग जाता है और पांडेजी सफल-भाव से घर लौटते हैं, बच्चों के लिए कुछ फल-फ्रूट लिए हुए।

एक-दो दिन बाद डेसू का एक दूसरा कर्मचारी आता है। कनेक्शन लगाने का सामान लेकर। व्यावहारिक पांडेयजी ही नहीं थे, पर्वतीय डेसू कर्मचारी भी था और यह आने वाला भी। उसी व्यवहार-बुद्धि से ही प्रेरित होकर पांडेजी ने दो सौ रुपये डेसू कर्मचारी को घरवालों से छुपकर दिये। इधर घूस दिये उधर रोशनी आ गयी, बिजलीवाले नहीं, घूस देने वाले पांडेजी के चेहरे पर। मन में एक और तरह की भी रोशनी छा गयी।

‘अचानक जाने क्या हुआ कि पांडेजी को लगा जैसे उनके भीतर अरसे से बुझा हुआ कुछ सुलग उठा है। रुक्मणी ने अभी-अभी उसी चमकदार नज़र से देखा था जो धीरे-धीरे उनके लिए स्मृतियों की चीज़ होती चली आ रही थी। उनके भीतर रोशनी का सोता ही फूट पड़ा हो जैसे।’

यह रोशनी घूस देने से आती है नये ज़माने में। पुराने ज़माने के अल्मोड़ा के रिटायर्ड टीचर ने उत्तर-आधुनिक दिल्ली महानगर में आकर यह अपनी व्यवहार-बुद्धि की मदद से समझ लिया। इस रोशनी के पीछे पांडेजी की मानसिक यातना का कितना घना अँधेरा है—वह अँधेरा कितना भयानक है यह समझना पाठक के संस्कार पर है। रोशनी क्या है, अँधेरे की चमक का ही दूसरा नाम रोशनी है। अल्मोड़े का सम्बन्ध कुछ नहीं, पिता के सहयोगी होने का कुछ नहीं, बुजुर्गी कुछ नहीं—कुछ है तो घूस जो पांडेजी की व्यवहार-बुद्धि का प्रमाण है।

महेश दर्पण की क्षमता है छोटी-छोटी उपेक्षणीय सी दिखनेवाली चेष्टाओं और उन पर की लेखकीय टिप्पणियों से कहानीपन का तन्त्र निर्मित करना। वे साधारण की असाधारणता पहचानते हैं। कभी महेश दर्पण को मेरी एक बात अच्छी लगी थी। मित्रवर रमाकान्त से बातचीत में मैंने कहा—महान रचनाकार डिटेल्स में भी महान होता है। मुझे सन्तोष का अनुभव हो रहा है यह देखकर कि महेश दर्पण की कहानियों में डिटेल्स की उपयुक्त भूमिका होती है।

सत्ताईस साल की साँवली लड़की

'वागर्थ' के युवा पीढ़ी विशेषांक में दीपक श्रीवास्तव की कहानी पढ़ी 'सत्ताईस साल की साँवली लड़की।' मुझे कहानी बहुत अच्छी लगी। कहानी सत्ताईस साल की लड़की के बारे में है। कहानीकार की उम्र 28 साल की है। शिल्प की दृष्टि से ऐसी गठित कहानी इतनी कम उम्र के लेखक की है, सहसा विश्वास नहीं होता। कहानी को ध्यानपूर्वक पढ़ने से रूप और वस्तु का सम्बन्ध समझने में भी मदद मिलती है। संवेदना ठीक-ठीक व्यक्त होने के लिए न कम न ज़्यादा लगभग गणितीय यथा तथता धारण करती है। व्याप्ति एवं अन्तस्सम्बन्धता कम-से-कम कथन और अनुभाव में रूपायित होती है, सीधे भाव-कथन से नहीं। मुझे सुखद आश्चर्य शिल्प-गठन के साथ-साथ, बल्कि उससे ज़्यादा संवेदना की प्रौढ़ता पर हो रहा है। कहानीकार युवक के पास मनोवेगों को साधने का वह संयम है जो लम्बी उमर के बुजुर्गों—कई लड़कियों की शादी में पचने-पकने वाले पिता को प्राप्त होता है। सत्ताईस साल की साँवली लड़की को शादी के लिए सत्रहवीं बार दिखाया जाना है। सोलह बार वह नापसन्द की जा चुकी है। इस घटना-क्रम से लड़की पर क्या गुज़री इसका कथन बहुत कम है। वह तो लगभग तटस्थ है। वह अपनी शादी का कम्प्यूटर से डाटा बेस फ़ाइल बना रही है। वह खुद दिखाई जाने वाली लड़की नहीं मानो निर्जीव, संवेदनाशून्य, शादी की डाटा बेस फ़ाइल है। बस आठवीं बार उसने मना कर दिया था। मना करने के बाद क्या हुआ? अन्ततोगत्वा लड़की फिर दिखने के लिए कैसे मनी?

'मेरे इनकार कर देने पर घर में सन्नाटा छा गया। माँ-बाप किसी ने मुझसे कुछ नहीं कहा। शाम के तीन बजे थे।...मैं अपने कमरे में जाकर लेट गयी। माँ कुछ देर खटर-पटर करती रहीं फिर बगल की मिश्राइन आंटी के यहाँ चली गयीं। पापा दूसरे कमरे में खामोश बैठे रहे। मुझे समझाने कोई नहीं आया।

पाँच बजे किचन से कुछ लोगों की आवाज़ें आयीं। मैं वहाँ गयी। पापा चाय बनाने की तैयारी कर रहे थे। मैंने उनसे कहा 'लाइए मैं बना दूँ' वो घूमे और मुझसे नज़र बचा कर चले गये। उनकी आँखें सूनी थीं और अभी भी डबडबायी थीं।

...अपनी शादी को लेकर आखिरी बार उस दिन किचन में मैं फूट-फूट कर रोयी। चाय बनाकर पापा को देने आयी और जाने की सहमति मैंने दे दी।

पापा को कोई खुशी नहीं हुई। उसके बाद मेंने कभी 'न' नहीं किया।'

पाठक देखें कि पापा (घर के लोग) की चेष्टाएँ निषेध में ज़्यादा व्यक्त की गयी हैं। इस निषेध से जो दबाया जा रहा है, जिसे मन के अँधेरे में फेंका जा रहा है वह व्यक्त हो रहा है। यह खामोशी, पापा की नज़र बचा कर चले जाना उस यातना को व्यक्त कर रहे हैं जो यातना के साथ-साथ भय भी है। पापा को कोई खुशी नहीं हुई, और फिर लड़की का कभी दिखने से मना न करना–दोनों का यानी बाप-बेटी का एक-दूसरे के दर्द को अंगीकार करना है। आत्मीयता और बाप-बेटी की आत्मीयता, आत्मीयता शब्द से अच्छी तरह प्रकट नहीं हो सकते। अपने मन को दबाकर हम आत्मीय को और गहरा दुख देते हैं। आप 'दोपहर का भोजन' (अमरकान्त) में अन्न के अभाव में माँ, भाई, पिता का भूख नहीं है, पेट खराब है और बार-बार पानी पीना याद कीजिए।

कहानी के इस अंश की नाट्यधर्मिता विचारणीय है। इसमें शब्दों का कम-से-कम इस्तेमाल है। मनःस्थिति को शब्द नहीं, चेहरे और देहभाषा ही प्रकट करेगी। लेकिन शब्दों की कमी से तनाव, यातना और भय की अचूक अभिव्यक्ति होगी। अभिनय मुश्किल ज़रूर होगा। साहित्य के उत्कृष्ट अंशों की कसौटी शब्द उसकी नाट्यधर्मिता है, क्योंकि साहित्यरूप अपनी अन्तिम परिणति में नाट्य में रूपान्तरित होकर प्रभाव डालते हैं।

निषेध और खामोशी का सिलसिला आगे भी चलता है। सच्ची बात तो यह है किन्तु, नहीं का उपयोग पूरी कहानी में व्याप्त है। मुझे लगता है कि यह निषेध लड़की की उजाड़ मानसिकता का शब्द-संसार है। वस्तु-जगत् का प्रतिरूप शब्द-जगत्।

परन्तु दिखाये जाने के बाद का घटनाक्रम निराशाजनक होता है। जब लड़के वालों का जवाब आ जाता है– *'तब पापा मुझसे मुँह छिपाये घूमते हैं। हमेशा बोलती रहने वाली माँ भी कुछ दिन चुप रहती हैं। उन दिनों मेरी अपनी दुनिया में दखल देने वाला कोई नहीं होता है।'*

कविता में मौन का जादू शब्द जगाते हैं। लेकिन न, नहीं के इस्तेमाल से ऐसा प्रभाव पैदा करने वाले सिर्फ़ एक कहानीकार शानी को मैं जानता हूँ। कहानी के इसी अंश में लड़की पापा की स्थिति के बारे में सोचती हैं।

'अट्ठावन साल का आदमी अपनी बेटी, समाज, शादी व्यवस्था और उनके अन्तर्विरोधों से तालमेल नहीं बैठा पाने की विवशता से रो रहा था। उसकी कोई गलती नहीं थी।'

'उसकी कोई गलती नहीं थी' ठेठ अस्तित्ववादी कथन है। किन्तु कहानी में वह कोई व्यक्तिवादी सनातन विसंगति का वाक्य नहीं है। वह ऐतिहासिक स्थिति है

और सामाजिक है। परसाई ने एक जगह लिखा है–'विवाह योग्य कन्या के पिता से विवाह योग्य लड़के का पिता ऐसा व्यवहार करता है मानो वह कोई अपराधी हो।' लड़की के मानस में पिता का दुख और तीव्र हो जाता है, क्योंकि पिता के अपमान का कारण वह अपने को समझती है। भारत में जनमते ही लड़की को मार डालने, लड़की को आत्महत्या करने, रेल से कटकर मर जाने आदि का कारण पिता की क्रूरता, हृदयहीनता नहीं, सामाजिक-ऐतिहासिक स्थिति है। 'सत्ताईस साल की साँवली लड़की, इस तथ्य को अनेक समाजशास्त्रियों की अपेक्षा बेहतर ढंग से स्पष्ट करती है।

लड़की की माँ सहमी हुई घर की इज़्ज़त सँभालकर रखने वाली औरत है। लड़की को अपने प्रति पिता की चिन्ता और प्यार का बेहतर अहसास है–पिता के प्रति लड़की की वैसी ही या उससे भी ज़्यादा चिन्ता और अपराध-बोध पिता को और असहाय बनाता होगा और यह सारी यातना बहुगुणित होकर फिर सत्ताइस साल की साँवली लड़की के पास लौट आती है।

रचना में छोटे-छोटे प्रसंगों का गुम्फन मानो हड्डी-माँस के ढाँचे को रूप-रंग देकर उसे जीवन्त बनाते हैं। रचना को विशिष्टता और अलग पहचान देते हैं। रचना डिटेल्स में बड़ी होकर बड़ी होती है। इस कहानी में पापा और लड़की के परस्पर व्यवहार में अनेक छोटे-छोटे ऐसे प्रसंग हैं। एक सौन्दर्य विशेषज्ञ जया भाभी हैं। कहानी तो उनके बग़ैर भी चली चलती लेकिन उनके आने से (कहानी में) लड़की के मन की एक और गाँठ पाठकों को खुल जाती है और दिखाये जाने वाली लड़की की मनःस्थिति और ज़्यादा समझ में आती है। उसका व्यक्तित्व भी।

'शाम तक जया भाभी भी आ गयीं। वह मेरी सौन्दर्य विशेषज्ञा हैं। माँ ऐसी किसी ज़रूरत में उन्हें बुला लेती हैं। मेकअप के कुछ टोटके वह मेरे साथ करती हैं। पिछली कई बार से उनकी मुख्य सलाह यही थी कि मैं अपने लम्बे और काले बाल कटवा लूँ। उनके अनुसार इससे मेरा चेहरा और निखर जायेगा। मैंने इसके लिए 'न' कर दिया। (पहले कहा है न कि लड़की 'न' में जीती है) सौन्दर्य प्रतिमान में आने वाले एकमात्र घटक से अपने आपको मैं कैसे महरूम कर सकती हूँ।'

लेकिन वास्तविक रचनात्मक प्रसंग तो अमित का है। अमित के प्रवेश से कहानी में स्वातन्त्र्योत्तर भारत के ठेठ मौकाशनास युवा-चरित्र का प्रतिनिधि पात्र आ गया है। यह युवा-चरित्र हमारे समकालीन भारत का अमरीकोन्मुख सफल-शरीफ़ पात्र है जो दूध के कटोरे और विषदंश की ताक में निरन्तर साँप की तरह लहराता रहता है जिसे विद्या को दुहना आता है। उसे सब कुछ चाहिए और इतना चाहिए जितना किसी के पास न हो। जो सहानुभूति प्रवण, उदार वाक्चतुर, सर्वमित्र और ब्रह्मलीन संन्यासी के समान निस्संग है, सब कुछ को एक झटके में छोड़कर विदेश में मोटी नौकरी पाकर भारत छोड़ने के लिए। सहानुभूति, सान्त्वना, आश्वासन (लड़की मित्र हो तो और ज़्यादा) का दिखावा करने में सिद्धहस्त। अमित स्वातन्त्र्योत्तर भारत का

ऐतिहासिक भूमंडलीकृत युवा है।

इसी का साहचर्य, सलाह और आत्मीयता का सहारा निरन्तर दिखाई जाने वाली साँवली लड़की को मिलता है।

17 बार देखकर नापसन्द उसे अलग-अलग 17 लड़कों ने किया था। इन देखने वालों से वह न पहले मिली थी न बाद में मिली। लेकिन अमित 'सर' उसके अध्यापक थे। बाद में सिर्फ़ अमित हुए। अमित का परिचय लड़की ने इस प्रकार दिया है—

'देखने में सुन्दर है अमित। गोरा चेहरा, ऊँचा मस्तक, सुन्दर ग्रीवा, जैसे पात्र शिवानी की कहानियाँ में आते हैं।'

लड़की (यानी कहानीकार) विवेकवान पाठक होगी। शिवानी की कहानियाँ जैसे पात्र कहकर उसने अमित का आन्तरिक परिचय दे दिया है।

'अमित के साथ अपने रिश्ते को मैं कभी परिभाषित नहीं कर पायी। उसके साथ के पल जीवन्त लगते हैं। घर पर भी उसकी याद आती है। सपनों में भी वह आता है। लेकिन अपने भुलक्कड़पन में मुझे याद नहीं रहता था कि वाकई उन सपनों में होता क्या था?

अमित ने कभी जाहिर नहीं होने दिया कि उसके मन में क्या है? कभी-कभी बैठे हुए या फिल्म देखते समय उसका हाथ मेरे हाथ पर आता ज़रूर था।... उजाले के बाद सब कुछ खो जाता था।'

लड़की के हाथ पर अमित का हाथ, पकड़कर कसना और ढीला कर देना अमित का द्वन्द्व नहीं। वह विकल्प-संकल्प का द्योतक है। वह जानता है कि वह इस लड़की के लिए नहीं बना है। वह शिवानी की कहानियों के पात्र जैसा ही है। उसके और साँवली लड़की के सपनों में अन्तर है।

उसे अमरीका का न सही, कनाडा का वीसा मिल गया।

'वह वाकई बहुत खुश था। उसने कॉफ़ी का आर्डर दिया। हमेशा कम बोलने वाला अमित आज अनवरत बोले जा रहा था। ज़्यादा बोलने वाली मैं आज चुप थी।'

इस ज़्यादा बोलने और आज चुप रहने के आकस्मिक बदलाव में ही अमित की कमीनी मौकापरस्ती, संस्कृति निरपेक्षता और उससे आहत लड़की की क्षुब्ध निराशा निहित है। उन समृद्ध देखने वालों में से किसी ने लड़की के मन में ऐसा क्षोभ नहीं आन्दोलित किया था जैसा कि इस सहानुभूति रखने वाले, सिनेमा-हाल के अँधेरे में हाथ पर हाथ रखकर दबाव को कसने और ढीला कर देने वाले अमित ने।

'वह कनाडा से यू.एस. पहुँच जायेगा अपने सपनों के देश में उसके सारे सपने अब पूरे होने वाले थे।'

अमित के सपने से लड़की के सपने की तुलना कीजिए। लड़की के सपने का सम्बन्ध अमित से था, 'सपनों में भी वह आता था। लेकिन अपने भुलक्कड़पन में मुझे याद नहीं रहता था कि वाकई उन सपनों में होता क्या था।' लड़की को सपने

आते थे और वे याद नहीं रहते थे। सच्ची बात यह है कि लड़की ने सपनों को जनमते ही मार डालने की आदत डाल ली थी। वह अपने सपनों की व्यर्थता जानती थी। सपनों का परस्पर-विरोध दो पात्रों और भिन्न जीवन-स्थितियों और साधनों का परस्पर-विरोध है जिससे स्वातन्त्र्योत्तर भारत की ऐतिहासिक गाथा निर्मित हो रही है। हमारे देश की आबादी का एक निहायत अल्पसंख्यक समुदाय–सम्पन्नतर होता हुआ उच्चमध्यवर्ग, नगरों-महानगरों में अलग पॉश कालोनियाँ बसा रहा है, देश छोड़कर अपने को अमेरिका में बसा रहा है–इन्हें पृथकतावादी नहीं कहते, जब कि वे वास्तविक पृथकतावादी हैं।

एक छोटी-सी कहानी कितनी विविधस्तरीय बड़ी बातें कहती है और इसीलिए कहानी का अन्तिम अंश उन सत्रह देखने वालों से नहीं, अमित से जुड़ा है। अमित की तुलना में अपने देश में छोटी-सी नौकरी पाने से वह स्वतन्त्रता का अनुभव करने लगी। नौकरी पाने की खुशी सिर्फ़ उसकी नहीं है–

'माँ तुरन्त भगवान की अलमारी की तरफ़ गयीं। वहीं उन्होंने दीपक जलाया और कुछ नहीं मिला तो गुड़ ही चढ़ा दिया। माँ के मैंने पैर छुए, उन्होंने मुझे अँकवार में लिया और खुशी से रोने लगीं। उन्हीं हिचकियों के बीच उन्होंने कहा मेरी बेटी ने बहुत दुख सहे हैं।... पापा खुशी से फोन पर ही मुझे आशीर्वाद देने लगे। मैंने भैया को दिल्ली फ़ोन कर दिया।'

फ़ोन लड़की ने अमित को भी किया। कहानी की अन्तिम पंक्तियाँ–

'आखिर उसे बताना ज़रूरी था कि जिसके साथ वह समय काट रहा था, अब उसे किसी की ज़रूरत नहीं रही, किसी की भी नहीं, न अमित जैसों की, न ही किसी राजकुमार से शादी की।'

परसाई का वाक्य याद आता है–नौकरी मिलते ही लड़की लड़का हो जाती है। अब सत्ताईस साल की साँवली लड़की सविता को नौकरी मिल गयी है। अब उसे पति भी मिल जायेगा और अब वह स्वयंवरण करने की स्थिति में हो गयी है। ऐसा पति मिलेगा जिसकी दुम नहीं होगी। (दुम कहानी में देखने के लिए आने वाले लड़कों और अमित को भी थी) दुम यानी आदमी होने से कुछ कम रह जाने की विकास-स्थिति।

यथार्थ सचमुच द्वन्द्वात्मक होता है। इतनी निराशा, हताशा में छोटी-सी नौकरी लड़की को जीने के लिए एक अवसर प्रदान करती है। स्वाभिमानपूर्वक निजता, अस्मिता देती है। स्वातन्त्र्योत्तर भारत में बहुत कुछ ग़लत हुआ है लेकिन कुछ अच्छा भी हुआ है। जवाहरलाल नेहरू से उनके अन्तिम दिनों में एक विदेशी पत्रकार ने पूछा–आपके प्रधानमंत्रित्व की सबसे उल्लेखनीय उपलब्धि क्या है? नेहरू ने थोड़ी देर सोचकर कहा–नारी-शिक्षा का प्रसार। मुख्य बात है आर्थिक स्वतन्त्रता। सो देखें तो यह कहानी पारिवारिक होने के साथ-साथ गहरे तौर पर राजनीतिक भी है। कहा

जाता है न व्यक्तिगत का मतलब है राजनीतिक।

कहते हैं रचनाधर्मिता घटनाओं में नहीं, मन पर पड़ने वाले घटनाओं के चित्रण में होती है। यह कहानी सघन अन्तर्गठित है। इसके कथानक का विकास घटनाओं के साथ-साथ उनके प्रभाव-चित्रण से होता है। नये लेखक प्रायः इतने छोटे-छोटे वाक्य में प्रबन्धात्मक रचना नहीं कर पाते। और बहुत बड़ी बात कि हम कहानी में शुरू से आखिर तक साहित्य से बाहर पात्रों की दुनिया में उनके साथ रहते हैं।

संवेदना का शिल्प

अभी हाल में अमेरिका में काम कर रहे एक भारतीय प्रोफ़ेसर ने भारतीय कथा-साहित्य का जायजा लेते हुए लिखा कि भारत में ऐसे लेखन की बाढ़ आ रही है जो ग्लोबल मार्केट को ध्यान में रखकर किया जा रहा है। यानी उनकी रुचियों को ध्यान में रखकर कथा का संयोजन। इस प्रक्रिया में ऐसा साहित्य देसी रुचि को भी बदल कर अपने अनुकूल करने का प्रयास कर रहा है। ऐसी प्रवृत्ति फिल्मों में ज़्यादा उजागर हैं, संगीत में, खेलों में और शिक्षा में भी। इसके कारण पाठक, श्रोता और दर्शक को आकृष्ट और चमत्कृत करने की ज़रूरत पड़ती है। विवेक-बोध, चेतना को जाग्रत करने के बजाय आँख, कान के विषय—रोशनी और ध्वनि (Noise) का दबाव डाला जाता है। इसीलिए इस दौर में संगीत श्रव्य से दृश्य बन गया है और वह भी कुछ ही अंगों तक सीमित हो गया है। रस नव होते थे, अब वह एक ही रस तक सीमित हो गया है।

कहते हैं कि साहित्य परिचित का अपरिचयीकरण करता है। परिचित को अपरिचित बनाकर उसे नवीन करता है। इस हिसाब से देखें तो प्रेमचन्द सबसे बड़े अपरिचयकार ठहरेंगे, क्योंकि उनके चरित्र देखे हुए, भाषा इस्तेमाल की हुई और स्थितियाँ जानी-पहचानी होती हैं—बूझी मैं जानकर नहीं कह रहा हूँ। इधर के कहानीकार नये-नये चरित्र लाने में बड़ी मेहनत कर रहे हैं। अनेक कहानीकार और उपन्यासकार तो रचनाकार के बजाय शोधकर्ता ज़्यादा लगते हैं। दूर-दराज के चरित्र और जाने-पहचाने वर्ग के चरित्रों की भी ऐसी परम विशिष्ट जीवन-स्थितियाँ लाते हैं जो संवेदना नहीं, आश्चर्य का भाव पैदा करती हैं—'अरे वाह ऐसा भी होता है।' एक कहानी में नवीनता को किसी ढाँचे या व्यवस्था में नहीं देखा जाता—असामान्यता के रूप में उसकी पहचान की जाती है।

दीपक श्रीवास्तव की कहानी 'लघुत्तम समापवर्तक' मुझे बहुत अच्छी लगी। इसमें चरित्र और उनकी स्थितियाँ अनोखी, अनूठी, असामान्य नहीं। एक बात शुरू में ही कह दूँ कि यह कहानी मेरे मन का चोर निकालती है। मेरी महत्त्वाकांक्षा रही है ऐसा एक लघु उपन्यास लिखने की जिसके चरित्र बच्चे हों। 4 वर्ष से लेकर 11-12 वर्ष

तक के बच्चे। मेरी हिम्मत नहीं पड़ी शुरू करने की। मुझे इस कहानी को पढ़कर लगा कि इसका लेखक यह काम कर सकता है।

कहानी के नायक लघुत्तम समापवर्तक—सोनू 9 साल के हैं। उनके साथी प्रतिद्वन्द्वी बच्चन 13 साल के। इसी उमिर के आस-पास नन्हकऊ और कैलास। सोनू के पिता गाँजा पीने के शौकीन, किसी को मार डालने के अपराध में जेल गये। जेल में ही मर गये। सोनू के पिता के दोनों बड़े भाइयों की जमानत हो गयी, वे बच गये। सोनू के बाप की ज़मीन बिकी। घर पर दोनों भाइयों का कब्ज़ा होगा। कुछ ऐसा हुआ कि कुछ ही दिनों बाद सोनू की माँ लांछिता होकर तालाब में डूब मरीं। सोनू अपने दोनों ताउओं ही के आश्रित। उनके बच्चों—बच्चन और नन्हकऊ के दबैल। उनकी उतरन पहनने को पाते।

कहानी शुरू होने के समय सोनू बच्चन की हाफ़ पैंट पहने हैं।

'बाग में धप्प से आवाज़ हुई। चारों पलक झपकते ही एक साथ आवाज़ की तरफ़ चल निकले। धप्प के सूखी पत्तियों की चरमराहट की ध्वनि के साथ के चित्रण ने आभास दिया कि आम या तो चोपहवा है या मलदहवा। सोनू सबसे आगे थे लेकिन वह जानते थे कि आगे रहने से ही गिरा आम नहीं मिलता है। उसके लिए ज़रूरी है पैनी नज़र, हर तरफ़ देखने की चुस्ती और थोड़ा भाग्य। उनके तेज़ दौड़ने में बाधक बन रही थी उनकी हाफ-पैंट, जो मानी जाती थी हाफ पैंट लेकिन उनके घुटने से कुछ नीचे ही थी। बच्चन की हाफ़-पैंट की उतरन उन्हें पहनाते समय दादी रस्सी बाँध देती थी कसकर। लेकिन जेब में जमा ईंट-पत्थर के टुकड़ों तथा अन्यान्य सामग्रियों के गुरुत्त्वाकर्षण के बल से वह नीचे अग्रसर रहती। सोनू दौड़ते समय उसको खींचकर ऊपर करते रहते।

सोनू बीच में थे। नन्हकऊ और कैलाश उनके अगल-बगल आ चुके थे। बच्चन सामने। आम सोनू की बायीं मुट्ठी में था और दाहिनी मुट्ठी अभी खाली थी। दोनों पक्ष एक दूसरे को तौल रहे थे। जहाँ वो खड़े थे वहाँ तेज़ धूप थी। पहल बच्चन ने की।

'आम दे दो।'

'पहले मैंने उठाया है।'

'उससे क्या हुआ? तुम ज़मीन उठा लोगे तो ज़मीन तुम्हारी हो जायेगी?' बाद में मारपीट हुई। तमाचे सोनू के गाल पर पड़े। लेकिन सोनू ने हाफ़-पैंट की ज़ेब में ईंट, पत्थर के जो टुकड़े जमा रखे थे उनका उपयोग किया। सोनू ने ईंट वाली मुट्ठी से दो-तीन घूँसे पीठ में लगाये जिससे बच्चन बिलबिला गये।'

बोले, 'यह जो मेरी पैंट पहने हो वापस कर दो।'

कैसे वापस कर दे, जो दृश्य हाफ-पैंट उतारने से उपस्थित होगा, उससे सनसना गये।

आम सोनू की मुट्ठी में दबा रहा। थोड़ा आगे जाने पर सोनू ने मुट्ठी खोली। रस हाथ में लिपट गया था। सोनू ने जीभ से पूरी हथेली चाटी। सोचा आम और हथेली धो लिया जाये। लेकिन पता नहीं कौन आ जाये सो चोपहवा आम का भरपूर स्वाद लिया।

आगे गयासिंह का ट्यूबवेल चल रहा था। हाथ-मुँह धोया, देखा आस-पास कोई नहीं है—बनियाइन उतारी, रस्सी खोल कर हाफ-पैंट उतारी। नंगे नहा लिया। नहाकर फिर वही कपड़े पहन लिए।'

मैं, इस कहानी का पाठक सोचता हूँ—ईदगाह के हामिद और उसके दोस्तों को इन्हीं स्थितियों में रख दिया जाता तो? सोनू, बच्चन, नन्हकऊ देहात के हैं, हामिद और उसके साथी शायद कस्बे के हैं। स्थितियाँ तबसे बदल गयी हैं। लेकिन इस उमर के बच्चों की स्थितियों की प्रतिक्रिया और उनके संवाद हामिद की याद दिलाते हैं। मानो वे ही आज के गाँव से कहानी में आ गये हों।

एक बात और, मुझे बच्चों की पारस्परिक क्रिया-प्रतिक्रिया और संवाद और नाटकीयता की कोई कहानी याद भी नहीं आ रही है—(यह मेरी जानकारी की कमी होगी)।

अच्छी कहानी में घटना और स्थितियों की क्रम-संगति की एक लय होती है। स्थिति में बहुमुखी गतियों की सम्भावना की पहचान निर्णायक होती है; जैसे राजमिस्त्री एक ईंट के साथ दूसरी ईंट को रखने में ईंटों के कोने-कतरे झाड़-पोंछ देता है और सीमेंट-गारा पोत कर उन्हें जोड़ता है कि वे नीरन्ध्र रचना का आकार ले लेते हैं, वही शिल्प है।

आम खाने के बाद सोनू के ध्यान में जामुन का पेड़ आया। जामुन का पेड़ मेहुड़ा ताल के पास है। लेकिन सोनू वहाँ नहीं जाना चाहते—जामुन खाने की लालच के बावजूद—क्यों? क्योंकि उस ताल पर उनकी माँ डूब के मरी थीं।

आम के बाद जामुन का ध्यान आना स्वाभाविक है। जामुन बहुत जल्दी खत्म हो जाती है आम की तुलना में। सो लिखा है—'जामुन अभी बची है।' जामुन का पेड़ ताल के पास है। ताल में माँ डूब के मरी थी। सोनू तब तीन साल के थे—जामुन खाने की स्वाद-लालसा की मनःस्थिति से माँ के डूबने की घटना की स्मृति फूटती है—यह स्थिति से स्थिति को जोड़ने का शिल्प है।

किसी घटना या स्थिति का प्रभाव मन पर पड़ता है। मन पर जो प्रभाव पड़ता है वह तो संवेदना है और वह प्रभाव प्रकट कैसे होता है—यह संवेदना का रूप हुआ—इस रूप से भी शिल्प का पता चलता है। सोनू अपने पिता और पिता से भी ज़्यादा माँ के बारे में सुनना-जानना चाहते हैं।

'माँ के जिस रात घर से निकलने और सुबह ताल में पाये जाने की गवाही दादी देती है, उस रात वह तीन साल के आस-पास थे और बहुत तेज़ जाड़ा पड़

रहा था। कई सालों में एक बार पड़ने वाला तेज़ जाड़ा। इस तेज़ जाड़े की बात हर बताने वाला करता है। बात उनकी अम्माँ के मरने से शुरू होती है और जाड़े की चर्चा होने लगती है। वह अम्माँ की मौत के बारे में जानना चाहते और उनकी जानकारी उस साल के तेज़ जाड़े के बारे में बढ़ने लगती है। जब भी अम्माँ का ज़िक्र होता तब जिस हालात में सोनू रहते उसी में ठहरे रहते। खड़े रहते-खड़े रहते, अगर बैठे रहते, बैठे रहते।'

प्रायः गत्वर-बिम्ब ज़्यादा प्रभावशाली होते हैं। यह अनुभाव-बिम्ब स्थिर है। बालक चंचल न होकर स्थिर हो जाता है—स्थिर रहता है माँ के बारे में सुनते समय। मन की सारी विह्वल ऊर्जा-गतियाँ समाधि में हैं। जैसे जड़ पिंड ऊर्जा का अक्षय स्रोत होता है, वैसे ही सोनू का अस्तित्व माँ का ध्यान हो गया है। जो जितना ही अबोध है उसके मन की बात जानने के लिए उतना ही परिपक्व बोध चाहिए और आत्मीयता भी। एक महीने के शिशु की भाषा माँ समझती है और रचनाकार रचना-पात्र की जननी होता है।

सोनू के पिता गंजेड़ी, माँ लांछिता, पेट में बच्चा लिए आत्महत्या करने वाली या मार डाली गयी विधवा। पूरे परिवार में दादी उनकी आत्मीय। संयुक्त परिवारों में आत्मीयता या प्यार की अभिव्यक्ति दूसरे ढंग से होती है। किसी और से झगड़ा हो तो माँ अपने बच्चे को डाँटेगी, मारेगी। जो अपना है उसे दिखाकर स्नेह नहीं दिया जाता। दादी भी यही करती है। सबसे बेसहारा सोनू है। परिवार में तो सबसे प्रिय वही है दादी को। दादी के साथ सोते हैं। दादी के साथ गुजारे हुए क्षण ही उनके अपने, सुखद क्षण होते हैं। सोनू उतरन पहनते हैं, लेकिन जेब में ईंट, पत्थर रखते हैं। दबते नहीं। दादी को उनकी हरकतों के लिए उलाहना सुनना पड़ता है।

'आराम से सोनू और सरककर दादी से सट गये। उनकी ठोढ़ी दादी के स्तन से सट गयी।'

दादी के स्तन से सोनू की ठोढ़ी सट गयी। दीपक श्रीवास्तव ने इसके बाद एक छोटी-सी घटना जोड़ दी है—जो पेंटिंग की भाषा में डिटेल (ब्योरा) कहलाती है।

'दो दिन पहले उन्होंने कमलेश भइया की पत्नी को अपने बच्चे को दूध पिलाते देखा था। उन्होंने ब्लाउज हटाकर दूध बच्चे के मुँह में लगा दिया।

अपनी तरफ़ सोनू को एकटक देखता देख वह मज़ाक में बोलीं—

चाहिए का पंडित जी

सोनू शरमा कर भाग आये।'

रचना-प्रक्रिया में रचनाकार की निरन्तर परीक्षा होती रहती है। 'रेज़र्स एज', 'क्षुरस्यधारा'... वाली बात है। ऐसी ही परीक्षा पाठक-आलोचक की भी होती रहती है—समग्रता में शिथिलता आयी तो मार्मिकता और गुण-दोष हाथ नहीं लगे।

इस ब्योरे में सोनू का कमलेश भाभी द्वारा ब्लाउज हटाकर बच्चे के मुँह में स्तन

डाल देने को 'एकटक देखते रहना' कितनी छिपी संवेदना प्रवृत्तियों का उत्स-रूप है। तीन साल की उम्र से माँ के दूध से वंचित 9 साल के बच्चे का इसे एकटक निहारना; करुणा, लालसा, असहायता आदि के जुड़ने से यह गाँठ बनी है। इसे बिना शाब्दिक धूम-धड़ाके के चुपचाप लिखकर आगे बढ़ जाने के लिए रचनात्मक संयम चाहिए। अल्पकथन के इस शिल्प की नये रचनाकारों को बहुत ज़रूरत है। यह चमकना नहीं रचनाधर्मिता से प्रतिबद्धता है।

सोनू बोलता कम है। कम बोलना उसके मानसिक विक्षोभ का अनुभाव या लक्षण है। कहानी के अन्त में उसका विक्षोभ फूट पड़ता है। वह फफक-फफक रोने लगता है और किसी के सामने नहीं, दादी के सामने। वह भी उस दादी के सामने जो उसकी एक मात्र सख्या हैं। वह अपने सामने ही रोना है। वह दादी से अपनी माँ और बाप के बारे में पूछता है। माँ-बाप उसके थे—वे मर गये। अब दादी ही उसकी हैं और बची हैं। वे भी मर न जाएँ। दादी से प्रार्थना करता है—

'दादी तुम चार-पाँच साल अभी नहीं मरना'—कहते हुए सोनू उठकर बैठ गये और फिर बिल्कुल बच्चों की तरह फफक-फफक कर रोने लगे।

बच्चे तो थे ही—फिर बच्चों की तरह क्यों। बेसहारा बच्चों में बचपन नहीं रह जाता। बचपन उनमें रह जाता है जिनके आत्मीय उनकी देखभाल करते हैं। सहारा मिला तो वे बच्चों की तरह रोने लगे। असहाय बच्चे सहारा पाने की स्थिति में रोते हैं। दादी का कुछ दिनों तक न मरना—सोनू की जीवनेच्छा का अर्थ है।

और जैसा कि कला की अनेकार्थता होती है। आश्रयहीन का आश्रय तलाशना उसकी जीवनेच्छा का प्रतीक है। यह भी याद आता है कि ईदगाह के हामिद की भी दादी ही है। वहाँ हामिद बच्चा होकर बड़े की ज़िम्मेदारी निभाता है। दादी के लिए चिमटा लाता है। यहाँ सोनू दादी के जीवन की माँग करता है। अपने असली रूप बच्चे में आकर।

एक नवीन मानवीय विमर्श

हिजड़ों के जीवन, उनके रहन-सहन, रीति-रिवाजों को लेकर हिन्दी में एकाध उपन्यास लिखे गये हैं, कुछ कविताओं में भी उनके प्रति संवेदना व्यक्त हुई है। उपन्यास शोध करके लिखे गये हैं, अतः वे 'प्रोजक्ट' अधिक हैं। इस सन्दर्भ में कविताएँ अधिक उल्लेखनीय हैं। अभी किरण सिंह की कहानी 'संझा' पढ़ी। संझा हिजड़िन है, लेकिन उसके लिए यह शब्द-प्रयोग नहीं किया जा सकता। कहानी में उसके लिए इस शब्द का प्रयोग वे लोग करते हैं, जो हिजड़ा होना तो क्या उसकी चर्चा तक करना पाप मानते हैं। ऐसे लोगों ने हिजड़ों के लिए हलाहल नरक की व्यवस्था की है।

हमारे समय में आधुनिकता-मानवीयता के विस्तार ने कुछ रूढ़ विचारों, धारणाओं या पूर्वाग्रहों से संघर्ष करके उन्हें हाशिए पर धकेलने का प्रयास किया है। इसीलिए हमारा समय शब्द-परिवर्तन का भी दौर है। अब हम व्यापक संवेदनशीलता के प्रभाव से कुछ शब्दों का प्रयोग नहीं करते, उनके स्थान पर नये शब्द चलन में लाते हैं। किरण सिंह ने इस नयी संस्कृति या संस्कृति के विस्तार में रचनाकार के रूप में योगदान दिया है 'संझा' कहानी लिखकर। लेखिका के लिए और इस कहानी के पाठक के लिए संझा, संझा है। उसे हिजड़िन कहकर पुकारना अनुचित है। कहानी में उसके जन्म के समय उसकी शारीरिक कमी का संकेत किया गया है। चौगाँव के वैद्य महाराज के घर आठ वर्ष के बाद किसी सन्तान ने जन्म लिया—

'ये मूडी बाहर निकली...चेहरा...पेट...नाभि...वैद्यजी ने साँस रोक ली...लड़का है कि लड़की? एक चीख...निकलने से पहले ही वैद्यजी ने दोनों हथेलियों से मुँह दाब लिया है—'रात-बिरात कोई दवा के लिए दरवाज़े पर ठाढ़ होगा, सुन लेगा!'

'पूत है कि धिया? बोलते काहे नाहीं?' दर्द से थकी बैदाइन सोना चाहती थीं।

'पता नाहीं।'

'पता नहीं? पता नाहीं! पता नाहींऽऽ'

सौरी के दरवाज़े पर रखी बोरसी के गोइठे से भभका उठा। सपनों की कपाल-क्रिया की चिराइंध गन्ध कोठरी में भर गयी।'

स्वाभाविक-सी बात है कि जिनके यहाँ ऐसी सन्तान जन्म लेगी, अकस्मात उनके सपनों की कपाल-क्रिया हो ही जायेगी। पर कहानी की खूबी यह है कि सपनों की कपाल-क्रिया और संझा के जन्म के समय द्वन्द्व की स्थिति क्षणिक है। यह इस कहानी की नैतिकता भी है। बैद-बैदाइन के लिए आठ बरस बाद किसी पानी पूछने वाले का आना है यह। उनकी सन्तान है। दोनों उसका नाम रखते हैं–'संझा'। यह नाम परिवेश की संगति भर नहीं है। यह 'संध्या' का तद्भव है। इसके पीछे कहानी लेखिका का सौन्दर्य-बोध है। यह नाम कई तरह के संकेत करने वाला है। न दिन, न रात। लेखिका की टिप्पणी है–

'संझा! हुँह! इनकी बेटी में दिन और रात, दोनों का मिलन है। इसलिए वह सिर्फ़ दिन और सिर्फ़ रात से अधिक पूर्ण-पहर है।' कहानी के अन्त में मानवीय व्यवहार की दृष्टि से पूर्ण संझा चौगाँव के स्त्री-पुरुषों के पूर्ण होने के पाखण्ड को उद्घाटित करती है। बहुतों की यह पूर्णता दुराचार पर टिकी है। कहानी को पढ़ने के बाद उपर्युक्त पंक्तियों का व्यंग्य स्पष्ट हो जाता है।

इस कहानी में अन्य रचनाओं की तरह हिजड़ों के जीवन का चित्रण नहीं; न पूत, न धिया के पूत और धियाओं के समाज में अपनी पहचान न बना पाने, अपनी पहचान छिपाने और जिन्हें पूर्ण समझा जाता है, उनकी तरह न हो पाने की मार्मिक पीड़ा व्यक्त हुई है। इसके साथ-साथ बैद-बैदाइन द्वारा संझा की पहचान छिपाने के प्रयास और उसे बेटी मानकर पालने-पोसने का भी मार्मिक चित्रण है। जैसे किसी सन्तान में कोई कमज़ोरी या विकलांगता देखकर माँ-बाप का लगाव उस सन्तान के प्रति बढ़ जाता है, वैसा ही भाव बैद-बैदाइन का संझा के प्रति है। गाँव के लोग बेटी को देखना और गोद में खिलाना चाहते हैं। बैद-बैदाइन सतमासा बेटी की कमज़ोरी को बहाना बनाकर उसे बाहर नहीं निकालते। बेटी के जन्म से पहले, दिन भर बाहर रहने वाली बैदाइन ने अब बेटी के लिए अपने को कोठरी में ही समेट लिया। बेटी को पालने के सन्दर्भ में पति-पत्नी की बातचीत काव्यात्मक शैली में व्यक्त हुई है। यहाँ लोक-कथाओं की शैली भी मिलती है। ये दोनों 'भेड़ियों' और 'सियारों' से बेटी को बचाने में अपना सब कुछ लगा देते हैं। बैदाइन की मृत्यु की रात बेटी की चिन्ता में बैद जी बैदाइन को महावर सिंदूर लगाते हैं, लाल साड़ी में लपेटते हैं, खटिया पर बाँधते हैं और सोई हुई संझा को कन्धे पर लादकर, एक हाथ में खटिया घसीटते, हाँफते हुए श्मशान पहुँचते हैं। सुबह होने पर गाँव वालों से कहते हैं–

'बरम्ह मुहूर्त में एक घड़ी के लिए मुक्ति का पुण्य योग बन रहा था। आप लोगों को जगाता, तब तक समय बदल जाता।'

संझा वैद्य जी के लिए बेटी है। इस बेटी की असलियत केवल वैद्य जी जानते हैं। वे उसे बेटी ही मानकर बुकवा-तेल मलते हैं, नहलाते-धुलाते हैं। सदैव उसके आस-पास बने रहते हैं। पहले तो अपना धंधा छोड़ते हैं, फिर जीने के लिए मर्दाना

ताक़त की दवा मूसली बाँटने लगते हैं—इससे उन्हें औषधि के लिए बहुत कम देर बाहर रहना पड़ता है। संझा की उम्र की बेटियों का विवाह हो गया, वैद्य जी लोगों के बार-बार टोकने पर भी संझा का विवाह नहीं करते, निरन्तर बहाने बनाते हैं। सच कोई नहीं जानता। संझा और वैद्य जी का यह सम्बन्ध सन्तान और पिता का सम्बन्ध, लोगों के लिए पहेली बनता है। वे इस विषय में कानाफूसी करते हैं—'बैद ने बैदाइन के मरने के बाद अपना ब्याह भी क्यों नहीं किया, जबकि हमारे यहाँ की कई उसके साथ बैठने को तैयार थीं?'

'बैदाइन के मरने के बाद बैद औषधि छोड़कर मूसली क्यों बेचने लगा?'

'कहीं बाप ही...'

'संझा को इसलिए बाहर नहीं निकलने देता कि वह सब बता न दे।'

यहाँ कहानी में विडम्बना की अभिव्यक्ति हुई है। यह आन्तरिक कोमल मानवीय सम्बन्ध और निर्ममता की हद तक जाने वाले बाहरी जटिल-क्रूर संसार की टक्कर की विडम्बना है।

संझा बढ़ रही है। अंगों की दृष्टि से संझा अन्य लड़कियों जैसी नहीं है, पर उसके आन्तरिक भाव अन्य लड़कियों से जैसे सहज-स्वाभाविक हैं। कहानी के ये सन्दर्भ बहुत करुण एवं मार्मिक हैं। चित्रण की मंशा संझा को दूसरी स्त्री पात्रों जैसा मानने के लिए विवश करती है। उसकी आस-पास की स्थितियों को, संवादों को इस प्रकार संबद्ध किया गया है कि वह सामान्य नारी पात्र लगने लगती है। विशिष्ट न कहने का कारण यह है कि वह अंग विशेष के न होने के कारण विशिष्ट हो जायेगी और कहानी ऐसे वैशिष्ट्य को तोड़ना चाहती है। यह कहानी अंग विशेष को उतना महत्त्व नहीं देती। एक जगह संझा और बैदजी की बातचीत का अंश देखिए—

'किस्मत ने एक ज़रूरी अंग हटाकर तुमको पैदा किया है बेटी!'

'जीवन के लिए सबसे ज़रूरी तो आँख है। जोगी चाचा अन्धे पैदा हुए। ज़रूरी तो हाथ हैं। बिन्दा बुआ का दाहिना हाथ कोहनी से कटा है। रामाधा भइया तो शुरू से खटिया पर पड़े हैं, रीढ़ की हड्डी बेकार है। बिसम्भर तो पागल है, जनम से बिना दिमाग का। क्या... वो... वो... आँख, कान, हाथ, पाँव, दिमाग से बढ़कर होता है?'

'तुम बंस नहीं बढ़ा सकतीं।'

'गाँव में ऊसर औरतें भी हैं, मान से रहती हैं।'

'.................'

स्पष्ट है कि यह कहानी मनुष्य की आन्तरिक भावनाओं, मनुष्य-मनुष्य को जोड़े रखने वाले अमूर्त मानवीय तंतुओं की रक्षा की कहानी है। इसीलिए मानवीय संस्कृति के प्रसार की कहानी है।

इस कहानी में संझा अपने को देखती है और अपनी खिड़की से दूसरी लड़कियों को देखती है। उसे अपने अलग होने का बोध होता है। इस बोध की कल्पना

सर्जनात्मक भी है और दारुण भी। बाहरी संसार को देखकर संझा में अपने प्रति जिज्ञासा होती है। वह स्वयं को समझने का प्रयास करती है। पिता की पोथियों का अध्ययन करती है। उनमें घिनौनी से घिनौनी बीमारियों का उल्लेख है, पर अपने बारे में कहीं कुछ लिखा नहीं मिलता। चौदह साल की होते-होने संझा अपने होने-न-होने को समझने लगी। वह पाती है कि और लड़कियों की तरह उसके अंग मुलायम और गदरारे नहीं। उसका बदन तेल पी हुई लाठी की तरह, ऊँचाई के नाम पर सिर्फ़ गाँठों का उभरना, नसें बैंगनी और त्वचा मोटी, ठुड्डी और होठों के ऊपर उगते हुए भूरे रोएँ–

'गालों की हड्डियाँ उभर रही थीं, और चेहरा तिकोन में लम्बा हो रहा था। किन्तु एक अंग वैसा ही था, सुई की नोक के बराबर। वह शीशे के सामने खड़ी रहती। गिरने-गिरने को होती तो बैठ जाती। एक छेद उसके दिल में होता जा रहा था जिससे वह बन्द कोठरी में कपड़े पहनना भूलने लगी थी।'

संझा को लगने लगा कि किसी खास अंग का होना न होना, किस्मत होने न होने के समान है। उसने एक उपाय सोचा। एक कथा में वरदराज की कहानी सुनी थी। हाथ में विद्या की रेखा न होने पर अपनी हथेली चीर कर विद्या की रेखा बना लेने की कथा। संझा ने अपनी किस्मत बदलने का निश्चय किया। यह अंश देखिए–

'संझा उन्माद में थी। उसने ढिबरी की लौ धीमी कर दी। आँगन में लगी नीम-तुलसी की पत्ती पीस कर रख लिया। बन्द कोठरी में ज़मीन पर लेट गयी है और दोनों पाँव दीवार पर फैलाकर टिका लिया। शरीर को धनुष की तरह तान लिया। अम्मा की धोती फाड़कर मुँह में ठूँस लिया। भगवान के नाम पर बाउदी की तस्वीर उभरी और चाकू वहाँ रख लिया। लम्बी साँस ली। साँस रोकी और चाकू की फाल धँसा लिया। वह लम्बान में चीर देने के लिए ताकत लगाना चाहती थी। लेकिन चाकू धँसने के साथ ही बदन निचुड़े कपड़े की तरह ऐंठने लगा। आँखें, साँस लेने बाहर निकली मछली के मुँह की तरह खुलने झपकने लगीं। मुँह में ठुँसी हुई माँ की धोती निकालकर, वहाँ रखते हुए, लहराती आवाज में कहा–'बाऽऽउऽऽदी बाऽऽउऽऽदी।''

वैद्य जी द्वारा घायल बेटी के उपचार के प्रयास का उल्लेख भी बहुत दारुण लेकिन मानवीय सम्बन्धों की दृष्टि से उत्कृष्ट अंश है–

'वैद्य जी बेटी को गोद में लिए नित्य क्रिया कराते। नीम के पानी से घाव धोते। लेप लगाते और संझा के दोनों पाँव जाँघ के पास से बैदाइन की धोती से बाँध देते जिससे दरार जुड़ती चली जाये।'

संझा बढ़ रही है, वैद्य जी उसे बाहरी संसार की हवा से बचाते रहे हैं, अब भी बचा रहे हैं, पर संझा का बाहर निकलने का आग्रह बहुत करुण है, वह श्रेष्ठ कविता की तरह है–

'मैं बाहर निकलना चाहती हूँ बाउदी! मैं औषधि की पत्तियाँ छूना चाहती हूँ।

बहता पानी.....गीली मिट्टी.....जंगल.....आसपास देखना चाहती हूँ! बाउदी मैं दौड़ना चाहती हूँ.....खूब जोर से हँसना चाहती हूँ....सबके जैसे जीना चाहती हूँ। आपके कहने से मैं ऐसे रह तो जाऊँगी लेकिन दो-चार दिन की ही रह जाऊँगी बाउदी।'

वैद्य जी अपने घर के पिछवाड़े के जंगल में रात को संझा के बाहर निकलने की व्यवस्था करते हैं। संझा पहली बार घर से बाहर निकलती है। उसका घर से बाहर निकलना, घर से बाहर रोज निकलने वालों जैसा नहीं है। वह एक आदिम उपलब्धि है। यहाँ उस अनुभूति का चित्रण है, जिसे हम भूल चुके हैं। संझा वर्षों के अन्तराल को पाट रही है। कहानी का यह अंश मोहक होने के साथ-साथ सांकेतिक, अन्तः सम्बद्ध और नयी नैतिकता की प्रतिष्ठा करने वाला है। अंश थोड़ा लम्बा है, लेकिन पढ़ेंगे तो इसमें डूब जाएँगे।

'वह बन की रात में जुगनुओं से भरी ओढ़नी माथे पर टार्च की तरह बाँध लेती है। वह रात भर की राजकुमारी के सिर पर हीरों का ताज था। पके हुए कटहल से कोया निकालकर पखेरुओं के खाने के लिए बिखेर देती। कटहल की खोइलरी में छेद करके बरगद की जटाएँ फँसाती और कमर से लटका लेती। यह औषधि का थैला था। पाँवों में चप्पल की तरह पुआल बाँध लेती और हरेक पेड़ को छूते हुए, काँटों पर बेधड़क दौड़ती। युवा पेड़ों का पानी, संझा के छूने से देर तक काँप कर ठहरता। बूढ़े और बच्चे पेड़ों को अपनी नींद के लिए, संझा की थपकियों की आदत पड़ चुकी थी। 'देखें डाँट खाने पर कैसा लगता है।' वह बरगद की डाल को झकझोर देती। अधेड़ कौए उस पर मिलकर चिल्लाते। सोए हुए जानवर आँखें खोलकर संझा को देखते, मुस्कुराते और ऐसे खो जाते जैसे माँ को बगल में देखकर बच्चे सोते हैं।'

जंगल में, कोई संझा को देख लेता तो सबसे यही कहता—'मैंने कल रात उड़ने वाली हरियल साँपिन को देखा है।'

संझा महसूस करती कि रात में हवा सम पर चलती है, क्योंकि सोए हुए पेड़ बराबर से साँस लेते हैं। पेड़ को झकझोरने पर, रात के सन्नाटे के बाद भी दिन जितनी आवाज़ नहीं होती। हरा रंग काले रंग से गाढ़ा होता है। तभी तो, दूर अँधेरे में, पेड़ की मोटी जड़ नहीं दिखाई देती किन्तु नन्ही पत्ती दिखती है।

संझा जैसे किसी पात्र का ऐसा वर्णन आपने कहीं पढ़ा है? संझा की स्वतन्त्रता का उल्लास देखिये। वह राजकुमारी है, माँ है, हरियल साँपिन है। वह प्रकृति को महसूस करती है, प्रकृति उसके साथ है। प्रकृति के बीच संझा को कोई डर नहीं, डर है मनुष्य समाज से। कभी-कभी प्रकृति का न्याय सर्वाधिक नैतिक होता है। उसमें सबके लिए जगह है। यह चित्रण अनायास ही प्रगतिशील भी है। संझा इस मुक्ति के उल्लास के साथ सामाजिकता को जोड़ती है। इस स्थिति में भी वह गाँव के लोगों को, उनकी बीमारियों को एक-एक करके याद करती है और सबके लिए औषधियाँ बटोरती है।

संझा के विवाह से पूर्व तक के हिस्से को कहानी का पूर्वार्द्ध कहना चाहिए। यहाँ लेखिका द्वारा संझा की एक पात्र के रूप में पूर्ण प्रतिष्ठा की गयी है। संझा के विवाह के बाद का विकास घटना बहुल है। वैद्य जी द्वारा संझा का विवाह कनाई से करना पूरी तरह स्पष्ट नहीं होता। कहानी के इस हिस्से में घटित संयोग कुछ प्रायोजित भी लगते हैं। कनाई नपुंसक है—यह संयोग संझा की असलियत खुलने में देरी करता है। इस देरी के बीच संझा का भय निरन्तर बढ़ता है। उसके ससुर ललिता महराज द्वारा उसे ध्यान से देखा जाना, पाठकों में भी भय की अभिव्यक्ति करता है। भयभीत संझा का यह वर्णन देखिए—'शुरू के महीनों में वह उजाले और आदमियों से इतना डरती थी, मानो वह इंसान नहीं प्रेतात्मा हो। उजाले में उसके कपड़ों के पीछे तक का सब कुछ दिख जायेगा। आदमी उसे बोतल में बन्द करके नदी में फेंक देंगे। जैसे उस रोग के कीटाणु को मारने के लिए उसी रोग के टीके लगाये जाते हैं, भयानक भय को जीतने और अपने को बचाये रखने की धुन में संझा के भीतर प्रेतीली ताकत पैदा हो रही थी। इसी प्रक्रिया में वह चौदह साल की उम्र से अपनी नींद भूल चुकी है। वह पेड़, थुंबी या दीवार के सहारे झपकी लेती है और प्रेत की तरह काम करती है।'

बाहरी संसार में संझा विरोधी वातावरण बनाने के लिए बहुत सी बातों को लपेटा गया है। ललिता महराज और उनकी घृणित हरकतें, सभी गाँववासियों का एकदम से संझा विरोधी हो जाना ऐसी ही बातें हैं। कनाई जानता है कि संझा ने उसके लिए बहुत कुछ किया है, पर वही संझा की असलियत बताता है। शायद ये बातें लेखिका के आक्रोश से प्रभावित हैं। इस आक्रोश की झलक कहानी के आरम्भ तथा बीच-बीच में लेखिका द्वारा की गयी टिप्पणियों में भी देखी जा सकती है। इन टिप्पणियों को आज की फ़ैशनेबुल कहानियों का प्रभाव कहा जायेगा। यह चौंकाऊ फ़ैशन है, इसमें आत्मविश्वास तथा पाठक पर विश्वास की कमी भी है, यदि ये टिप्पणियाँ न होतीं तो कहानी और अधिक सांकेतिक, प्रभावशाली होती।

फिर भी, 'संझा' आज की कहानियों में एक विशिष्ट उपलब्धि है। इसमें स्त्री और पुरुष से ऊपर एक नवीन मानवीय विमर्श है।

एक कहानी : आलोचना के काम की

कभी-कभी ऐसी अच्छी कहानियाँ पढ़ने को मिली हैं, जो आलोचक के बहुत काम की होती हैं। ये कहानियाँ ऐसी होती हैं जिनकी अच्छाइयाँ तो अच्छी होती ही हैं, दोष भी काम के होते हैं। कहा जाता है कि व्यक्ति के गुण अपने होते हैं और उसके दोष ज़माने के होते हैं। जिस तरह की कहानी की बात मैं कर रहा हूँ, उसके बारे में लिखने की बहुत दिनों से सोच रहा हूँ, लेकिन डर के मारे लिखने की हिम्मत नहीं पड़ती थी। बहुत पहले 'सारा आकाश' पढ़ा तो सोचा कि यह उपन्यास नहीं है, इसका पूर्वार्ध उत्कृष्ट लम्बी कहानी है—और वह इतनी अच्छी लम्बी कहानी है कि मुझे प्रायः उद्वेलित करती रहती है। कई बार ये बात दिमाग़ में आयी कि शादी के पहले या फ़ौरन बाद इसे पढ़ लिया होता तो कितना कष्ट देने और पाने से बच जाता। कहानी क्या है? एक ऐसी कलाकृति है जो जीवन की औषधि भी है। इस अर्थ में जिस अर्थ में रामचन्द्र शुक्ल ने कविता को अस्थियों की दवा और रिचर्ड्स ने उपयोगी बताया है, लेकिन बस पूर्वार्ध जितना ही मेरे लिए रुचिकर, उत्तरार्ध उतना ही निरर्थक, निरर्थक से ज़्यादा अनर्थक। एक बार 'सारा आकाश' पर लिखने का मौक़ा मिला भी तो भड़ास नहीं निकाल पाया। उदय प्रकाश की कहानी 'राम सजीवन की प्रेमकथा' पढ़ी। उदय प्रकाश की कहानियों की पठनीयता लजाती है। उनके कहन के दाँव-पेंच में भी मन रम जाता है। लेकिन कहानी पढ़ने के बाद लगा राम सजीवन की हास्यास्पदता को कहानीकार की थोड़ी-सी करुणा भी मिल जाती, उसकी अपनी (राम सजीवन की) व्यथा-वेदना भी मिट जाती और वह हास्यास्पद करुण पात्र भी बन जाता तो कहानी कैसी होती। ये सब सोचता रहा, लेकिन लिख नहीं पाया—शायद लिखने की हिम्मत नहीं पड़ी।

उमा शंकर चौधरी नये कहानीकार हैं—उनकी कविता को अंकुर पुरस्कार मिला—उस निर्णय में मैं भी शामिल था। अब उनकी कहानी 'अयोध्या बाबू सनक गये हैं' को रमाकान्त स्मृति सम्मान मिला है। समारोह में अध्यक्षता करते हुए मुझे भी बोलना था। यानी कहानी पढ़ने का अवसर मिला। एक साँस में पढ़ गया। बेहद

पठनीय कहानी। क़दम-क़दम पर फटके देती चौंकाती, कौतूहल बनाये रखती, फिर द्रवित करती। मेरा पाठकीय आस्वाद कहानीकार की जकड़ में। कहानी भूगोल-इतिहास में कब कहाँ कितनी दूर पटक दे और कब कहाँ अपने अंक में समेट ले—उसी के बस में। फिर भी यह सब पूर्व परिचित-सा लगा। इस पूर्व-परिचय की बात थोड़ा बाद में करूँगा, पहले कहानी के रुचिकर स्थलों की बात करूँ। पाठकीय रुचि की बात।

अयोध्या बाबू (अयोध्या प्रसाद त्रिपाठी) के सनकने का पता सबसे पहले उनके छब्बीस वर्षीय भतीजे सागर को चला। अपने शोध के निष्कर्ष का पता चलते ही वह लोगों को यह सूचना देने के लिए भागा—सूचना उसने 'हतोत्साहित' होकर सुनायी। लेकिन वह सिर्फ़ हतोत्साह नहीं था। कहानीकार ने बताया, 'वहाँ उपस्थित लोग इस स्थिति को भाँप गये हों या न हों, लेकिन तब उसके चेहरे पर आश्चर्य के साथ कहीं न कहीं इस बात की खुशी अवश्य थी कि इस तथ्य का पता लगाने वाला वह इस भूमण्डल पर पहला इन्सान है। सागर एक साँस में पूरी घटना सुना गया था।'

'हतोत्साह' के साथ आश्चर्य और खुशी के भाव का संश्लेष—परस्पर विरोधी मनोविकारों या उनके अनुभावों को मूल रचनाधर्मिता की क्षमता है। यह जीवन में स्वाभाविक तौर पर दिखलाई पड़ता है। किन्तु जो स्वाभाविक होता है, उसे किताबी लेखक कम देख पाते हैं। हतोत्साह, आश्चर्य और खुशी के मेल का उद्वेग है कि 'वह एक साँस में पूरी घटना सुना गया था'। रचना ग्लोबल सूचनाओं से भी बनती है लेकिन रचना से आत्मीयता या उस पर विश्वास ऐसे दिखलाई पड़ने वाले मनोविकार संश्लेष के चित्रों से होता है। मनोविकार, संश्लेष रचनाधर्मिता—ये सब किताबी शब्द हैं—इनसे जीवन के सहज राग को समझने की कोशिश की जा रही है।

सनकने का पता अयोध्या बाबू के 'मुझे आज भूख लगी है', आज पर ज़ोर देकर कहने से लगता है। आज का उच्चारण ज़ोर देकर करते हैं और कल का अर्थ समझ नहीं पाते। कल पद पदार्थ भूल जाते हैं। भूख, आज और कल का विस्मरण जिस ढंग से अन्तर्गठित किया गया है, वह सार्थक है। कहानी को एक व्यक्ति नहीं हमारे समय की ऐतिहासिक यातना का वाहक बना देने वाला स्थिति-मेल है। कहानी के उत्तरार्ध में उनकी पत्नी के उपचार में जो छल किया गया है, वह 'कल' का अनर्थ (अर्थ) है। अयोध्या बाबू का व्यक्तित्व पूरी तरह टूटकर विभाजित हो गया है। पहले के सदाशयी सदाचारी एवं आदर्शवादी अयोध्या बाबू और अपनी पत्नी का बेटे के लिए बलिदान कर देने वाले अयोध्या बाबू में कोई संगति नहीं रह गयी है। जितनी निष्ठा और तन्मयता से वे अपनी पत्नी के कैंसर का उपचार करते हैं, उतनी ही हृदयहीनता से वे न केवल उसकी उपेक्षा करते हैं बल्कि उसको जल्दी मार डालने की साज़िश में चुपचाप सहयोग करते हैं। उनकी इस हृदयहीनता में एक और विरोधी कोना है। जिसे न भूल पाना पाठकीय रुचि का आग्रह होना चाहिए। अयोध्या बाबू अपनी पत्नी के जीवन का यह तिरस्कार पुत्र की नौकरी के लिए करते हैं। यहाँ भी पहले के सदाशयी आयोध्या बाबू

की पत्नी-निष्ठा पुत्र-मोह और पत्नी की अक्षम्य उपेक्षा ही नहीं बल्कि साफ़ तौर पर उसकी हत्या में शामिल होने की साज़िश—इन परस्पर विरोधों का संयोग है। जिसे आप शिल्पगत कौशल कहें। अयोध्या बाबू सनक गये हैं, इसका कारण कहीं न कहीं इन तीनों परस्पर विरोधों में सामंजस्य का अभाव है। और ये कमी अयोध्या बाबू की वैयक्तिक उनकी नैतिक कमी के कारण है। पुत्र-मोह चाहे जितना प्रबल हो, वो अयोध्या बाबू को पत्नी की हत्या में—और वो भी बिना प्रतिरोध के इतना जल्दी—शामिल होने में नहीं कर सकता। यह कमी ही अयोध्या बाबू को सनका देती है। इसका मतलब ये हुआ कि अयोध्या बाबू का सनक जाना मूलतः उनका अपराध-बोध है। यह अपराध-बोध न होता तो शायद अयोध्या बाबू न सनकते। लेकिन सच पूछिये कि अयोध्या बाबू का सनक जाना पत्नी की हत्या में साझेदारी का परिणाम है। और इस तरह से शिल्प के धरातल पर यह कहानी चाक-चौबन्द और चुस्त-दुरुस्त है। कल का याद न पड़ना अपने अपराध को याद न करके अपराध-बोध की वेदना से बचने का रास्ता है। लेकिन ये विस्मरण केवल वैयक्तिक नहीं है बल्कि उस ऐतिहासिक विसंगति और यातना की भी व्यंजना करता है, जिसमें हम अपने अतीत को—उसके सभी आयामों को—भूल जाने के सांस्कृतिक संकट से ग्रस्त हैं। और जानकर भी अतीत की हत्या कर देने वाली साम्राज्यवादी अपसंस्कृति की साज़िश में सिर्फ़ शामिल नहीं हो रहे हैं, बल्कि पूरे परिदृश्य में पेश-पेश सचेष्ट नज़र आ रहे हैं।

कहानी उस भयावह मानसिकता को साहसपूर्वक व्यंजित करती है, जिसमें हम अपनी सारी मानवीय प्रवृत्तियों यहाँ तक कि पारिवारिक मूल्यों और मर्यादाओं को भूलकर—या जानते हुए भी—समूल नष्ट कर रहे हैं। नयी पीढ़ी मानवीय सम्भावनाओं को बिना संकोच और झिझक के आतुरतापूर्वक नष्ट करने में सक्रिय है।

अयोध्या बाबू स्वाधीनता आन्दोलन की बलिदानी प्रवृत्ति के आदमी हैं। स्वाधीनता के बाद पनपी अतीतघाती और भविष्यघाती अपसंस्कृति के सामने बेबस हैं। इतने बेबस हैं कि हत्यारों की साज़िश में शामिल हैं। मुझे अयोध्या बाबू के पुत्र विभ्यांशु को देखकर अमरकान्त के हत्यारों की याद आ रही है। और विभ्यांशु का नाम भी धूमिल की शब्दावली में 'तत्समी' है।

ऐसी सार्थक कहानी प्रशंसनीय है। अयोध्या बाबू हमारे दौर के उस संवेदनशील व्यक्ति के प्रतीक पात्र हैं, जिनको इतिहास के स्वप्न वंचित और दिशा-हारा बना दिया है। यहाँ आपको पात्र की वो पंक्ति याद आयेगी, जिसमें कहा है—'सबसे खतरनाक है सपनों का मर जाना'। उनकी पत्नी की जिन स्थितियों में मृत्यु हुई, उसने अयोध्या बाबू के स्वप्नों को मार दिया है। दारुण विडम्बना अपने सपनों की हत्या में स्वयं शामिल। इस दृष्टि से बेजोड़ है कहानी।

पहले कहा था कि कहानी का पाठकीय आस्वाद पूर्व परिचित है। सबसे पहले तो कहानी की शुरुआत पाठक को सम्बोधित करके की गयी है। ये सम्बोधन रंगमंच

के नेपथ्य-सा लगता है। सूत्रधार के कथन जैसा। कहानी कहने की ये शैली हमारे दौर में बहुप्रचलित है। मेरी जानकारी में हमारे दौर की कहानियों में इसके पुरस्कर्ता और बहुप्रयोक्ता उदय प्रकाश हैं। वैसे कथा के बीच-बीच में पाठकों को सम्बोधित करने की ये शैली मुझे चन्द्रकान्ता संतति में भी मिली थी। मुझे याद है मायारानी का दरबार लगा है और उसका वर्णन करते हुए खत्री जी लिखते हैं—(पाठकों से कहते हैं) 'देखिए, दरबार में बामुलाहिज़ा आइयेगा, धीरे से बाअदब, जूते उतारकर बैठियेगा।'

प्राचीन काव्यों में ऐसा निर्देश वस्तु-निर्देश कहलाता है। यह नेपथ्य-वर्णन भी कहानी को एक ओर तो प्रचलित कहानियों के ढंग से अलग करके विशिष्ट बनाता है। चौंकाता है। आ...करता है। दूसरी तरफ़ ये कहानी को सच्ची घटना होने का आभास देता है। कहानीकार निरीहता से शुरू में ही अपनी कहानी के बारे में सच-सच बता देने की शैली अपनाता है। ये कहानी भी इसी तरह शुरू होती है। उमा शंकर चौधरी तो यहाँ तक कह देते हैं कि एक तरह से यह आर्ट...कॉमर्शियल फ़िल्म के बीच बार्डर लाइन की कहानी है—आख़िर बाज़ारवाद का ज़माना है यह आप देखेंगे कि पहले का कहानीकार शुरू में यह बताता था कि यह कहानी कल्पित नहीं है, सच्ची घटनाएँ बयान की जा रही हैं। यहाँ उल्टी बात है। शुरू में ही बता दिया जाता है कि यह कहानी काल्पनिक है।

इस प्रारम्भिक कथन में जो कुछ कहा जाता है वो कहानी को तथ्य और कल्पना के मेल का आभास देता है। लेकिन कुल मिलाकर यह पाठक के मन में चमत्कार पैदा करता है। इसमें कहानी की संवेदना में कुछ जुड़ता हो या न जुड़ता हो कहानी के नये ढंग का असर ज़रूर पड़ता है।

कथा के विकास की आधार घटना पहले बता दी जाती है, फिर उसके कारणों को...और अनिश्चित बताया जाता है। फिर उन अनिश्चित कारणों की सरणि प्रस्तुत की जाती है। अखिलेश की कहानी 'जलडमरूमध्य' पर लिखते हुए इसकी ओर संकेत किया गया है। चिरैयाकोट...कहानी नायक का मन क्यों उचट जाता है, इसका पता नहीं चलता। और फिर कारणों की खोज जाती है। इसी तरह 'शापग्रस्त' का नायक सहसा एक दिन उदास हो जाता है। क्यों उदास हो जाता है—इसे खोलने में कहानी लग जाती है। हिन्दी कहानी में मुझे ऐसी बात सबसे पहले 'तिरिछ' में मिली भी। 'तिरिछ' में पिता की मृत्यु निश्चित है, मृत्यु के पहले की घटना सरणि की खोज की प्रकिया कहानी में है। मार्खेज़ के प्रसिद्ध उपन्यास 'पूर्वकथित मौत का ख़बरनामा' में इसी...हत्या की पूर्व सूचना के उपरान्त हत्या कार्य की ओर उन्मुक्त स्थितियों का विवरण प्रस्तुत किया जाता है। इस सन्दर्भ में आपको रघुवीर सहाय की प्रसिद्ध कविता 'रामदास' की केन्द्रीय पंक्ति याद आयेगी। हत्या और फिर हत्या होने की प्रक्रिया का चित्रण। यहाँ इस विवाद में नहीं पड़ना चाहिए कि किसने किससे क्या लिया। समर्थ रचनाकार अपने सक्षम पूर्वज और समकालीन रचनाकारों को पढ़ते हैं। उनका उपयोग भी करते

हैं। हिन्दी के सर्वाधिक लोकप्रिय कवि तुलसीदास (और कर्ता के सभी मध्यकालीन उल्लेखनीय कवि) तो इसके प्रतिमान हैं, कहना केवल ये है कहानी के विकास की आधार घटना का कथन और उसके बाद उसकी खोज में लग जाना इधर कहानीकारों की बहुप्रयुक्त शैली बनती जा रही है। विवेच्य कहानी की पंक्तियाँ–

'लेकिन तारीख़ के मद में इतनी अस्पष्टताएँ क्यों, आइए आपको निश्चितता के और क़रीब लिये चलते हैं। आपको इस सन्दर्भित निश्चित तारीख़, निश्चित दिन और निश्चित समय तक बताने हैं। वह 6 जनवरी, 2005 दिन बृहस्पतिवार, शाम को पौने पाँच बजे का समय था। लेकिन यह उनके सनकने का समय नहीं है। उनका मस्तिष्क ठीक कितने बजे दिग्भ्रमित हुआ होगा यह निश्चित करना तो लगभग असम्भव है, लेकिन उनकी जिस गतिविधि से यह पता लगा कि उनका विचार बदल चुका है वह यही समय था। यही वह समय था जब वे अपनी पत्नी की चिता जलाकर श्मशान घाट से लौट रहे थे। और इस बड़े शोध का श्रेय जाता है उनके छब्बीस वर्षीय भतीजे सागर को।

उमां शकर चौधरी ने छब्बीस वर्षीय भतीजे सागर की खोज को शोध कहा। कहानीकार पाठक के मन में इस शोध-प्रक्रिया के माध्यम से संवेदना पैदा करता है और ये तो खोज है कि अयोध्या बाबू सनक गये हैं। सनक की खोज पूरी कहानी है। अनिश्चय बना रहता है। आगे कहा गया है–'चूँकि अब पता नहीं लग सकता है कि निश्चित वह कौन-सा समय था जब उनका दिमाग़ी सन्तुलन गड़बड़ाया। हम उनके पागलपन के पता लगने के ही समय को अगर उनके पागल होने का समय मान लें, जब 6 जनवरी, 2005 को पौने पाँच बजे वे पागल करार दिये गये, तो वे चार बजकर चवालीस मिनट पर बिल्कुल स्वस्थ समझदार ईमानदार और कर्त्तव्यनिष्ठ व्यक्ति थे–

'अयोध्या बाबू के दिमाग़ के दिग्भ्रमित होने का कारण क्या है, इसे ठीक-ठीक बता पाना कठिन है, क्योंकि गाँव में भी इस कारण के प्रति कोई सर्वसम्मति नहीं है। जितने लोग उतने तर्क। मैं उन सारे तर्कों को आपके सामने रखूँ उससे बेहतर है कि उनकी पिछली ज़िन्दगी से रूबरू करा दूँ।'

कहानी में समसामयिक राजनीतिक समस्याओं और ध्यानाकर्षक घटनाओं की चर्चा बीच-बीच में कर दी गयी है। टी.एन. शेषन, बाबरी मस्जिद, गुजरात के दंगे, जयप्रकाश नारायण, मण्डल आयोग के विरोध पर विशेष चर्चा है। बल्कि अयोध्या बाबू बाबरी मस्जिद के ध्वंस से इतने विह्वल होते हैं कि वाचक छह दिसम्बर, 1992 को उनके पागलपन का प्रस्थान बिन्दु मानता है। बाबरी मस्जिद विध्वंस के समय वे काफ़ी आहत थे। लोगों ने देखा कि अपने आपको व्यस्त रखने वाले अयोध्या बाबू नदी किनारे बाँध पर तीन दिनों तक लगातार घूमते नज़र आये। लोगों के पूछने पर वे केवल इतना कहते कि नदी में पानी बहुत है, कहीं आग लग जाये तो बुझाने के लिए यहाँ से ले जाना। उनको पागल बनाने वाली दो घटनाएँ हैं। एक

तो अयोध्या और गुजरात की साम्प्रदायिक हिंसा और दूसरे पुत्र को नौकरी पाने के लिए माँ की शीघ्रतर मृत्यु की योजना और उस पर पारिवारिक कार्यान्वयन। मतलब ये कि अयोध्या बाबू सामाजिक-ऐतिहासिक और वैयक्तिक दोनों प्रकार की अमानवीय घटनाओं को सहन नहीं कर पाते और इतनी शिद्दत से महसूस करते हैं कि उनका व्यक्तित्व विघटित हो जाता है। उनकी चेष्टाओं में बेमतलब नहीं किनारे घूमना। शून्य में ताकते रहना। और एकदम बच्चे-सा बोलना कि मुझे आज भूख लगी है। विसंगति या तर्कहीनता (एब्सर्डिटी) का ऐसा अनुभाव आप पूर्वोक्त अनेक कहानीकारों के यहाँ भी पाते हैं। आपको याद होगा कि अमरकान्त की कहानी 'डिप्टी कलेक्टरी' के सकलद्वीप बाबू भी टेंशन में रात को उठकर भूख से व्याकुल हो जाते हैं। ऐसी कहानियों में आपको नारी शरीर सम्पर्क का विशिष्ट चित्रण प्रायः मिलता है। 'जलडमरूमध्य' में नायक-पात्र अपनी पत्नी के स्तनों से हारमोनियम बजाता है। अशक्त शारीरिक स्थिति में शरीर सम्पर्क का असफल प्रयास करता है। और उदय प्रकाश की एकाधिक कहानियों में काम-क्रीड़ा के प्रभावशाली गत्यात्मक बिम्ब हैं।

यहाँ भी मैं ध्यान दिला दूँ कि ऐसे काम-केलि के चित्र कहानी के दोष नहीं हैं। बल्कि गुण हैं। उद्विग्नता और तनाव में सेक्स राहत देता है। बेहद बेचैनी में कामेच्छा राहत पाने की तलाश है। और स्वच्छन्द काम-क्रीड़ा सम्भवतः स्वतन्त्रता की सबसे बड़ी भौतिक अभिव्यक्ति है। ये क्रीड़ा स्वतन्त्रता की अभिव्यक्ति का ही एक आभास है, इसलिए विशिष्ट और व्यक्ति-सापेक्ष होती है। इसका चित्रण परम सुसंगत समझना चाहिए। लेकिन बात यहाँ किसी शिल्प के रूढ़ि बन जाने की है। इस कहानी में काम-क्रीड़ा का जाग्रत वर्णन नहीं है। फिर भी एक झलक विद्यमान है।...कल्पना में ही वो प्रेमिका को पाजामे की चुस्तता से बिल्कुल आज़ाद कर देता है। और उसने देख लिया कि उसकी दायीं टाँग के एक हिस्से पर एक तिल का निशान है, जो भूरा है। इस तरह इस कहानी में भी समसामयिक घटनाओं, ऐतिहासिक समस्याओं और चर्चाओं को कहानी के कथानक में फेंट लेने का प्रयास किया गया है। और काम-केलि के द्वारा पात्र को दारुण विह्वलता से राहत दिलाने की विधि अपनायी गयी है। इसी समस्या में बाबा रामदेव का कैंसर-इलाज भी उल्लिखित है।

कहानी का अन्तिम भाग जितनी त्वरा से और संक्षिप्ति से समाप्त होता है वो इसीलिए तो न है कि कहानीकार के पास कथानक की रूढ़ियाँ उपयोग के लिए नहीं बची हैं। या कहानीकार अपने ही द्वारा रचित ऐसी अकल्पनीय क्रूर स्थिति को रचनाधर्मिता में सँभाल नहीं पाया है। अगर ऐसा ही तो गैर-रचनात्मक सही उमा शंकर चौधरी की वैयक्तिक संवेदना तीव्रता है, जिसकी इज़्ज़त की जानी चाहिए। मतलब यह कि उमा शंकर चौधरी कहानीकार के रूप में तो सराहनीय हैं ही कथानक को सँभाल न पाने के लिए भी वैयक्तिक संवेदनशीलता के लिए सराहनीय हैं।

टेलीविज़न

आजकल हिन्दी कहानी पर कुछ सोचते ही मुझे एक कहानी अदबदाकर याद आ जाती है। उसका नाम है 'टेलीविज़न'। अक्टूबर 2005 के कथादेश में निकली थी। कुछ लोगों ने इस कहानी की बात की। मैंने कहानी पढ़ी नहीं, हालाँकि कहानी-लेखक भीमसेन त्यागी मित्र थे। उन्होंने शेखर जोशी पर 'भारतीय लेखक' पत्रिका का विशेषांक निकाला था। लोगों ने कहानी के बारे में बताया तो मेरा मन उखड़ गया, कहा—चौंकाऊ है। मैंने कहानी नहीं पढ़ी। लेकिन पिछले पन्द्रह दिनों से वह कहानी हर रोज़ कई बार याद आ रही है। जिन लोगों ने यह कहानी पढ़ी है वे समझ जाएँगे क्यों। यह कहानी पिता द्वारा अपनी 12-13 वर्ष की बेटी से बलात्कार की है। 'टेलीविज़न' कहानी आज से 8 वर्ष पूर्व लिखी गयी थी। भीमसेन त्यागी की यह अन्तिम कहानी थी। त्यागी बाल-बच्चों वाले लेखक थे। वामपन्थी विचारों के थे। ज्ञात कहानीकार थे बहुसम्मानित नहीं—स्टार राइटर नहीं थे।

इन दिनों समाचार-पत्रों में बलात्कार की घटनाओं के जो ब्योरे छपते हैं उन्हें देने की ज़रूरत नहीं है। पाठकों को वे विदित होंगे। लेकिन इन ब्योरों को पढ़ते हुए टेलीविज़न कहानी की याद दिमाग़ में बहुत बातों की ओर ले जाती है। कहानी अन्ततः गल्प है, वह कल्पित होती है। अगर किसी की ज़िन्दगी की किसी घटना या घटना-सरणि से हूबहू मिले तो पाठक चौंकता है—इससे बचने के लिए कहानीकार शुरू में ही बता देता है कि पात्र और घटनाएँ काल्पनिक हैं, कहीं मेल हो तो वह संयोगवश है। लेकिन यदि बलात्कार और मासूम बच्ची और पिता को लेकर ऐसी वारदातों की बाढ़ आ जाये, ऐसी घटनाएँ इतनी अधिक होने लगें कि वह एक प्रवृत्ति लगे तो—यह चाहे जितना दुर्भाग्यपूर्ण हो किन्तु मानना पड़ेगा कि कहानीकार ने इतना पहले इस भयानक प्रवृत्ति को कितनी शिद्दत से महसूस किया था—ऐसी साहसी कहानी लिखने की कितनी यातना उसने भोगी होगी और यह कि कहानीकार में यथार्थ के प्रवाह को देखने की कितनी दुर्लभ क्षमता थी। हिन्दी में हमारे दौर की एकाधिक हिन्दी कहानियाँ ऐसी हैं, जिन्हें परवर्ती दुर्भाग्यपूर्ण सामाजिक प्रवृत्तियों ने

ऐतिहासिक और क्लासिक बनाया है। टेलीविज़न कहानी को क्लासिक कहना तो अपुष्ट कथन है, लेकिन इस कहानी की कुछ और बातों के साथ-साथ कई बातें करना ज़रूरी लगता है। कहानी दिल्ली के निकटवर्ती विराट और औद्योगिक नगर नोएडा के मज़दूरों की झोपड़ी-झुग्गी की है।

हरौला गाँव में लच्छू चौधरी के अहाते में बाहर की तरफ़ दस दुकानें हैं और अन्दर लम्बोतर सहन, उसके चारों तरफ़ कोठरियों की क़तारें, क्लर्कों, मज़दूरों और फुटकर धन्धा करने वालों के कुल बत्तीस परिवार हैं। उन्हीं में से एक परिवार बलराम का भी है। सीलन भरी तंग कोठरी, उसी में खाना-पकाना, नहाना-धोना और घर-गिरस्ती के तमाम काम। बलराम ने दहेज में मिले नक्काशीदार पलँग के नीचे ईटें लगाकर हाथ भर उठा दिया है, उस पर मियाँ-बीवी सोते हैं, नीचे बच्चों की क़तार। बलराम का बाप भप्पू कोठरी के बाहर खटिया पर सोता है। जेठ की दोपहरी में लू चलती है—गाँव के नीम की छाँव बहुत याद आती है।

बस्ती में सबसे पहले बालेसर के यहाँ टेलीविज़न आता है। बालेसर टेलीविज़न आने पर बस्ती के अन्य लोगों की इज़्ज़त, ईर्ष्या, द्वेष का विषय बन जाता है। यह भी कि वह कोई-न-कोई ग़लत काम करता है इसीलिए टेलीविज़न लाने का पैसा है। औरतें इस विषय पर विशेष रूप से कानाफूसी करती हैं। झगड़ा होने पर बालेसर का नाम लिया जाता है। बालेसर तो टेलीविज़न ले आया लेकिन बलराम की नींद हराम हो गयी। उसके छह लड़के और एक लड़की 10-11 साल की लक्ष्मी उसे रात-दिन तंग करते हैं। धीरे-धीरे पास-पड़ोस के सबके घर टेलीविज़न आ गया। बलराम को कर्ज़ा लेते डर लगता था। लेकिन बच्चों की ज़िद और पत्नी के तानों से आजिज आकर बलराम किश्तों पर टेलीविज़न ले आया। बच्चे खुश हुए। बलराम को किश्तें भारी पड़ीं। खाना-पीना कम हुआ लेकिन शोर-शराबा बढ़ा।

'टेलीविज़न आने से किसी को परेशानी थी तो भप्पू को—भई बल्ले (बलराम को पुकारने का नाम) तू ये कैसी बेमारी ले आया। तेरे बालकों ने पढ़ना-लिखना तो कतई बन्द कर दिया है। हर बखत हुडदंग मचाये रहवैं। और इस बहू को भी कैसा चसका लग गया। जब देखो इस डिब्बे से चिपकी बैठी रहवै, मइया, अपणे से नीं देक्खी जाती या बेसरमी। यो तो सव्हेरे कू इसे दफ़ा कर नहीं तो हम वापस गाँव चले जावेंगे।'

न टेलीविज़न दफ़ा हुआ और न भप्पू गाँव गये।

यहाँ टेलीविज़न कहानी की रचना-प्रक्रिया का विश्लेषण नहीं किया जा रहा है। बल्कि यह समझने की कोशिश की जा रही है कि एक हिन्दी कहानीकार ने आने वाले दिनों की विभीषिका को इतना पहले किस प्रकार समझ लिया। यह अपने आप में आश्चर्यजनक है; ऐतिहासिक सामाजिक दुर्भाग्य है देश का और हिन्दी कहानी की भविष्य को, यथार्थ के प्रवाह को देख लेने की अचूक क्षमता का सबूत है। और

यह कि क्या हमारे समाजशास्त्रियों और राजनीतिज्ञों के पास ऐसी क्षमता है। और यह क्षमता क्यों है हिन्दी कहानीकार के पास और क्यों नहीं है समाजशास्त्रियों और राजनीतिज्ञों के पास। अपवाद की गुंज़ाइश तो ख़ैर हमेशा बनी रहेगी।

'बलराम की मानसिक प्रक्रिया का विवरण कहानी में अनेक स्थितियों में दिया है।'

बलराम को फ़िल्म-विल्म का खास शौक नहीं था, दफ़्तर वाले दिन में सारा लहू निचोड़ लेते हैं, शाम को खाना खाते ही नींद आने लगती है, लेकिन घर में टेलीविज़न है तो वह भी कुछ देर देख लेता, अच्छा लगता। फुदकती-चहकती अधनंगी लड़कियाँ! बलराम उन लड़कियों से अपनी प्रेमा (पत्नी) की तुलना करने लगता। प्रेमा के पास वह सब कुछ है जो एक औरत के पास होना चाहिए—गेहुआँ रंग, पैने नक्श, गठा हुआ ज़िस्म और भरपूर प्यार। लेकिन टेलीविज़न की लड़कियों के मुक़ाबले वह हमेशा पिछड़ जाती। बलराम उन लड़कियों को देखता और ठंडी साँस लेता—

—अचानक उसके दिमाग़ में झटका लगता—नहीं एक शरीफ़ आदमी को परायी औरतों के बारे में इस तरह नहीं सोचना चाहिए।

बलराम का दिमाग़ अनेकमुखी समस्याओं और मानसिक प्रवृत्तियों का और उसके गँवई संस्कार पर टेलीविज़न से पड़ते प्रभाव का गड़बड़झाला है। वह किश्तों से परेशान है, ऑफ़िस के कामों में व्यस्त और थका है—टेलीविज़न की अधनंगी छोकरियों के भाव और देह की भंगिमाओं से धैर्य सीमा पर है और यह भी सोचता है कि ऐसा सोचना और यह सब जो हो रहा है वह पाप और अपराध है। वह छह लड़कों और एक बच्ची का बाप है।

झुग्गी के नीम अँधेरे में लड़कियाँ देर तक उत्पात मचाये रहतीं। मुश्किल से आँख लगी थी कि एक भड़कदार लड़की चुपके से बलराम के भीतर उतर आयी और कुछ ही देर में उसे परास्त करके चलती बनी। बलराम सोचता है मैंने यह कैसी मुसीबत मोल ले ली—

टेलीविज़न पर देह और भाव-भगिमाएँ 'फेंकती अधनंगी छोकरियों ने निम्नमध्यवर्गीय बलराम की निगाह, देह और उसका मन बदल दिया। वह रिसेप्शनिस्ट के 'हाय' कहने पर, पड़ोस की लड़कियों के हँसने पर, मुस्कराने पर खीझता है, परेशान होता है, परास्त होता है। 'परास्त होता है' का मतलब किशोर और असहाय जवाँमर्द समझते हैं।

कहानी की चरम घटना का ब्योरा इस तरह है—भूल न गये हों तो याद दिला दें उसकी बेटी का नाम लक्ष्मी था।

बलराम अपनी झुग्गी पर पहुँचा तो वहाँ लक्ष्मी अकेली थी। प्रेमा बाज़ार गयी थी, लड़के शायद खेलने गये थे, टेलीविज़न पर नशीला संगीत चल रहा था और एक अधनंगी पतुरिया ठुमके लगा रही थी।

बलराम की नज़र एक बार पतुरिया पर गयी और एक बार लक्ष्मी पर। बारह

की होकर तेरहवें में चल रही है। जिस्म खिलता जा रहा है। लक्ष्मी को देखते ही बलराम का दिमाग़ घूम गया।

प्रेमा सब्जी लेकर गली के नुक्कड़ पर पहुँची तो उसे एक भयानक चीख़ सुनायी दी। वह तेज़ी से लपककर झुग्गी पर पहुँची। लहूलुहान लक्ष्मी बेहोश पड़ी थी।

बलराम तेज़ी से बाहर निकला और पागल की तरह दौड़ता चला गया।

प्रेमा फटी-फटी आँखों से लक्ष्मी को ताकती रही।

टेलीविज़न पर अभी तक अधनंगी पतुरिया नाच रही थी।

इस कहानी के ब्योरे (डिटेल्स) प्रेमचन्दीय शैली में हैं। निम्नमध्यवर्गीय जीवन का चित्रण; पत्नी, पिता, बच्चों, पड़ोसियों की लाग-डाट, आस-पास गन्दगी का चित्रण—सब कुछ लगभग वैसा है—बस आख़िरी झटका—बिल्कुल अलग है। प्रेमचन्दीय, जैनेन्द्रीय, इलाचन्द्र जोशी जैसा भी नहीं—यशपाल और मंटो की कहानियों से भी आगे, साहसी भिन्नता के अर्थ में है। यह अन्तिम परिणति अगर प्रकृतवादी या अश्लील पोर्नो नहीं तो सिर्फ़ इसलिए कि पिता—बलराम के इस अकाण्ड कार्य का कहानी में संगत नेपथ्य है। टेलीविज़न में जो कुछ हो रहा है, उससे सबसे अधिक दुःखित और क्षुब्ध बलराम का पिता है।

बलराम का पिता प्राचीनता और पारम्परिक मर्यादा का प्रतीक है। वह अन्धविश्वासों और असमानता पर टिकी व्यवस्था की ही सही लेकिन उस व्यवस्था के संयम और रिश्तों के आचरण-संहिता का प्रतीक है। वह उपेक्षित है इसलिए क्षुब्ध है। क्षुब्ध है, विवश है लेकिन वह टेलीविज़न युग की यानी उपभोक्तावादी मूल्य-विरोधी अपसंस्कृति से क्षुब्ध बना रहता है उसे स्वीकार नहीं करता—बलराम इस मर्यादा-विहीनता का शिकार होता है। पाशविक स्नायु-आवेश में वह बेटी-बहन-माँ के उन सम्बन्धों की भावना को गँवा देता है जिन्हें मनुष्य के इतिहास और हमारी संस्कृति ने अर्जित किया है—कहानी सिर्फ़ अपने पात्रों की घटना-कथा नहीं होती, वह थाने में दर्ज की गयी एफ.आई.आर. नहीं होती—वह मानवीय-रिश्तों का पाठ होती है। मनुष्य ने अपनी संघर्षमयी काल-यात्रा में अपनी संस्कृति रची है। पशुओं में सिर्फ़ नर-मादा होते हैं। वहाँ लैला-मजनूँ, सावित्री-सत्यवान नहीं होते; भाई-बहन, माँ-बेटी, गुरु-शिष्या, प्रेमी-प्रेमिका नहीं होते, परिवार नहीं होता। परिवार संयम और सहिष्णुता की भाव-भूमि पर ही निर्मित होता है। प्रकृति तो वही है जो बलराम अपनी पुत्री के साथ करता है—कामान्ध होकर यह आचरण पिता का नहीं, पारिवारिक संस्कृति-पूर्व नर का है। पिता मानव-समाज में होता है। पिता जैविक नामकरण नहीं—सांस्कृतिक-पारिवारिक शीर्षक है। अपसंस्कृति के प्रतीक टेलीविज़न (टेलीविज़न अपने आप में अपसंस्कृति का प्रतीक नहीं) के प्रभाव में उसे संस्कृति से प्रकृति के आचरण में इतिहास-विरुद्ध मनोदेश में किसने पहुँचा दिया?

बलात्कार की घटनाएँ सामाजिक माहौल से अलग-थलग नहीं हैं। कहते हैं कि

रोम एक दिन में बनकर नहीं तैयार हुआ था। आज जो अगणित लूट-खसोट, स्मैक, भ्रष्टाचार, चक्कर में डाल देने वाली मोटी तनख़्वाहें, अकल्पनीय सुविधाएँ, ऐशो इशरत, महँगाई, किसानों की आत्महत्याएँ, कर्ज़ में डूबे छोटे व्यापारियों की मौत, किडनी व्यापार, रईसज़ादों की हरकतें हैं—यह सब एक दिन में नहीं हुआ है। इसके लिए माहौल तैयार किया गया है। नेहरू के मॉडल को धीरे-धीरे ध्वस्त किया गया है और किया जा रहा है। सोवियत संघ के विघटन, उदार यानी पूँजीवादियों की पक्षधर आर्थिक नीति और भूमंडलीकरण ने इसमें प्रभावशाली भूमिका निभाई है। नेहरू को बुद्धिजीवियों से शिकायत थी। वे कहते थे बुद्धिजीवी अपनी भूमिका नहीं निभा रहे हैं। आज स्थिति दूसरी है बुद्धिजीवी भूमिका निभा रहे हैं, अधिकांश बुद्धिजीवियों ने देश की आम जनता के बारे में नहीं, पैसे वालों और सत्ता के हित में सोचना शुरू कर दिया है-उत्तर-आधुनिकता का चिन्तन विखंडनवादी है। विखंडन वैज्ञानिक पद्धति हो सकती है, अगर वह किसी मूल्य की निर्मित को ध्यान में रखकर काम करें। विषम समाज में अस्मिताओं का आग्रह आगे बढ़ने का लक्षण है, किन्तु आगे बढ़ने की दिशा का भी निर्धारण होना चाहिए और इसके लिए अस्मिताओं का परस्पर सहअस्तित्व और सहकर्म, सहचिन्तन भी होना चाहिए। ऐसा न होने से 'इतिहास की मौत' अपने आप हो जाती है। इतिहास की मौत का मतलब हुआ अपरिवर्तन, शाश्वतता, इतिहास का ठहर जाना—यह अपरिवर्तन, इतिहास का यह अवरोध आज की वर्चस्वधारी शक्तियों के लिए वरदान है। परिवर्तन नहीं होगा यानी पूँजीवादी साम्राज्यवादी शोषण और उसकी विज्ञापनी अपसंस्कृति हमेशा के लिए बनी रहेगी। सांस्कृतिक, मानसिक, आर्थिक अपसंस्कृति के विभिन्न रूप हैं बलात्कार उनमें एक है। विभिन्न वर्गों में इसका आचरण अपने-अपने तौर पर दिखलाई पड़ता है।

सोवियत संघ का विघटन 1991 में हुआ। नयी उदार आर्थिक नीति के भारतीय प्रवर्तक नरसिंहराव इसी समय प्रधानमन्त्री हुए। उनके प्रधानमन्त्री बनने के एक साल ही बाद बाबरी मस्जिद ध्वंस हुआ। उसके बाद नयी तरह के विज्ञापन आने लगे। लखपति क्यों करोड़पति बनिये, मेरा बच्चा सबसे महँगा कपड़ा क्यों न पहने, सेक्सी, सौन्दर्य विधायक शब्द बना, एक विज्ञापन में लड़की ज़िप खोलती है, द्वयर्थक अश्लील दृश्यों की भरमार, बलात्कार के दृश्य हिंसा के साथ। फ़िल्मों, टेलीविज़न के धारावाहिकों में दबंग, मसलमेन, नायकों का अवतार—और गानों की मत पूछिए। लोक-संस्कृति का पैसा बनाने के लिए हिंसक सेक्स के दृश्यों में पूरा उपयोग, धार्मिक जागरणों से तथाकथित धार्मिक गानों में फ़िल्मी जैसे चेहरों का उपयोग—और इधर महानगरों की सड़कों पर 800 मारुति ग़ायब, लम्बी-लम्बी विशालकाय विदेशी कारों की भरमार—मौत की पताका फहराती बी.एम.डब्ल्यू. और रईसज़ादों की हरकतें—जो दृश्य टी.वी. चैनलों और फ़िल्मों में दिखाये जा रहे थे वे सड़कों पर भी दिखलाई पड़ने लगे।

और इस माहौल में—इस देश का ग़रीब आदमी कहाँ है क्या कर रहा है। टेलीविज़न कहानी का नायक क्या कर रहा था—यानी उसका क्या हो रहा था।

वह रोज़ी-रोटी की तलाश में गाँव से नगर, नगर से महानगर आ रहा था। वह अनपढ़-अल्पपढ़ था, लेकिन सब कुछ देखता और सुनता था। लोग समझते थे कि उसकी आकांक्षा रोटी-कपड़ा-मकान तक सीमित है। अब वह टेलीविज़न देखता था, सड़कों पर विज्ञापन देखता था—उच्च मध्य वर्ग और उच्च वर्ग की 'अल्पवस्त्रा' कन्याओं को देखता था। मेरे घर में काम करने वाला लड़का पढ़ा-लिखा नहीं है, लेकिन 'टाइम्स ऑफ़ इंडिया' के डेलही टाइम्स वाले पन्ने में, चमचमाती मैगजीनों की अधनंगी मॉडलों के फ़ोटो छिपछिप कर देखता है। तदनुकूल आचरण भी करता होगा। अधिकांश विचारक सोचते हैं कि ग़रीब आदमी को सिर्फ़ रोटी-कपड़ा-मकान चाहिए। यह संकीर्ण विचारधारा के सीमित दायरे की दुनिया में होता होगा। ग़रीब का भी इन्द्रिय बोध होता है। असन्तुलित, विषम, मूल्य-विरोधी, सामाजिक माहौल में वह भी साँस लेता है। माहौल उसे भी उत्तेजित, क्षुब्ध करता है। सच तो यह है कि ग़रीब आदमी जिस तरह कम पैसे में बिक जाता है—कांस्टेबल बीड़ी और एक बोतल के लालच में अपना ईमान खो देता है, उसी तरह निम्नवर्गीय व्यक्ति यौन क्षेत्र में भी जल्दी विचलित होता है। पढ़ा-लिखा अनुभवी धनिक क़ायदा-क़ानून को समझकर उसे धोखा देता है। ग़रीब अनपढ़ सिर्फ़ रोटी का भुक्खड़ नहीं होता, वह सेक्स का भी भुक्खड़ होता है। सत्ताधारियों ने ऐसा माहौल रचा है जिसमें 'टेलीविज़न' के नायक फटीचर बलराम को सिर्फ़ रोटी, कपड़ा, मकान ही नहीं चाहिए, उसे राखी सावंत, प्रियंका चोपड़ा और केटरीना कैफ़ भी चाहिए। उसे न रोटी, कपड़ा, मकान मिलता है न ये सुन्दरियाँ—उसकी पाशविक उत्तेजना जगाने वाली सिर्फ़ विज्ञापनी छायाएँ होती हैं—मिलती है उसे अपनी ही बालिका नाबालिग आत्मजाएँ। असली चोर छिपना जानता है।

प्रेमचन्दयुगीन कहानियों में हृदय-परिवर्तन होता था। हृदय-परिवर्तन से आचरण में महान परिवर्तन एक झटके-से होता था। नायक पुलिस अफ़सरी छोड़कर देश को स्वाधीन करने के लिए जेल चला जाता था। मुक्तिबोध व्यक्तित्वान्तरण की बात करते हैं। इस कहानी में भी परिवर्तन हुआ है। किन्तु पिता का बेटी से बलात्कारी के रूप में। इसके लिए कौन ज़िम्मेदार है? कहानीकार? नहीं। उसने यथार्थ और उसके प्रवाह को देखने की भयावह यातना भोग कर उसे चित्रित करने का जोखिम उठाया है। कहानी भयावह 'फ़ैंटेसी' है। ब्रेख़्त ने कहा था जब अँधेरा होगा तब हम अँधेरे का गीत गाएँगे। कहानी का अन्तिम अंश आरोपित होता यदि कहानी के पूर्वांश में ऐसा ताना-बाना न होता। कहानी के पूर्वांश का ताना-बाना इतना अनायासी और स्वाभाविक है कि पाठक को कहानी की अन्तिम घटना का आभास तक नहीं हो पाता। वह वैसा ही है जैसा कि होता है। कहानीकार ने घटनाओं को पात्रों की ही

शैली और कहन में जस का तस रख दिया है। 'जस का तस' में पिता का भीषण मानसिक द्वन्द्व भी है। टेलीविज़न का असर ऐसा है कि बलराम का मानसिक ढाँचा ही बदल गया है। टेलीविज़न की अधनंगी छोकरियों को देखकर उसके मन में जो होता है उससे पहले वह अपराधबोधग्रस्त होता है। पड़ोस की चन्दरो का गदराया शरीर उसके शरीर में हड़कम्प मचाने लगता है। रिशेप्सनिस्ट ऑफ़िस में काम करने वाली 'नीलम' भी उसे अधनंगी छोकरियाँ लगती है और आखिरकार उसकी अपनी लड़की भी। राजेन्द्रसिंह बेदी की कहानी 'दस्तक' याद आती है जिसमें कोठे के पास किराये में रहने वाली नायिका अपने पति से कहती है 'मुझे लगता है कि मैं भी वही (वेश्या) हो गयी हूँ।' जिन दिनों यह कहानी लिखी गयी है, उन्हीं दिनों मुम्बई में एक मशहूर सुन्दरी की एक फोटो पुरुष के साथ काम-क्रीड़ारत मुद्रा में विज्ञापित हुई थी। कुछ लोगों ने इस पर आपत्ति की तो सुन्दरी के पिता ने कहा—बेटी कला के द्वारा धन अर्जित कर रही है इसमें आपत्ति की क्या बात है? हमारे युग का असली फंडामेंटलिस्ट महाजनी सभ्यता पैसा कमाने की मूल्यान्धता है। एक तरह का अन्ध कट्टरवाद अनेक तरह के कट्टरवाद पैदा करता है। यह कट्टरवाद पारिवारिक और मानवीय रिश्तों की भी हत्या करता है। मानवीय रिश्तों की हत्या किये बग़ैर आप अन्धाधुन्द पैसा नहीं कमा सकते। तेल या अन्य प्राकृतिक सम्पदा-रूपों की लूट के लिए बलप्रयोग करने में कामयाब नहीं हो सकते। बाज़ार जब हमारी संस्कृति हमारे रहन-सहन के तरीक़े पर चोट करता है तब हम पहले चौंकते हैं, प्रतिरोध भी करते हैं। लेकिन वह धीरे-धीरे हमें अपना अभ्यस्त कर देता है।

इसके अनेकानेक उदाहरण हम अनेक दशकों से झेल रहे हैं। प्रतिरोध भी कर रहे हैं। प्रतिरोध के सभी प्रकार सफल नहीं होते, असफल भी नहीं होते।

'टेलीविज़न' कहानी में पिता चिराचरित पारिवारिक मर्यादा भंग करता है। यह मर्यादा मानव-समाज के कठिन संघर्ष और संयम से अर्जित की थी। कहानी में पिता द्वारा अपनी बेटी के साथ बलात्कार की घटना भयानक प्रतीक है। पूँजीवाद मर्यादा, बाँध, सीमा को बर्दाश्त नहीं कर सकता। अभी दिल्ली के पास नोएडा में जो अबाध कार-दौड़ प्रतियोगिता हुई थी, वह पूँजीवादी साम्राज्यवादी गति का प्रतीक है। जिस सड़क पर यह दौड़ होती है, उसमें लालबत्ती नहीं है, कोई बाई-पास या चौराहा नहीं है। आप सीधे अबाध सबसे आगे—सभी को पीछे धकेल कर लक्ष्य पर जल्दी से जल्दी पहुँचे। इसमें रोक-थाम, गति पर कोई क़ानून नहीं चलता। आप देखते होंगे कि जब से नयी आर्थिक उदार नीति अपनायी गयी है, एक-एक करके नेहरू युग में स्थापित अधिकांश संस्थान नाकारा बनाये जा रहे हैं। निजी क्षेत्र सार्वजनिक क्षेत्र के मातहत काम नहीं कर सकता। संसद, विश्वविद्यालय (निजी विश्वविद्यालय नहीं) न्यायपालिका, महालेखा परीक्षक का पद, सी.बी.आई.—इन सबको सत्तानुकूल बनाने के लिए सुधारने की बात की जा रही है। योजना आयोग के बारे में तो अभी एक

कांग्रेसी नेता ने कहा कि योजना आयोग का अध्यक्ष योजना में विश्वास नहीं करता। ये संस्थान समतावादी समाज के निर्माण के साधन के रूप में खड़े किये गये थे। पूँजीवाद समतावादी नहीं, घोर विषमतावादी समाज बनाना चाहता है। आप कहेंगे इन सबका पारिवारिक सम्बन्धों से क्या मतलब? पारिवारिक सम्बन्धों को ध्यान में रखकर विज्ञापन नहीं किये जाते। क्या आप अपने बाल-बच्चों के साथ बैठकर टी.वी. देख सकते हैं? धीरे-धीरे आप ही इतना बदल जायेंगे कि आपको टी.वी. बाल-बच्चों के साथ देखने में कोई परेशानी नहीं होगी। रामायण, महाभारत पर भी नये ढंग से यानी बाज़ारू (बाज़ार के लायक) काम चल रहा है। अपसंस्कृति सिर्फ़ वर्तमान, भविष्य को ही नहीं, इतिहास को भी कत्ल (बलात्कार) करती है। 'टेलीविज़न' कहानी में बलराम का आचरण आज इतना चौंकाऊ लगता है, जब कहानी छपी थी तब अपठनीय लगती थी। आज के पाठक कहेंगे अरे ऐसा तो चारों ओर होता है—यह अबाध गति है, बाज़ारू अर्थव्यवस्था द्वारा वांछित अपसंस्कृति की।

2

स्वाधीनता-आन्दोलन की राजनीति संस्कृति से लगभग अभिन्न थी। कई राजनीतिक नेता लेखक थे और अनेक लेखक राजनीतिक। जवाहरलाल नेहरू, जयप्रकाश, लोहिया, डांगे, पी.सी. जोशी आदि का साहित्यकारों से गहरा सम्बन्ध था। वे साहित्य, विशेषतः भारतीय भाषा-साहित्य के पाठक थे। उस समय में प्रेमचन्द ने साहित्य को राजनीति के आगे चलने वाली मशाल कहा था। इस समय के राजनीतिक कहने को साहित्यकारों को कभी सम्मानित करते हों पर, वे साहित्य के पाठक भी हैं—ऐसा नहीं लगता। किसी विदेशी विचारक ने कहा कि मैंने भारत को सबसे ज़्यादा समझा प्रेमचन्द को पढ़कर—स्वातन्त्र्योत्तर भारत को समझने के लिए शायद वैसा ही काम परसाई का साहित्य करता है, कम-से-कम कुछ लोगों के अनुसार। इस टिप्पणी में टेलीविज़न कहानी के बारे में कहा गया है कि वह आने वाली विभीषिका को वर्षों पूर्व देख लेती है। इसी तरह की एक कहानी अमरकान्त की 'हत्यारे' थी जिसने 1950 के ही आसपास बेरोज़गार नवयुवकों को अपराधीकरण की ओर बढ़ते हुए चिह्नित किया था। वस्तुतः अमरकान्त की कहानी में टेलीविज़न का कथ्य समाविष्ट है। उसमें नवयुवक मज़दूरनी से बलात्कार करने के बाद उसी झुग्गी-झोपड़ी के व्यक्ति की हत्या करते हैं। 'हत्यारे' इस तरह से टेलीविज़न से बहुत पहले आज की दुर्भाग्यपूर्ण स्थिति का संकेत करती है। आज निरन्तर बढ़ते हुए बेकार नौजवानों की संख्या, जिसे नवसाम्राज्यवाद और उसकी आर्थिक नीति अपराध-कर्म में झोंक रही है, हमारे देश की सर्वाधिक भयावह स्थिति है। हम राजनीतिज्ञों और साहित्य के सम्बन्ध की बात इसलिए नहीं करते कि इससे साहित्य का गौरव बढ़ेगा—साहित्य के गौरव घटने की आशंका ज़्यादा है। हमारी समझ में राजनीतिज्ञ 'हत्यारे', 'टेलीविज़न', मुक्तिबोध, परसाई को पढ़ें तो

उनकी देश की स्थिति के बारे में समझ बढ़ेंगी—हमारी यह समझ है।

भूकम्प और सुनामी के ख़तरे से आगाह करने के लिए पूर्वसंकेतक यन्त्र लगाये जाते हैं। साहित्य सामाजिक-ऐतिहासिक भूकम्पों और सुनामियों का पूर्व संकेत करता है। पूर्व संकेत करता है तो उससे बचने का रास्ता भी बताता है। असमान बढ़ोतरी से सामाजिक मनोविज्ञान, नैतिकता, मूल्यों पर क्या असर पड़ता है—यह जानने की ज़रूरत आज के दृष्टिविहीन सरकारी अर्थशास्त्रियों और सत्ता-पुरुषों को नहीं है। हिन्दी के एक पुराने अध्यापक-आलोचक ने कहा था—कविता अर्थियों की औषध है। 'अर्थियों' के श्लेष पर ध्यान दीजिए।

जहाँ तक हिन्दी कहानी की बात है। हज़रत फ़िराक़ गोरखपुरी के शब्दों में—

बहुत पहले से उन क़दमों की आहट जान लेते हैं
तुझे ऐ ज़िन्दगी हम दूर से पहचान लेते हैं।

❑❑